聪明钱

全球顶尖投资者实现财务自由的终极策略

［美］托尼·罗宾斯（Tony Robbins）
［美］克里斯托弗·祖克（Christopher Zook） 著

何华平 译

THE HOLY GRAIL OF INVESTING

THE WORLD'S GREATEST INVESTORS REVEAL THEIR ULTIMATE STRATEGIES FOR FINANCIAL FREEDOM

中信出版集团｜北京

图书在版编目（CIP）数据

聪明钱：全球顶尖投资者实现财务自由的终极策略 /（美）托尼·罗宾斯，（美）克里斯托弗·祖克著；何华平译. -- 北京：中信出版社, 2025. 7. -- ISBN 978-7-5217-7534-1

Ⅰ.F830.59

中国国家版本馆 CIP 数据核字第 2025JZ5437 号

THE HOLY GRAIL OF INVESTING
Original English Language Edition Copyright © Tony Robbins, 2024
All Rights Reserved.
Published by arrangement with the original publisher, Simon & Schuster, Inc.
Simplified Chinese Translation copyright © 2025 by CITIC Press Corporation.
ALL RIGHTS RESERVED
本书仅限中国大陆地区发行销售

聪明钱——全球顶尖投资者实现财务自由的终极策略
著者：　[美] 托尼·罗宾斯　[美] 克里斯托弗·祖克
译者：　何华平
出版发行：中信出版集团股份有限公司
　　　　　（北京市朝阳区东三环北路 27 号嘉铭中心　邮编　100020）
承印者：　北京盛通印刷股份有限公司

开本：880mm×1230mm 1/32　　印张：12.75　　字数：319 千字
版次：2025 年 7 月第 1 版　　　　印次：2025 年 7 月第 1 次印刷
京权图字：01-2025-1204　　　　　书号：ISBN 978-7-5217-7534-1
　　　　　　　　　　　　　　　　定价：78.00 元

版权所有·侵权必究
如有印刷、装订问题，本公司负责调换。
服务热线：400-600-8099
投稿邮箱：author@citicpub.com

目 录

免责声明 V

第一部分 "聪明钱"的7个投资策略 1

第1章　持续获得超额收益 3

第2章　GP股权： 27
　　　　行动的一部分

第3章　职业体育所有权： 39
　　　　放手一搏

第4章　私募信贷： 52
　　　　借贷领域的佼佼者

第 5 章	能源：	64
	我们生活的力量（1）	
第 6 章	能源：	83
	我们生活的力量（2）	
第 7 章	风险资本和颠覆性技术	100
第 8 章	房地产：	114
	世界上规模最大的资产	
第 9 章	二手份额：	132
	每个人都喜欢划算的交易！	

第二部分	高手对决	141
第 10 章	罗伯特·F.史密斯：	143
	企业软件投资巨头	
第 11 章	拉姆齐·穆萨拉姆：	165
	争取世界上最大的买家——政府	
第 12 章	维诺德·科斯拉：	185
	伟大的颠覆者	

目 录

第 13 章　金秉奏：　　　　　　　　　　　　　　198
　　　　　亚洲私募股权教父

第 14 章　威尔·范洛：　　　　　　　　　　　　216
　　　　　高耗能的未来

第 15 章　伊恩·查尔斯：　　　　　　　　　　　242
　　　　　用职业体育所有权放手一搏

第 16 章　戴维·萨克斯：　　　　　　　　　　　263
　　　　　"贝宝帮"的原始成员

第 17 章　迈克尔·里斯：　　　　　　　　　　　280
　　　　　掌控私募资产管理的未来

第 18 章　比尔·福特：　　　　　　　　　　　　299
　　　　　从家族办公室到全球投资巨头

第 19 章　托尼·弗洛伦斯：　　　　　　　　　　314
　　　　　风险投资先驱

第 20 章　鲍勃·佐里奇：　　　　　　　　　　　331
　　　　　石油、天然气和可再生能源的未来

第 21 章　戴维·戈卢布：　　　　　　　　　　　346
　　　　　把握私募信贷的未来

- III -

| 第22章 | 巴里·斯滕力施特： | 363 |
| | 全球房地产帝国 | |

结　语	真正的富足	381
致谢		385
注释		389

免责声明

本书旨在提供作者和受访者认为关于本书所涵盖主题的准确信息，但读者需要明白，无论是作者、受访者还是出版方，都不会为任何特定的投资组合或个人的特定需求提供个性化的建议，也不会提供投资建议或其他专业服务，如法律或财务建议。如果需要投资、法律和会计方面的专业帮助，请寻求专业人士的服务。本书引用了在多个时间段收集的业绩数据，但过往业绩并不能保证未来表现。此外，随着时间的推移，业绩数据以及法律法规都可能发生变化，这可能会改变本书的结论。本书仅用历史数据来讨论和说明基本原理。此外，本书写作的目的不在于为任何财务决策提供依据，也不在于推荐特定的投资顾问，更不在于作为出售或购买任何证券的要约邀请。招股说明书、私募备忘录等文件才能用作出售或购买证券的要约邀请，并且在投资或花钱之前，必须仔细阅读和斟酌这些法律文件。本书对于书中信息的准确性或完整性，不作任何保证。作者、受访者和出版方均不承担因直接或间接使用或应用本书内容而产生的任何责任、损失或风险（无论是个人方面的，还是其他方面的）。

法律声明：托尼·罗宾斯是 CAZ 投资公司的少数被动股东，持有该公司的一小部分股份，但不直接参与公司的日常管理和运营工作。CAZ 投资公司是一家在美国证券交易委员会注册的投资顾问公司。罗宾斯先生和祖克先生作为股东，有动力去推广业务，引导客户选择 CAZ 投资公司，毕竟公司的成功与他们的利益直接相关。

第一部分

"聪明钱"的
7个投资策略

第1章

持续获得超额收益

在过去的10年里,我有幸撰写了两本关于个人理财的荣登《纽约时报》畅销书榜单的作品(《钱:7步创造终身收入》和《不可撼动的财务自由》)。它们的成功并不是因为我在这个领域是专家,而是因为我掌握了一个重要的东西……那就是人脉!

40多年的商业战略家工作和生活,让我有机会接触到世界上许多非常聪明的投资者,他们中的许多人恰巧也是我的忠实读者。从艾伦·格林斯潘到瑞·达利欧,再到保罗·都铎·琼斯和已故的约翰·博格等,我有幸与这些投资巨头坐下来交流,并试图提炼出任何人在任何生活阶段都能够且应当使用的工具、策略和思维,以追求财务自由。他们慷慨地付出了自己的时间,分享了自己的原则,帮助我完成了3本书的撰写,如果你还没有读过其他两本,我鼓励你去读一读。

2008年金融危机之后,我开始深入研究如何掌控金钱,当时世界经济由于少数人的鲁莽行为和贪婪而处于崩溃的边缘。没有人能逃脱经济危机的冲击,包括我自己。我试着指导朋友和家人去应对失业、失去住房和退休计划泡汤的情况,我的电话因此而响个不停。从理发师到亿万富翁,这场风暴席卷了所有人的生活,给每个人带来了不同程度的损失。

我从不甘心成为环境的受害者，于是决定立即采取行动，为解决这一问题贡献自己的力量。带着些许怀疑，我着手回答这个财务知识匮乏的社会所面临的最重要的问题：这场游戏还能赢吗？在后金融危机时代，典型的投资者能否赢得投资游戏？一个普通人即使从未变卖过企业股权、继承过财产或刮中过彩票，也能实现财务自由吗？在采访了 50 多位世界上最杰出的金融家，并整理了数百小时的采访录音后，我得出结论：这些问题的答案是肯定的！尽管我采访过的这些巨头的方法各不相同，但他们都认为投资者要想赢得比赛，必须遵循（或避免）某些不变原则和步骤。

尽管原则有很多，但这些巨头使用的最常见的 4 个原则如下。

（1）不要亏钱。正如沃伦·巴菲特曾说过的："第一条，永远不要亏钱。第二条，永远不要忘记第一条。"如果你在一项糟糕的投资中损失了 50%，那么你需要 100% 的回报才能回本。所有最成功的投资者的共同点是，他们知道自己确实有时会亏钱（是的，即使是巴菲特也会亏钱）。为了减轻这种损失，他们从不冒太大的风险，在任何一项投资上投入过多，这就引出了第二个原则……

（2）将你的资产分散到具有不同风险收益比的各种类型的投资中。这就是资产配置的核心原则。我曾经与大卫·斯文森坐在一起交流（他接管了耶鲁大学有百年历史的捐赠基金，并使其从 10 亿美元增长到 310 亿美元[①]），他解释说，投资回报的 90% 源自你的

[①] 本书英文版出版于 2024 年 2 月，如无注释或说明，书中所有数据的最新日期系 2023 年。本书数据来源多为国外数据库、研究、报道等，或与中国国内数据之间存在一定差异。——编者注

资产配置！你会了解到，超高净值和最大的机构投资者在资产配置上的做法与普通投资者截然不同。

（3）在可能的情况下，寻找具有"非对称"风险收益的投资机会。简而言之，这些投资者寻找的是潜在回报远远超过下行风险的投资。我的好朋友、传奇交易员保罗·都铎·琼斯只会在他认为收益风险比为 5∶1 的情况下进行交易。他将冒失去 1 美元的风险来赚 5 美元。这样一来，即使他犯错的次数比做出正确决策的次数多，他也能取得成功。

（4）最后一个原则是多元化原则。拥有各种投资类型（股票、债券、房地产、私募股权、私募信贷等），涵盖各种资产类别、地理位置、时间框架等。

我猜，如果你正在阅读本书，那么你肯定不是普通投资者。你（或你的客户）可能已经积累了足够的财务基础，已经可以超越这些核心原则，为你的投资之火再添一把柴了。正如你将在后文中所看到的，另类投资已为世界上最精明的投资者带来了超额回报。例如，在 1986 年至 2022 年间，私募股权作为一个整体，其年回报率超过标准普尔 500 指数 5 个百分点以上（14.28% 对 9.24%）。这意味着前者高出后者 50% 以上。作为债券的替代品，私募信贷产生的收入/收益率是债券的 2~3 倍。[1]

不可否认的是，聪明人会把高质量的另类投资当作进一步实现多样化和加速增长的引擎。这就是金融巨头们用他们的个人资本所做的事情。我之所以知道，是因为他们告诉过我。几十年来，我一直与这些"金融圈的大师"保持着往来。为了写作本书，我们采访了 13 位最成功的另类投资经理，他们创造了非凡的复合回报，这是普通人很少能做到的。比如：

- **罗伯特·F. 史密斯**——维斯塔股权投资合伙公司（Vista Equity Partners）的创始人。史密斯被认为是有史以来最成功的企业软件投资者，管理着超过1 000亿美元的资金，并在过去20多年里，相对于同行创造了出色的回报。维斯塔公司的投资组合涵盖80多家公司，这些公司一共拥有9万名员工。截至2023年3月，维斯塔拥有的投资组合公司创造了超过250亿美元的年收入！

- **比尔·福特**——私募股权领域的先驱。福特使泛大西洋投资集团（General Atlantic）的管理资产从120亿美元增加到近800亿美元，并扩大了该公司的全球业务。在其历史上，泛大西洋投资集团在技术、金融服务、医疗保健和生命科学领域的500多家公司中投资了550多亿美元。

- **维诺德·科斯拉**——科斯拉风险投资公司（Khosla Ventures）的创始人。维诺德·科斯拉是风险投资界的传奇人物。他在颠覆性技术公司的早期投资使他从一个身无分文的移民变成了一个白手起家的亿万富翁。他因在瞻博网络公司（Juniper Networks）的400万美元投资为投资者带来了70亿美元的超额回报而闻名。

- **金秉奏**——"亚洲私募股权教父"。金创建了亚洲最大的独立私募股权公司，专注于中国、日本和韩国。他为投资者创造的惊人成就也使他成为韩国首富。

- **戴维·萨克斯**——匠心创投风险投资公司（Craft Ventures）的联合创始人，《全力以赴》（All In）播客的联合主持人。他与埃隆·马斯克和彼得·蒂尔同为"贝宝帮"的原始成员。萨克斯投资了20多家独角兽企业，包括金融科技公司Affirm、在线旅行房屋租赁平台爱彼迎、活动策划服务平台 Eventbrite、社交媒体脸书、互联家装平台 Houzz、网约车公司 Lyft、软件公司 Palantir、外卖平台 Postmates、办公聊天应用 Slack、太空探索技术公司 SpaceX、社交媒体推特和科技公司优步。

还有更多！

这些人在人们所能及的最高水平上玩着金钱游戏。然而，他们在游戏中却有着得天独厚的优势。那就是人脉优势！他们的地位和专业网络为他们提供了非凡的机会，让他们可以接触那些独特的投资机会，坦率地说，这是 99.9% 的人通常无法接触到的。也许更引人注目的是，他们无论在光景好时还是光景差时都表现良好。这些投资者一次又一次地证明，虽然他们不能免受经济起伏的影响，但他们知道如何在经济寒冬中蓬勃发展，而不仅仅是生存。他们不会满足于安然度过风暴，而会在价格下跌时去"扫货"。对他们来说，风暴就是一个机会。在市场上涨时，水涨船高，赚钱自然容易。但是，在市场动荡时如何获得回报呢？优秀和卓越的区别就在于此。

在"聪明钱"游戏的"名人堂"中，有一位是我的朋友瑞·达利欧。达利欧是"宏观"对冲基金经理中的汤姆·布雷迪。他是史上最伟大的！对那些不熟悉他的人来说，达利欧是桥水基金的创始人，这是世界上最大的对冲基金，无论在经济繁荣时期还是经济萧条时期，它都有着惊人的业绩记录。[2] 达利欧是最早预测到大衰退并利用这一机遇的人之一。2008 年，当市场暴跌 37% 时，桥水基金却逆势而行，为投资者带来了 9.4% 的收益。自 1991 年成立以来，它的"纯阿尔法"（Pure Alpha）基金平均每年收益率超过 11%（而标准普尔 500 指数平均每年的收益率约为 7%）。[3] 不用说，当一只基金 30 多年来一直大幅跑赢市场时，它就会成为世界上最富有的那群人最追捧的对冲基金之一。作为掌管着地球上最富有国家的主权财富基金的最有影响力的亿万富翁，达利欧一直是许多有权势者追捧的对象。

在我们近10年前的一些早期对话中，达利欧教会了我他认为成功投资最重要的原则，一个通过多元化投资来最大化回报和最小化风险的原则。这一原则影响了我自己的个人投资策略，更重要的是，它为我所撰写的"三部曲"中的第三本，也是最后一本书的英文标题和内容提供了灵感：达利欧将这一原则称为投资的"圣杯"。这是一个简单而深刻的原则，但很少有人付诸实践。我将告诉你它是如何运作的。

首先，你要理解，大多数传统投资组合都希望通过多元化的核心原则来降低风险并最大化上行空间：不要把所有鸡蛋放在一个篮子里。但遗憾的是，事情并不总是按照预期发展。这是因为今天的许多传统投资都是"相关联"的，简单地说，就是它们会同步涨跌。

相关性衡量的是投资在同一方向上一起变动的程度（正相关意味着不同的投资会同步变动，而负相关则代表着相反的意思）。不同程度的相关性意味着它们会一起变动，但变动的步调并不完全一致。例如，股票和债券通常是不相关的。当股票下跌时，债券上涨就会给你提供一些保护。然而，相关性总是在变化，而且经常会抛出一些意想不到的曲线球。

2022年，股票和债券同时下跌。虽然这种情况在本书撰写时仍比较罕见，但未来可能会变得常见。AQR是全球最成功的算法驱动型对冲基金之一，它认为"宏观经济的变化，如更高的通胀不确定性，可能导致20世纪70年代、80年代和90年代股票和债券正相关性再现"。2023年8月,我在屏幕上看到一条彭博社新闻的标题:"随着相关性的增强,债券对股票损失来说已起不到对冲作用"[4]。该文章指出,国债和股票之间的正相关性达到了自1996年以来的最高水平!

而且,最近显示呈正相关的不仅仅是股票和债券。公开交易的房地产投资信托基金(拥有和管理房地产投资组合的公司)尽管属于不同的资产类别,也往往与股票有着很强的相关性。在2010年至2020年间,房地产投资信托基金与标准普尔500指数的正相关性为80%。[5] 在你的投资组合中增加房地产可能看起来像是一个聪明的保持多样化的方法,但事实上,你的房地产投资信托基金和股票更有可能同步变动。公平地说,从2010年到2020年,房地产投资信托基金的表现相当不错。但关键是,当2022年股市崩盘时,房地产投资信托基金也遭受了重创。所谓的分散投资保平安的做法也不过如此。

同样,加密货币常被其支持者吹捧为"数字黄金"和市场波动的对冲工具,但近年来却与股票同步波动。2022年,比特币暴跌65%,从约4.7万美元跌至近1.6万美元。同年,股市进入熊市,通胀开始生根发芽。乔治敦大学的一项研究发现:"在市场波动剧烈时期,比如新冠疫情和俄乌冲突时期,加密资产与市场的共振会更加强烈。"[6] 谁也不知道它将来会如何表现,但它最近确实没能起到保护性对冲的作用。

问题在于,如今大多数传统多元化策略都倾向于增加更多正相关投资!有些投资者,不论是有意还是无意,似乎都已放弃寻找不相关投资来帮助应对大的波动。我最近在新闻中看到了一个令人担忧的标题:"处于或即将进入退休阶段的美国老年人正在放弃债券这种避险手段，并将自己未来的大部分甚至全部身家都押注在股票上"。这可是场豪赌。《华尔街日报》报道了先锋领航集团的客户的投资情况："85岁及以上的投资者中，有20%的人几乎所有的钱都投在了股市，高于2012年的16%。在75~84岁的人群中，这一比例也达到了近25%。"[7]这种放弃多元化的做法就像是一场高风险的赌局，但不幸的是，许多美国人觉得他们别无选择，因为他们的"多元化"策略根本不起作用。

那么，投资的"圣杯"又是什么呢？

达利欧认为，投资的"圣杯"是一个包含8~12种不相关（或非相关）投资的投资组合，这些投资组合在一起，将显著降低风险，同时不影响回报。达利欧证明，以这种方式构建的投资组合最多可以将风险降低80%，同时保持相同或相似的上行潜力。他这样说：

从我早先的失败中，我知道无论我对任何一个赌注多么有信心，我仍然可能是错的，而适当的多元化是在不降低回报的情况下降低风险的关键。如果我能打造一个充满高质量回报流的投资组合，并进行适当的多元化（它们可以相互平衡、相互补充），那么我可以为客户提供的整体投资组合的回报就会比其他来源的回报更一致、更可靠。

这听起来很简单，对吧？但有一个巨大的挑战：我们从哪里获得这么多高质量、非相关的投资机会呢？事实证明，获取投资渠道正是棘手的部分，而这也正是我撰写本书的原因。

亿万富翁的剧本

从信奉"圣杯"哲学以来，我开发了一个由公开交易的股票和大量独特的另类投资组成的投资组合。例如，我喜欢私募房地产，它能提供稳定的收入和税收优惠（如折旧优惠）。我也喜欢私募股权，因为几乎每家伟大的私营公司都需要资金来实现增长，而私募股权的回报率一直都轻松地超过了股票。私募信贷已被证明在管理得当的情况下是债券的一个很好的替代品，尤其是在利率飙升的时候。我还加入了一些风险投资，它的风险更高，但总是在推动创新和颠覆的前沿，这与我内心的企业家精神产生了共鸣。

你可能已经知道，一旦你的净资产达到一定程度，美国证券交易委员会就会邀请你加入一个特殊的俱乐部。当你年收入达到 20 万美元或净资产达到 100 万美元（不包括你的房产）时，它就会认为你是合格投资者。这让你有机会接触到一些（但不是很多）另类投资。好消息是：在本书撰写时，有一项待批准的法案将允许任何人通过参加考试的形式来获得"合格投资者认证"，无论其净资产是多少（稍后我将对此进行更多的介绍）。

当你在证券投资中的总投资达到 500 万美元时，美国证券交易委员会会将你提升为合格投资者。这将为你打开整个另类投资领域的大门。但问题是……你符合了条件，并不意味着你就能入门。事实上，许多好的另类投资机会都不对新投资者开放，或者就像新的限量版外国汽车一样，它们在上市之前就会销售一空。

我在投资生涯的早期多次经历过这种沮丧。事实上，似乎有太多的现金在寻找在另类投资领域的归宿。那么谁似乎排在第一位呢？世界上最大的财团。主权财富基金、大学捐赠基金和大型家族办公室凭借着自身的影响力，使个人投资者在竞争中出局。

我的合著者克里斯托弗·祖克分享了他职业生涯早期的一个有趣的小故事：

那天，我整个早上都在等传真。那是在大约25年前，在古老的传真机时代。我前一天接到了一个电话，得知了一个好消息，我和我的客户将能够投资某个行业顶尖的私募股权基金。多年来，我们一直在努力接触这位卓越的基金经理（但总是无济于事），因为每只基金都"超额认购"。

现在，终于到了揭晓我们将获得多少配额的时候了。我们终于要加入那个令人艳羡的圈子了。我和我的客户已经筹集了大约500万美元的自有资金，准备进行投资。传真机开始发出那种极具辨识度的声音，吐出了一张薄薄的纸卷。当读到我们获得的配额只有区区25万美元时，我的心情跌到了谷底。这就像是你在纽约最好的比萨店预订了位子，结果只上了一片比萨，还要和满桌子的朋友一起分。

贪婪的胃口

对于私募股权、私募房地产和私募信贷等领域的另类投资，人们的胃口似乎永远得不到满足。根据英国数据公司 Preqin 的数据，2006年，私募股权管理人管理的资产约为1万亿美元。如今，私募股权的金额已超过6万亿美元，预计到2025年，这一市场将增长至14万亿美元以上。随着精明的投资机构开始重新配置资金，这种向另类投资的"大迁徙"似乎势不可挡。公共股票越来越少，私募股权越来越多；公共信贷（债券）越来越少，私募信贷越来越多；公共房地产投资信托越来越少，私募房地产越来越多。

我的怀疑得到了我的好友兼顾问阿贾伊·古普塔的证实。阿贾伊已经为我的家族服务超过15年的时间。阿贾伊曾是美国最大的独立投资顾问公司之一的首席投资策略师（现已退休），该公司管理的资产约为2 000亿美元。他后来把公司卖给了一家更大的私募股权公司，现在他管理着我们的联合家族办公室——罗宾斯·古普塔控股公司（Robbins Gupta Holdings）。

有一天，阿贾伊递给我一份来自KKR的报告，KKR是世界上最大的私募股权投资公司之一。它最近进行了一项调查，世界上最富有的家族办公室、捐赠基金和养老金计划都在这次调查的范围内。我对调查参与者愿意分享他们当前的资产配置感到惊讶。需要重申的是，我们的资产配置，即我们选择投资多少以及投资哪一类资产，是我们投资成功的关键因素。这是我在过去20年中采访过的每一位投资者都认可的普遍真理。

当我仔细翻阅KKR的报告时，我看到了最令人震惊的统计数据。

拥有超高净值（超过3 000万美元）的家庭将近46%的资产配置在另类投资上（参见图1-1），只将29%的资产配置在公开上市交易的股票上。[8]另类投资过去在投资组合中只是配菜，现在它们更像是主菜了。而且，这一群体在另类投资中的资金，超过一半（52%）配置在私募股权上，其余资金几乎平均分配在房地产（25%）和对冲基金（23%）上。

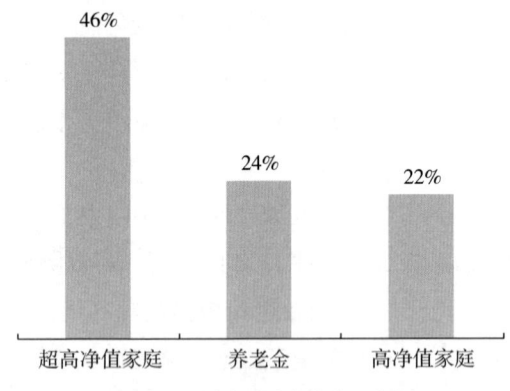

图 1-1　另类投资占总资产百分比

日期：2017 年 3 月

资料来源：Willis Towers Watson Global Pension Assets Study 2017, publicly available private wealth manager data. KKR 2017 HNW Survey。

为什么会出现这种向另类投资的重大转变？其实，这些迹象并不难解读。

在全球范围内，过去 35 年（1986—2020 年）中，私募股权的表现一直优于公共市场！[9]

正如你在图 1-2 中看到的，作为一个完整的资产类别，私募股权在截至 2022 年的 36 年间产生了 14.28% 的平均年回报率。[10] 标准普尔 500 指数产生了 9.24% 的平均年回报率。这意味着和标准普尔 500 指数相比，私募股权的平均年回报率提高了 5 个百分点以上，转化为疯狂的复合增长。为了更好地理解这一点，我们假设在 1986 年至 2022 年间，在标准普尔 500 指数上投资 100 万美元，那么它将增长到 26 310 105 美元。这还不错。但是，同样的 100 万美元，通过私募股权投资将增长到惊人的 139 604 229 美元！请记住，这些回报是整个私募股权行业的平均水平，许多公司甚至实现了更高的回报。

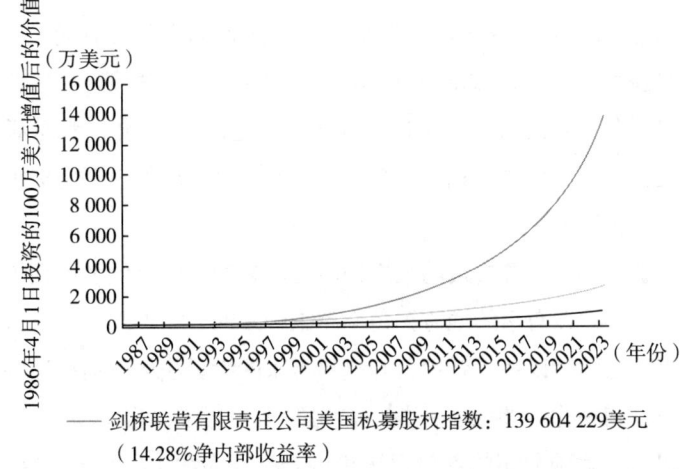

图1-2 私募股权与公募股权模拟业绩

日期：2023年3月31日
资料来源：Cambridge Associates LLC, MSCI, Standard & Poor's。
历史案例仅供参考，过往表现并不能保证当前或未来的结果。

如你所见，私募股权在年景好时表现良好，但它也经受住了许多风暴的考验。当回顾近代历史时，我们会发现出现了3次重大的市场低迷（以及复苏）。2001年的互联网泡沫破裂、2008年的大衰退和2020年的新冠疫情，在这3种情况下，与私募股权相比，标准普尔500指数的"峰值到谷底"的跌幅要大得多。[11] 华尔街巨头路博迈公司（Neuberger Berman）的一项研究很好地总结了这一点：

"在历史上3次经济衰退中,私募股权的跌幅小于公开股票,而且恢复速度更快。"一个恰当的例子是,2021年,在新冠疫情和全球供应链危机之后,[12] 私募股权迎来了有史以来表现最好的年份之一,集合收益率为27%,仅略低于2020年33%的出色表现。[13] 私募股权重量级公司贝恩资本(Bain Capital)写道:"2021年,私募股权行业蓬勃发展,与疫情相关的数万亿美元刺激措施催生了历史上空前的交易和退出潮。"[14]

这解释了向私募投资的大规模转变。它们只是提供了更大的机会集。你必须在有鱼的地方钓鱼。越来越多的公司不需要像过去那样上市。它们可以在不处理公开交易带来的大量法律问题和程序的情况下获得资金。事实上,据《金融时报》报道,自1996年达到峰值以来,美国公司的数量已减少近一半,为约4 400家。[15] 投资者只需要考虑约4 400家公司,而且我们都知道,在盈利能力、增长和未来前景方面,其中许多公司充其量只达到了平庸水平。事实上,早在2009年,81%的公司在上市后是盈利的[16];到2021年,只有28%的公司在上市后是盈利的。

相比之下,有数万家私营公司在不断成长、创新,并造成颠覆性影响。大约80%的年收入超过1亿美元的公司都是私营公司。当你查看全球所有公开交易公司的总市值时,你可能会震惊地发现,私募股权基金持有的所有公司的价值几乎是公开股票的4倍![17]

现在,这并不是说公开股票在我们的投资组合中没有用。它们当然有用,而且也是许多"圣杯"投资组合(包括我的投资组合)中的重要组成部分。股票允许任何人成为我们经济的所有者,而不仅仅是消费者。你可以拥有苹果公司的股份,而不仅仅是一部苹果手机。股票还允许我们接触成千上万的跨国公司,这些公司在众多地区开展业务，我们只需要点击按钮就能买卖它们的股票。公募股权和私募股权之间并没有竞争，它们是互补的！

大量研究表明，在典型的股票和债券投资组合中加入私募股权投资，不仅有助于降低波动性，还能提高收益。这就是它的全部意义所在：在增加收益的同时降低风险（波动性）。[18]

融入新浪潮

除了已经流入私募市场的数万亿美元，现在的法规也正在放宽。[19] 希望不久之后，普通投资者将能够通过他们的401（k）计划投资私募市场。这可能会给已经飙升的行业增添更多的火箭燃料。下面这条消息是所有消息中最好的。

正如我前面提到的，只有那些拥有足够净资产的人才能参与高质量的另类投资，我一直认为这是不公平的。一方面，许多富人都是通过出售企业致富的，这并不一定意味着他们是老练的投资者。另一方面，很多钱不多的人也有在私募市场投资的愿望和智慧。我个人的看法是，如果有人足够聪明，了解风险，那么他们也应该被允许加入进来。幸运的是，美国国会也同意这一点。在本书撰写时，众议院已经通过了一项两党法案，该法案将允许通过考试的任何人——即使他们达不到财富要求——成为合格投资者。我希望在你读到本书的时候，这项法案已经成为法律，每个人都能因此获得大量的机会。

当另类投资的光明未来开始展现在我眼前时，我本能地想提出的问题是，数万亿美元都在向着另类投资这个方向涌动，这形成了一个大趋势，我们如何参与和融入这一趋势呢？我们怎样才能搭上这股浪潮，乘风破浪，而不仅仅是满足于获得少数机会呢？

事实证明，许多最优秀、最聪明的金融奇才已经找到了方法，我保证，大多数人从未听说过这种方法。

我的重大突破

你们中的许多人都知道，我已经指导我亲爱的朋友保罗·都铎·琼斯20多年了。保罗被许多人认为是历史上十大对冲基金经理之一，也是一位了不起的慈善家——他的罗宾汉基金会已经为解决纽约市的贫困问题捐赠了30多亿美元。

近10年前，保罗的一位前合伙人（此后他成功创立了自己的基金）和我谈起了另类投资。我为大家都面临的难题——无法获得一些很好的投资机会——而感慨。获得热门私募股权基金的"配额"对富有的人来说，就像是在热门的新夜店里跨过绒绳，进入贵宾区一样有吸引力。然而，在大多数情况下，人们手持现金，却只能在门外干着急。

作为朋友，保罗决定透露他是如何处理一大笔个人资金的。我立刻竖起了耳朵。这位顶级基金经理即将告诉我他是如何打理自己的财富的。就像泰格·伍兹告诉你他在哪里定制高尔夫球杆一样，最好记下来！他解释说，他个人是通过位于得克萨斯州休斯敦的一家公司打理财富的，这家公司采用的方法和其他公司相比略有不同。得克萨斯州？我原以为一个来自康涅狄格州格林威治的人会选择华尔街、伦敦或新加坡的精英公司。但是，和大多数身处高端金融领域的杰出金融人士一样，他走的是一条少有人走的路。

在接下来的一个小时里，他向我介绍了一种特别的方法，听起来就像是我问题的确切答案。

一个人如何才能参与到这种向另类投资转变的巨变中来呢？

当我尽可能快地记笔记时，他解释说，与其努力以LP（有限合伙人）的身份加入某只基金，有时还不如成为GP（普通合伙人）的一部分股权的所有者。GP是实际运营公司的人，也被称为资产管理人，负责管理基础投资基金。GP通常是创始人和C级高管［如CEO（首席执行官）、CFO（首席财务官）等］。我惊讶地问："竟然可以购买GP的一部分股权？！"他带着资深人士的笑容点了点头。这对我来说是一个颠覆性的时刻。毕竟，我采访过的许多金融巨头都是通过拥有自己的资产管理公司（从而成为GP）而成为亿万富翁的。

《福布斯》美国400富豪榜上的富豪最集中的领域并不是大型科技公司或石油和天然气行业，这已经不是什么秘密了。他们是私募股权、私募房地产和私募信贷的大亨。这些金融大师往往能为客户（LP）和自己（GP）创造巨额财富。这些人是精通金钱游戏玩法并管理着数十亿甚至数百亿美元资产的人。如果有机会，我想与这些人并肩作战，成为合作伙伴。我真的能拥有他们资产管理业务的一小部分吗，尤其是在数万亿美元流入另类投资市场的情况下？事实证明，答案是肯定的。"GP股权"在过去10年中在大型机构投资者中越来越受欢迎，但现在才开始受到主流媒体的关注。《华尔街日报》上一篇文章的标题总结道："购买私募股权公司的股权，而不仅仅是它们的基金，回报丰厚"[20]。

为什么回报丰厚呢？

这些公司的客户，即投资者/LP，会让GP获得至少两种不同的收入。首先，他们支付的管理费通常是投资额的2%左右。其次，如果投资的基金表现良好，公司通常会获得20%的利润。因此，一流的公司会让投资者满意，同时，公司本身就是为其创始人和所有者创造财富的机器。

当我的大脑努力消化我刚刚学到的东西时，我问了保罗一系列的问题。他为我进行了简要的概括，向我说明了成为资产管理公司的少数/被动所有者（即GP）有3个显著的好处。

（1）现金流——拥有可预测的收入是件好事。如果你经营过一家企业，你就会知道，如果能够提前知道未来几年将有稳定、可预测的收入，那将是多么难得和美妙的事情。欢迎来到私人资产管理领域。一家典型的资产管理公司（GP）代表投资者（LP）管理着众多基金。投资者往往同意将他们的投资"锁定"更长的时间，以换取获得超额回报的可能。这为管理者创造了一个较长的时间范围，让他们有充足的时间做出尽可能好的决策。在投资者投入资金时，管理者有权获得管理费（通常为投资总额的2%）。当投资者同意特定的"锁定"时间（通常在5~10年之间）时，管理者就知道他们将在这段时间内获得可预测且合同上有保障的管理费收入。这对公司的所有者（在这种情况下也包括我们）来说意味着可靠的现金流！更妙的是，随着公司管理的资金数额增加，这种稳定的收入流也会增加！

（2）一部分利润——如前所述，作为为投资者赚钱的回报，GP会从公司管理的所有资金中获得一笔可观的利润，通常是公司利润的20%。这被称为附带权益或业绩费。用别人的钱赚钱，同时给他们带来巨大的好处，是一个双赢的局面，可以为GP（又是我们！）创造巨大的回报。

（3）多元化——用诺贝尔奖得主哈里·马科维茨的充满智慧的

话来说，"多元化是唯一的免费午餐"。拥有资产管理公司的一部分可以让你实现巨大的多元化。为什么呢？因为一家典型的公司管理着大量的基金。这些基金每一只都有独特的开始日期或"年份"，这意味着它们分布在不同的市场/经济周期中。除此之外，这些基金中的每一只都包含自己的公司/投资组合，它们分布在不同的行业、部门、地理位置和增长阶段。这是最高层次的多元化。

另外，还有一个总体上的好处。有时，私人资产管理公司会上市或被出售给更大的公司。在这种情况下，和你我并肩坐着的股权所有者们，可能会获得他们所持股权的数倍收益。随着你阅读的深入，你会了解到很多额外的好处，但不用说，在那次交谈进行到此时，我已经在椅子上身体前倾了。这一切听起来都很吸引人（而且好得令人难以置信）。我忍不住心生疑问：

为什么私人资产管理公司会出售它们的股权呢？

他回答说，你需要见见克里斯托弗·祖克。

休斯敦，我们有机会

当我第一次遇到克里斯托弗时，我大吃一惊，因为他告诉我的第一件事就是，他在30多年前听了我的原创卡带《个人力量》(Personal Power) 系列后，受到了启发，创办了CAZ投资公司。（是的，就是那些古老的卡带！）那是在1991年，他当时在一家华尔街大银行工作。他坚定地向他的妻子表示，10年内他将创办自己的公司。2001年，他信守诺言，创办了CAZ投资公司，却碰上了"9·11"恐怖袭击事件后的熊市。但你会了解到，克里斯托弗不会轻易气馁，无论市场条件如何，他都是一位极其善于捕捉机会的人。此外，他在另类投资领域也极受尊重。2019 年，得克萨斯州州长任命他为该州养老金审查委员会成员，他在那里担任投资委员会主席一职。

CAZ 投资公司不是典型的投资公司。其令人耳目一新的坦诚态度和脚踏实地的工作作风彰显出其深厚的休斯敦根基。在克里斯托弗 20 多年的领导下，公司走出了自己独特的道路。公司必须这样做，因为克里斯托弗知道，要与大型机构竞争，他需要重新思考旧的、陈腐的模式。

在过去的 20 多年里，克里斯托弗和他的团队建立了一个由高净值家庭组成的网络，它们作为一个"联合体"紧密合作，利用它们的集体购买力来谈判以获得独特的投资机会。再强调一遍：在另类投资领域，关键是获得准入机会。克里斯托弗向我解释说："我们的职责是每天醒来，为我们的投资者网络策划独家机会（他们可以选择投资或放弃）。反过来，我们的投资者同意团结一致，形成统一战线。我们为每一个新的投资机会汇集资金，然后开出一张支票，这张支票所能产生的影响力足以与任何大型机构相媲美。"

如今，该公司已拥有遍布全球的 3 000 多名高净值客户，以及众多参与其策划的投资机会的投资顾问公司。该公司已发展成为全球私募股权投资中拨款额度最高的 200 家公司之一，领先于哥伦比亚大学、杜克大学和麻省理工学院等大型机构投资者的捐赠基金。[21]

在晚宴上，克里斯托弗向我介绍了他的公司在过去 20 年中资助的众多投资机会。公司为其客户群体带来的及时、主题性的投资机会之多，让我印象深刻。从房地产危机期间卖空次贷，到石油危机中的能源机遇，再到购买 NBA（美国职业篮球协会）、NHL（北美职业冰球联盟）和 MLB（美国职业棒球大联盟）球队的部分股权，此类投资不胜枚举。在"GP 股权"的世界里，CAZ 已发展成为最大的投资者之一，拥有全球 60 多家著名的私募股权、私募信贷和私募房地产公司的所有权。

经过全面细致的尽职调查后，我成了 CAZ 的客户，而我的家族理财办公室合伙人阿贾伊·古普塔则加入了 CAZ 的董事会。多年来，我们与克里斯托弗及其团队相处的时间越多，我们就越能充分理解 CAZ 的投资方法。CAZ 每年审核 1 500 多个投资机会，却只会对少数几个最佳和最及时的投资项目进行投资。CAZ 的团队在帮助我组建自己的"圣杯"投资组合方面发挥了重要作用。我决定在我的人脉网络中宣传克里斯托弗的观点和智慧，然后克里斯托弗给了我机会，让我和另外几十个人一起成为 CAZ 本身的少数股东。我并没有积极参与业务，但我对掌握这些投资趋势的知识、聪明钱的动向以及如何及时抓住机会充满热情。

破除认知藩篱

2022 年年中，世界正在经历一场巨大的变革，因为零利率时代突然结束。持续的通货膨胀、供应链危机、俄乌冲突以及许多其他因素正在市场上掀起波澜。我联系了我的金融巨头名单上的人（为了撰写本书，我们采访过其中的许多人），他们中没有人感到害怕。事实上，他们很兴奋。他们嗅到了机遇。例如，尽管债券正在崩盘，但利率上升实际上正在帮助私募信贷公司（我持有其中一部分的 GP 股权）获得更高的回报，因为它们收取的利率上调了。在利率上升之前，许多企业习惯于向私募信贷机构支付 5%~6% 的利息。一旦利率上升，同样的企业就需要支付超过11%的利息，因为贷款利率会根据当前的市场利率进行调整。同样的借款人，同样的贷款，但贷款人的盈利水平却激增。

记得我坐在我的后院露台上，凝视着大海，对达利欧和许多其他人在我人生的旅程中教给我的原则、自己"圣杯"投资组合中部署的策略，以及我所拥有的平台心存感激，通过这些平台我可以分享我通过各种途径获得的所有见解。在那一刻，我知道克里斯托弗和我需要撰写本书。有太多重要和令人振奋的材料需要我们分享，有太多有趣的策略需要揭示和探索，有太多经验丰富且成功的人的声音需要被听到。我拿起电话告诉克里斯托弗，我们需要撰写本书，原因有两个。

（1）我们两人拥有独特的机会，可以接触到许多在另类投资领域中最杰出、最成功的人。比如巴里·斯滕力施特，喜达屋资本集团（Starwood Capital）的创始人。斯滕力施特建立了一个全球房地产投资帝国，横跨30个国家，管理的房地产资产超过1 150亿美元。还有像威尔·范洛这样的人，他是量子能源合伙公司（Quantum Energy Partners）的创始人，也是最大的私人能源投资者之一，有着惊人的业绩记录（尽管投资的是一个波动很大的资产类别）。和他交谈非常有趣，尤其是考虑到世界对可再生能源及其所带来的机遇的关注。这些引人入胜的对话体现了一个永恒的真理，那就是不仅要学习知识，还要应用知识，只有这样，知识才是力量。

（2）即使在高净值家庭和代表它们的顾问圈子里，人们对另类投资所代表的广泛可能性也普遍缺乏认识。我曾经受困于此，我知道这对我核心圈子里的许多成功人士来说也是真实的痛点。通常情况下，与好心的顾问合作的人只能看到一系列有限的机会，这些机会往往是由顾问的母公司预先选定的。我们希望所有人，无论是投资者还是顾问，都能配备相应的工具、具备相关的知识并获得诸多机会，这些都是世界上众多顶尖的投资者为了获取他们自己的"圣杯"而使用的东西。

七大独特策略

那我们就开始吧！本书分为两部分。在第一部分中，每一章都会讲一个特定的另类投资策略（或类别）。我们选择了7种独特的策略，这些策略在长时间内创造了非凡的回报。这7种策略中的每一种讲的都是完全不相关的投资机会，这就是我们从潜在选项中选择它们的原因。首先，我们将更深入地介绍GP股权，以此来开启这场非凡的投资之旅。接下来，我们将揭示投资者如何参与北美为数不多的合法垄断行业之一：职业体育所有权。近期的规则变更已经为投资者打开了大门，使他们能够拥有包括MLB、MLS（美国职业足球大联盟）、NBA和NHL的众多球队在内的投资组合。这些球队拥有令人难以置信的持久的收入模式，并具有强大的助力。它们已经从靠卖啤酒和座位赚钱演变为多元化的全球商业帝国，拥有数十亿美元的流媒体版权、来自合法赌博参与者的赞助、来自酒店和餐厅的收入等等。这只是我们要讲的内容的一小部分。我们提出的其他每一项策略都同样令人兴奋！

在第二部分，我们与全明星阵容的专家资产管理人士坐下来进行了交流。他们管理的资产加起来超过了5 000亿美元！他们慷慨地抽出时间分享了他们的成长故事，以及引导他们取得我们难以想象的成功的直觉、技术、原则和策略。我们请他们每个人分享自己心目中的投资"圣杯"。他们的回答十分多样、令人惊讶，但也充满了智慧。所以，让我们翻开新的一页，从 GP 股权开始，探索为什么数百亿聪明钱都在追逐这一策略……

　　作者注：我们（克里斯托弗和托尼）共同撰写了本书，一起进行了采访，并通过合作为你提供了极优质的信息。因此，我们决定在本书的其余部分用清晰、统一的口吻进行写作，而不是在章节或段落之间交替着进行叙述。

第 2 章

GP 股权：

行动的一部分

> 致富的最佳途径是什么？金融和投资。超过 1/4 的美国最富有的人是在这个行业赚到的钱，这个行业包括对冲基金、私募股权和资产管理。[1]
>
> ——《福布斯》杂志

你想赌一匹马，还是想拥有一整个赛马场的一部分股权？

自从近 10 年前 CAZ 投资公司开始投资 GP 股权以来，我们已收购了 60 多家私募股权、私募信贷和私募房地产领域家喻户晓的公司的少数股权。总而言之，我们已将数十亿美元的投资者资本分配给 GP 股权，这使我们的公司成为该领域全球最大的投资者之一。我这么说不是为了炫耀，而是因为我十分了解企业愿意向投资者出售少数被动股权的许多充分理由，尤其是当这些投资者具有战略意义时。我们将在接下来的篇幅中深入探讨这些理由，但首先，让我们探究一下是什么让这些资产管理业务如此吸引人。

收益引擎

在购买任何类型的企业的股权时，我们都必须了解其收益引擎。这家企业将如何赚钱？让我们花点儿时间来了解这些业务背后的运作模式。

大多数私募资产管理公司的设立方式都相同。它们管理的基金是众多投资者的集合资本。在设立投资基金时，公司通常会使用一种名为有限合伙的法律实体形式，因此，投资者被视为该基金的LP。接下来是资产管理人，他们负责管理资金。他们就是GP。换句话说，GP是负责创建、营销和管理多种基金工具的资产管理公司/实体。

总而言之，GP通常会因其管理服务而获得至少两种不同的收入流。

（1）管理费——年度管理费，其范围可以是管理总资本的1%~3%（在本书撰写时，标准是2%）。无论基金表现如何，都需要支付此费用。

（2）业绩费——有时也被称为附带权益或奖励费，业绩费是按照基金投资收益的一定比例支付的。标准的业绩费是利润的20%。

我们来举一个简单的例子，从收入的角度看看这些资产管理业务是多么有吸引力。假设ABC私募股权公司管理着10亿美元基金。该公司每年将获得2%（即2 000万美元）的管理费，通常管理期限至少是5年。可以说，这1亿美元是有保证的收入。这些管理费收入为GP（包括你，前提是你也持有GP股权）创造了持续的现金流收益。GP股权通常会从投资第一天开始产生每年5%~10%的现金分配。因此，如果你在 GP 股权中投资 100 万美元，它将每年产生 5 万~10 万美元的管理费收入。（对像我们这样的投资热衷者来说，这有效地消除了 J 曲线效应[①]。）

接下来，我们假设这只基金表现相当不错，在 5 年内将其投资组合的价值翻了一番——10 亿美元变成了 20 亿美元。投资者（LP）很高兴，该公司有权获得 10 亿美元利润的 20%。那就是 2 亿美元。还不错。

让我们总结一下 GP 的潜在总收入。

如果管理的资产是 10 亿美元，那么获得的收益是：

$$管理费 1 亿美元$$
$$+$$
$$业绩费 2 亿美元$$
$$=$$
$$总收入 3 亿美元$$

这是在全球任何业务中都很少见的好得惊人的经济效益，这就是为什么我们喜欢成为这些资产管理公司的合作伙伴。请记住，上面的例子相对保守。许多顶级经理都获得了更高的回报，为 GP 带来了非凡的收益。

除了极具吸引力的收益模式，这些企业在规模经济方面也非常

[①] 在典型的私募股权投资中，J 曲线效应意味着当投资者的资本被用于购买基金中的资产时，最初会显示出"亏损"。随后，随着收益开始显现，情况会出现反转，在图表上形成一个类似字母 J 的曲线。

高效，利润极高。一家只有 20 名员工、管理着 10 亿美元的公司，可以在不增加员工人数的情况下，使其管理的资金规模翻一番。我个人知道，有一家只有 75 名员工的公司，管理着 470 亿美元的资金。还记得上面提到的每 10 亿美元带来 3 亿美元潜在收入的例子吗？你可以迅速计算一下，然后你就会明白为什么这些管理着数百亿美元资金的公司能够成为 GP（以及我们这些拥有 GP 股权的人）的财富创造机器。

为了利用规模经济，大多数成功的公司都会每隔 1~3 年就推出一只新基金，每推出一只新基金，就会为公司增加一条额外的收入流。那些已经存在了几十年、拥有多条业务线的公司，可能管理着 20 只甚至更多的基金。这就让它们的收入呈指数级增长，我们开始理解为什么《福布斯》美国 400 富豪榜上都是这些公司的创始人。

平稳发展

在法国西南部，靠近加龙河的地方，坐落着世界上最著名的葡萄酒庄园之一——拉菲酒庄。它生产了不少有史以来最昂贵的波尔多葡萄酒。作为波尔多葡萄酒的爱好者，我可以告诉你，某些年份的葡萄酒比其他年份的要好得多。私募投资基金也是如此。

公司通常会每隔几年就募集一只新的基金，就像开始酿造一种新的年份酒。每只新基金都会购买一组多样化的投资。例如，每只私募股权基金可能会投资或收购 5~15 家公司。由于不知道这些公司/资产的表现如何，或者不知道基金推出时的经济环境/市场周期如何，所以不同基金的表现可能会有很大的差异。

第 2 章　GP 股权：行动的一部分

但与葡萄酒不同的是，作为投资者，你在花钱之前并不知道哪个年份的葡萄酒会很好。你必须先投资，然后等待，才能看到"收获"的结果。这也正是为什么大多数机构投资者会投资于由众多经理管理的"众多年份的葡萄酒"。这种策略可以让投资更加多元化，并确保投资尽可能多地涉及不同的年份。不用说，这对个人投资者来说是一项艰巨的任务。即使是非常富有的个人投资者，也没有足够的资金参与多个经理管理的多个年份的基金，因此他们只会投资少数几只基金，自然而然地会面临更集中的风险。

相比之下，通过持有 GP 股权并晋升为 GP，人们就能获得我们所说的"年份多元化"。当你可以买下整个葡萄园时，为什么还要从拉菲酒庄买某一个年份的葡萄酒呢？由于一家典型的公司拥有众多年份不同的基金，所以该公司的 GP 股权将从其整个基金阵容（不管是过去、现在还是未来的基金）产生的利润中获得相应比例的收益份额。如果某一个特定的年份或某一只基金的表现不如预期，那么对 GP 股权的损害也不会太大，因为该公司通常会有许多不同年份的基金。

更进一步说，不同的资产管理公司专注于不同的行业和地理区域，从消费科技到房地产，再到医疗保健、航空航天、企业软件、酒店业等等。虽然这些公司中有许多位于美国，但也有一些位于全球各地，或在全球各地设有办事处。它们四处寻找机会。当一些经济体陷入困境时，其他经济体却正在蓬勃发展，所以不受地理位置的限制是这些公司的一个巨大优势。

现在想象一下，一个拥有数十份 GP 股权的投资组合，而这些 GP 股权来自全球最具成效且久经考验的资产管理公司，涵盖各个细分市场。

这就是我们公司采取的方法，它带来了许多好处，包括以下几点。

- 你可以通过投资不同类型的公司（私募股权、私募信贷、私募房地产等）来实现多元化。
- 当你作为 GP 在不同基金中持有股权时，这些基金往往专注于不同的专业领域（如航空航天、医疗保健、软件、零售、金融科技等）。因此，你可以借此投资不同的领域以实现多元化。
- 你所投资的地域也可以实现多元化，因为你所持有的 GP 股权来自不同地域（美国、欧洲、亚洲等）的公司。
- 你所投资的年份也可以实现多元化，因为你持有 GP 股权的公司管理着不同年份的基金。
- 你可以通过你持有 GP 股权的公司所管理的每只基金来进一步实现多元化，因为每只基金都包含了由不同公司或资产构成的投资组合。

因此，大量高质量的 GP 股权组合可以为投资者提供持续的现金流以及"不对称"的风险/回报。这意味着下行空间有限，上行空间更大。这种不相关的多元化水平对那些希望与瑞·达利欧的"圣杯"哲学保持一致的人来说，简直称得上完美。事实上，美国许多顶级投资顾问都开始在其客户的投资组合中引入 GP 股权。创富理财（Creative Planning，管理的资产超过 2 000 亿美元）多次被《巴伦周刊》和 CNBC（美国消费者新闻与商业频道）评为全美排名第一的投资顾问公司，它非常推崇另类投资和 GP 股权。"GP 股权为我们的客户提供了一个非常独特的方式,让他们可以从一个完全不同的角度获得顶级私募股权,并体验到所有权的好处。"创富理财的总裁彼得·马洛克说。

企业价值

购买 GP 股权的最后一个好处来自公司自身价值的增长。随着公司"管理下的资产"和相应收入的增长,GP 股权的价值也有望增加。咨询巨头麦肯锡报告称:"截至 2021 年 6 月 30 日,私募市场管理的总资产增至 9.8 万亿美元,达历史新高,高于 12 个月前的 7.4 万亿美元。"大多数行业专家都认为这一趋势很可能会持续下去。

当私募股权公司、私募信贷公司或私募房地产公司募集到新的管理资本时,相应的管理费(通常为每年 2%)带来的现金流就会增加,相应的业绩费带来的潜在收益也会增加。这些年来,我们购买过一些公司股权,其中一些公司的增长相当不错,而更多的公司实现了指数级增长。我们持有股权的一家私募股权公司在被我们收购时管理着 130 亿美元的资产;如今,它管理的资产规模已经超过 1 000 亿美元!来自管理费和业绩费的指数级增长的收入使这项业务变得非同寻常、炙手可热。

那么,如何让 GP 股权的价值不断增长呢?这就引出了一个问题:"如果我需要退出怎么办?我将来如何获得流动性?"除了支付给投资者的收益流,GP 股权确实通常被认为流动性较差。话虽如此,但如果你想出售你的股权,有几种可以获得流动性的方式。

（1）某些投资工具会定期为你的股权提供"要约收购"。这意味着，它们将以你当前股权的"净资产价值"（NAV）买断你的股权。

（2）根据资产的质量，你可能在"二级"交易中出售你的股权。这意味着你可以以双方商定的价格将你的股权出售给第三方。这在另类投资领域很常见（我们会在第 9 章中更深入地讨论这一主题）。

（3）许多公司最终会被其他行业参与者收购，这为这些公司的所有者创造了一个"变现退出"的机会。其被收购的价格往往是其企业利润的数倍。

（4）有些公司选择上市，这为 GP 股权的所有者提供了可公开交易的股票。

与投资者利益一致

到目前为止，这一切听起来都不错，对吧？但你如果像我一样，可能会对"房间里的大象"感到好奇：

究竟为什么一家成功的私募股权公司、私募信贷公司或任何私募资产管理公司要出售自身业务的一部分呢？

我们必须把时钟往回拨一点儿来找到答案，回到 2013 年。贝恩资本是当时世界上最大的私募股权公司之一，刚刚宣布其正在为自 2008 年金融危机以来的首只新基金募集资金，其募集的数额已超过 40 亿美元。但这本可能只是一则寻常的公告，却在私人资产管理行业引起了轩然大波。贝恩大胆地宣布，将把 8 亿美元的自有资金投入该基金。这些资金属于贝恩的 GP，一个由贝恩高管

第 2 章　GP 股权：行动的一部分

和与他们在同一栋办公楼里办公的合伙人组成的群体。他们向世界表明，他们愿意投入真金白银。如果他们赢了，那么你也会跟着受益；如果他们输了，那么你也会跟着受损。请记住，这一大胆声明的背景是，由于许多华尔街公司的鲁莽行为，我们的经济已经到了崩溃的边缘，金融业几乎崩溃。在一个无人负责的时代，贝恩挺身而出，宣称对那些因过往经历而变得谨小慎微、不敢轻易出手的投资者来说，做出重大的个人资本承诺才是未来的投资之道。贝恩愿意引领一种让投资者与基金管理者利益紧密捆绑的模式。

对许多人来说，贝恩资本开创了一个新时代。如今，跟随其榜样，不少公司（GP）通常会在其管理的每只基金中投入大量的自有资金。在每只基金中，其投入的自有资金可能达数千万甚至数亿美元。

在实践中，这种方法对这些公司来说会变得非常耗费现金。我们假设 XYZ 私募股权公司在其发起的每一只基金中都投入自有 GP 资金的 5%。这意味着，对于从投资者那里募集的每 10 亿美元，XYZ 公司必须自掏腰包，投资 5 000 万美元的自有资金。如果它每 2~3 年就推出一只新的基金，而每一只基金的规模都比上一只大，这些公司就很容易遇到现金流紧张的问题，尤其是考虑到每一只基金都需要 5~10 年的时间才能完全变现，并将收益回报给投资者（包括公司的 GP）。具有讽刺意味的是，公司成了自己成功的受害者。公司业绩越好，即募集的资金越多，它需要拿出的资金就越多。现在让我们进入 GP 股权这个话题。

当一家公司出售少数 GP 股权时，该公司就会有一个明确的"资金使用"方案。这意味着该公司承诺会将出售 GP 股权所得的资金用于特定的用途。通常情况下，这些资金会被用于履行 GP 在其管理的基金中本来就应承担的出资义务，以保证基金的正常运转。

因此，投资 GP 股权绝非套现然后坐在沙滩上喝着椰林飘香鸡尾酒的清闲美事。这些投资是为了给已经在轨道上的火箭添加燃料而设计的。GP 股权投资者通过拥有一家高质量运营企业的股权而获益，而企业则通过引入急需的资本来助力企业价值加速增长而获益。

尽管资产管理公司有充分的理由出售一块业务，但 GP 股权的世界相对较小。毕竟，高质量的私募资产管理公司的数量非常有限，[2] 而它们愿意出售的公司股权平均占比约为 18%。2022 年《福布斯》的一篇文章很好地解释了这一点：

即使在机构投资领域，机会也是罕见的。对散户投资者而言，即便在最好的情况下也很难获得这类机会，但它作为一种金融工具可能有着无可估量的价值：其收益表现不仅与其他资产不相关，而且能产生无可匹敌的经风险调整后的绝对收益。没有任何其他投资工具能比得上它。[3]

作者说得非常准确。GP 股权确实很稀少，而且总是有限的。此外，某家公司的 GP 股权通常只有那些与该公司有长期合作关系的投资者才能获得，因为管理团队在选择少数合伙人时自然会非常谨慎。有一点是肯定的，随着私人资产管理领域的不断发展，无疑会有更多高质量的公司出售少数股权。

创造超乎想象的价值

无论是在生活还是在工作中，我的人生都遵循着一个核心原则：为别人做的要比任何人所期望的都多。创造出比任何人所能想象的都要多的价值，那么你将拥有的就不仅仅是满意的客户了，你会收获狂热的粉丝。你如果参加过我的任何一次现场活动（在那些活动中，我们每天会花 12 个小时以上的时间完全沉浸其中），就会知道这是真的。在采访世界上最成功的投资者时，我发现交易员和私募股权从业者之间有一个重要的区别。交易员寻求的是套利机会。他们试图通过在合适的时间买卖资产来创造"阿尔法"或额外收益。

私募股权从业者采取的则是不同的方法，它更符合我的生活哲学。他们的目标是购买优质企业并使其变得更好。一旦他们购买了企业，他们就会寻找所有可以为该公司增添价值的方法，无论是利用规模经济，引进新的领导层，改善供应链采购，还是使用更有力的最佳实践方法等。在私募股权发展的早期，确实存在无情收购陷入困境的公司的情况，但自那以后的几十年里，这个行业已经发生了变化。当今世界上最好的私募股权从业者都着眼于助力优质企业发展壮大。维斯塔股权投资合伙公司的罗伯特·史密斯在接受采访时就诠释了这一点，你可以在第 10 章中看到。他的公司花了 20 多年的时间为其收购的所有公司制订了一套行动指南。这是一套经过验证的系统和工具，无疑将为任何有幸成为维斯塔生态系统一部分的公司增加价值。这就是我与我们为撰写本书而采访过的那些了不起的人有志同道合之感的原因。他们真正关心的是与他们合作的企业和员工。他们非常擅长创造附加值，也因此而得到了丰厚的回报，他们的投资者也是如此。

  现在是时候进入激动人心的职业体育所有权的世界了。在过去的10年里，这些企业集团的表现超过了标准普尔500指数，而且在经济困难时期展现出了惊人的韧性。但直到近期规则改变之前，体育产业的所有权投资仅限于那些最富有的亿万富翁。然后，情况发生了变化！翻过这一页，让我们一同去探寻另一种非相关性投资，见识一下职业体育所有权的力量……

第 3 章

职业体育所有权：
放手一搏

> 体育有改变世界的力量，有激励人心的力量，它还有一种独特的力量，能够让人们团结在一起，这是其他事物难以做到的。
>
> ——纳尔逊·曼德拉

2012 年 3 月，洛杉矶道奇队以令人瞠目结舌的 20 亿美元的价格出售，这件事成了美国各大媒体的头条新闻。最近一次可与之相比的出售案例是颇具传奇色彩的芝加哥小熊队，其售价"仅"为 8.5 亿美元。道奇队的新老板团队成员包括我的挚友兼合伙人彼得·古贝尔（他也是金州勇士队和洛杉矶足球俱乐部的所有者之一）、马克·沃尔特［知名投资公司古根海姆合伙公司（Guggenheim Partners）的首席执行官］以及入选 NBA 名人堂的"魔术师"埃尔文·约翰逊。

大多数经济学家原本预计道奇队的售价将接近 10 亿美元。从表面上看，20 亿美元似乎远远超出了合理的范围，专家们立即对此提出了疑问。著名体育经济学家、大学教授安德鲁·津巴利斯对这笔交易嗤之以鼻，他说："请记住，除了价格，新东家需要投资约3亿美元来翻修道奇体育场，这个费用还不包括周边房地产所需要的1.5亿美元。到头来，你不得不质疑这笔交易。"

密歇根大学体育管理教授马克·罗森特劳布毫不留情地提出了尖锐的批评："这是有史以来最疯狂的交易，毫无意义。这个价格比一支棒球队能赚到的钱高出8亿多美元。如果觉得赚钱无关紧要，那这确实是一次伟大的行动。"

在过去30年里，我有幸目睹了彼得在商业领域的才华，我知道他的这笔投资背后一定有更多的故事。首先，简单介绍一下背景：彼得曾是索尼影业的首席执行官和曼德勒娱乐集团（Mandalay Entertainment）的创始人。他参与制作的电影包括《午夜快车》《雨人》《蝙蝠侠》《紫色》《迷雾中的大猩猩》《终结者2：审判日》《土拨鼠之日》《城市乡巴佬》《义海雄风》等！除了被列为电影经典（获得累计50项奥斯卡金像奖提名），他参与的电影全球票房收入超过30亿美元。

我联系了彼得，问他到底在谋划什么。他为什么会愿意支付如此高昂的价格？他说："托尼，我不想提前透露惊喜。等你在新闻上看到发布的消息后，再给我打电话吧。"我当时不知道会发生什么。当然，一个传奇的电影制片人总是会留下一些悬念！

当体育经济学家和各种权威人士读到这则新闻时，他们都不得不深感惭愧。[1]

道奇队与时代华纳达成了一项价值超过70亿美元的电视转播协议。

这是体育史上金额最大的电视转播协议——如果你知道这个协议仅仅是为了获得地方电视转播权以及组建新的道奇区域电视网，那这个金额就更令人咋舌了。花费 20 亿美元购买道奇队，在不到一年的时间里，便能获得 70 亿美元的预期收入。体育界对此感到震惊。在接下来的 10 年里，道奇队成了一支棒球劲旅，在 2020 年为其主场城市赢得了世界大赛冠军，这是道奇队 30 多年来的首个世界大赛冠军。

虚荣消费还是价值投资

在 20 世纪的大部分时间里，购买体育俱乐部一直被视为一种终极的虚荣型消费。任何亿万富翁都可以购买飞机或游艇，但在每个主要联盟中，只有 30 支（或 32 支）球队。正如我们将在这里揭示的，自 2019 年末以来，投资规则发生了一些变化，为特定类型的投资基金打开了大门，使它们不仅可以购买一支球队，还可以购买多支球队的少数股权。无论你是不是体育迷，这些全球性的生意都具有一些独特的魅力，使它们成为"圣杯"战略中极具吸引力的一部分。

也就是说，一支球队不仅仅是一项可以用来炫耀的资产，它有着更深刻和更有意义的内涵。拥有一支球队意味着在我们的文化中占有一席之地。体育超越了肤色或信仰，跨越了国界，突破了社会经济地位。它把我们与朋友和家人联系在一起。它给了我们一个可以为之加油助威的"部落"，我们可以看着运动员们在赛场上"征战"。体育让我们从日常的忙碌中解脱出来。无论我们的一天过得多么艰难，我们都有机会去争取胜利。有赢家和输家、喜剧和悲剧，体育是我们生活中不可或缺的一部分。同时，体育也是利润丰厚的行业。

在 20 世纪的大部分时间里，体育主要是以观众亲临现场观赛的形式进行的商业活动。门票销售和特许经营的收入是体育产业价值的主要来源。但媒体收入也一直很重要，即使在早期也是如此。1897年，出现了第一次转播权的"出售"。棒球队说服了西联电报公司为其参赛球员提供免费的电报服务，作为交换，棒球队允许西联电报公司将比赛情况通过电报传送到各酒馆。最终，西联电报公司开始向各队支付电报转播权费用。全美各地酒馆的顾客们都会屏息等待，关注每半局比赛的最新比分情况。许多球队老板担心电报转播会使门票销量下降，但实际上，媒体推动了棒球运动人气的暴涨。体育和媒体之间的长久联姻得到了巩固。

电报之后，对体育及其狂热粉丝来说，广播和报纸报道成为不可或缺的一部分。各行各业的人都围在收音机旁，收听他们最喜欢的球队在"激战"中的声音。然后，1939年8月26日，第一场电视转播的棒球比赛出现了。解说员雷德·巴伯解说了辛辛那提红人队和布鲁克林道奇队之间的一场比赛。当时整个纽约地区只有大约400台电视机！7年后，即1946年，纽约洋基队成为历史上第一支出售其本地电视转播权的球队，售价为75 000美元，按本书撰写时的美元计算约为114万美元。到这个时候，美国家庭中的电视机数量已增长到8 000台。到1960年，这一数字迅速增长到4 500万台！

1979年，一个完全专注于体育报道的频道——ESPN（娱乐与体育节目电视网）开播了。许多人预测它会失败，但ESPN很快取得了成功。全天候的报道使体育产业进入了一个新的阶段。快进到2002年，棒球赛事的媒体版权收入在历史上首次超过了门票收入。[2]

过去的20年见证了科技的爆炸式发展，所有这些都为体育产业注入了新的活力。高速互联网、社交媒体、智能手机和流媒体服务的普及，让全球的联系变得越来越紧密，几乎任何比赛都可以在任何地方无障碍观看。体育已经从充满各种小吃和票根的零散商业活动，发展为全球内容生产和传播的重要产业。

点球成金

将体育视为一种"资产类别"是一个相对较新的概念。从 21 世纪初开始，联盟和球队才逐渐发展为成熟的全球企业。在我们深入了解这些多元化帝国之前，我们先来从投资者的角度看看它们的表现。

在 2012 年至 2022 年间，标准普尔 500 指数的年化回报率约为 11%。罗素 2 000 指数（由小盘股组成的指数）的年化回报率约为 8%。在同一时期，北美四大职业体育联盟（NBA、MLB、NFL 和 NHL）联合产生了惊人的 18% 的复合回报率（见图 3-1）。更重要的是，这些回报几乎没有使用杠杆（由于联盟政策的限制），因此这些回报没有以任何方式被"夸大"。

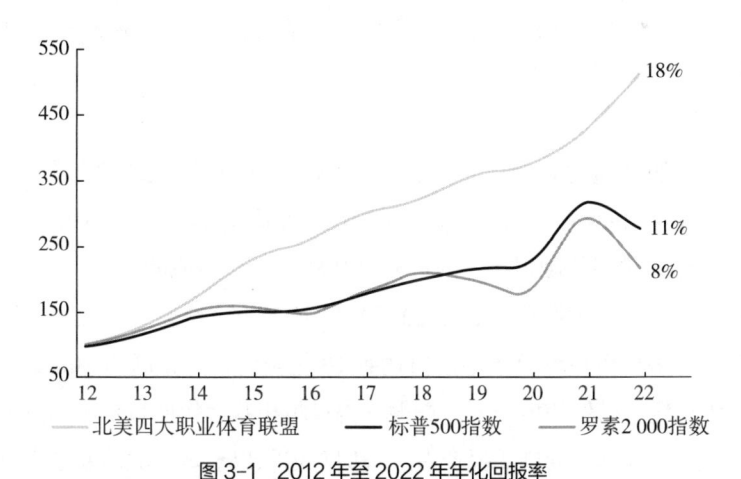

图 3-1 2012 年至 2022 年年化回报率

资料来源：*Forbes*, Capital IQ。

更有趣的是，体育特许经营权的表现似乎与公开市场几乎没有相关性。（对投资狂人来说，2000年至2022年间两者的相关性为0.14。）低杠杆率和低相关性对于任何"圣杯"投资组合来说都是非常有吸引力的。

让我们再深入一点儿。

在2002年至2021年间，NBA球队的平均价格上涨了1 057%！相比之下，标准普尔500指数在同一时期的总回报率为458%。此外，2023年是NBA破纪录交易的大热之年。

- 菲尼克斯太阳队以创纪录的40亿美元卖给了我的朋友、抵押贷款巨头马特·伊什比亚。
- 密尔沃基雄鹿队老板马克·拉斯里出售了少数股权，使该队的估值达到35亿美元。
- 迈克尔·乔丹以30亿美元的价格出售了他在夏洛特黄蜂队的大部分股权（同时他还持有少量股权！）。这是他在2010年最初投资的2.75亿美元的10倍多。

其他联盟也提供了高额回报（基于以前和现在的售价）。从2002年到2021年，MLB球队的平均总回报率为669%，而NFL球队在同一时期的回报率为467%。MLS是这一领域的新秀[3]，现在被认为是第五大联盟，它在2023年达到了一个重要的里程碑，联盟中的洛杉矶足球俱乐部估值达到10亿美元，是该联盟中的第一个达到这一估值的俱乐部。彼得·古贝尔和我（托尼）是洛杉矶足球俱乐部成立时的创始投资者，我们对球队以点球大战的好莱坞方式赢得2022年美国职业足球大联盟杯感到非常骄傲！

随着我们进入一个高通胀时代，财富保值和购买力成了关键所在。在这方面，体育特许经营权似乎是一种高防御性的投资。（是的，我们计划在这一章中使用尽可能多的体育方面的例子。）回顾历史，我们可以看到体育产业在其他通胀时期，如 20 世纪 70 年代和 80 年代初，都蓬勃发展。从 1968 年到 1982 年，标准普尔 500 指数的年化回报率为 7%，而四大联盟各球队的价值以 16% 的年化增长率增长。例如，2022 年 8 月，在美国历史上最快的加息周期中，丹佛野马队的北美体育特许经营权售价达到了 46.5 亿美元，创下了新的纪录。

归根结底，在过去的 100 年里，这些联盟经历了流行病、停摆、世界大战、球员罢工、经济萧条、经济衰退以及介于其间的一切，但依然屹立不倒。它们是非常耐用的资产。联盟和它们的球队正在我们眼前不断发展，而参与的机会也最终向像我们这样的投资者开放。

我不知道哪家 SaaS（软件即服务）公司能在 5 年后继续存在，但我知道 50 年后，10 月仍将举行美职棒世界大赛。

——伊恩·查尔斯，阿克托斯体育合伙公司
（Actos Sports Partrers）创始人

多元收入流

在将球队视为一种投资时，有两个主要的收入类别：联盟收入和球队自身的收入。让我们分解一下，探讨为什么球队具有如此强大的经济韧性，以至它们能成为"圣杯"投资组合中值得持有的优质资产。（别担心，我将在后面的篇幅中解释我们如何参与其中。）

（1）球队可获得联盟收入的一部分——联盟一直负责洽谈美国（和国际）转播权和赞助事宜（例如，在你看电视时，会有个深沉的声音告诉你"福特 F-150 是 NFL 的官方卡车"）。联盟收入会在所有球队之间平均分配，因此它们会共同努力，为转播权和赞助事宜争取尽可能高的价格。而消费者行为最近的变化使联盟拥有了更大的影响力。随着"掐线族"（即放弃传统有线电视服务，转而选择流媒体等替代方式观看视频内容的消费者）的增加，电视台和广告商在通过有线电视触达其目标客户方面的能力正在逐渐减弱，这导致它们变得越来越焦虑和绝望。换句话说，观看有线电视的人数正在下降。体育赛事直播是唯一能扭转这一趋势的节目。体育节目在所有电视台中都很容易成为收视率最高的节目。因此，广告商十分青睐体育节目，因为电视直播几乎是唯一能让大量观众愿意观看广告的地方。2019 年，收视率最高的前 100 个电视节目中有 92 个是体育赛事节目。[4] 各大体育联盟深知这一点。它们利用这种态势，获得了推动联盟收入增长的巨额媒体转播权合同。这就是联盟收入激增的第一个推动力。第二个推动力是北美体育运动在世界其他地区的人气日益高涨，从欧洲到中国，北美体育运动越来越受到人们的欢迎。在 2023 赛季，NFL 将在欧洲大陆举办创纪录的 5 场常规赛。现在的 NBA 赛程中包括墨西哥城、日本某些城市和巴黎等地的赛事。北美体育运动也在社交媒体上风靡全球。在本书撰写时，NBA 在"照片墙"（Instagram）上的关注者已超过 7 500 万，其中 70% 的关注者来自美国以外的国家或地区。

联盟收入激增背后的第三个推动力是流媒体大战。苹果、亚马逊、网飞和优兔都在争夺成为主要的流媒体播放平台，它们都垂涎

第 3 章　职业体育所有权：放手一搏

于直播体育赛事的权利。体育运动不仅吸引了观众，而且相对于制作出最新的值得狂热追捧的剧集，所需的制作成本非常低。它不需要演员，也不需要昂贵的布景，只需架好摄像机开拍就行。2014年，五大体育联盟的累计年度转播权价值达 76 亿美元。据估计，到 2024 年，这一数字达到 166 亿美元。随着流媒体大战的持续进行，体育界将成为最大的受益者。

（2）各球队可以自己创造收入——除了从联盟获得的大笔年度收入，每支球队还有许多其他辅助收入流，这些都是它们自己留存的。如你所见，球场里售卖的啤酒和门票只是这个利润丰厚的大蛋糕的一小部分。它的收入还来自以下几个方面。

本地媒体。 本地电视台的收视率很低，它们正在受到来自四面八方（流媒体、社交媒体等）的颠覆性冲击。坦白地说，体育运动对这些过时的本地电视台而言是救命稻草。体育节目的收视率是常规节目的 2~4 倍。而且，由于每支球队都会自己留存出售其本地媒体转播权的收入，所以这可能会带来相当可观的利润。（只要回想一下洛杉矶道奇队的那笔 70 亿美元的交易就知道了。）许多球队都效仿洛杉矶道奇队的做法，创建了自己的本地电视网，或与当地电视台合作达成共同所有权协议。

房地产。 许多球队都拥有自己的场地，并从演唱会、赛事、电子竞技等活动中获得额外收入。值得称道的是，许多球队还购买了周边的大部分房地产。体育场或棒球场周围每年可能会举办数百场活动的街区，对有可支配收入的年轻上班族来说，是一个充满乐趣和活力的环境。从停车场到酒店，再到公寓和零售店，各球队正迅速对它们进行垂直整合，以尽可能多地获取周边收入。

许可 / 赞助。 当我在休斯敦太空人队的棒球场闲逛时，我对当地赞助商的数量感到惊讶。当地企业的标志随处可见，甚至体育场本身的名字"美汁源球场"也与赞助商有关。许多场地都设有当地餐馆、啤酒屋和咖啡店，这些店因成为当地球队官方指定的服务商，而获得了极高的认可度。这种与球队的联系可以帮商家形成可量化评估的品牌忠诚度。

门票/特许经营权。上次我去看比赛时，看到一个热狗卖12美元。买热狗的队伍排了二十几个人，但没有人抱怨价格。这些球队已经掌握了娴熟的销售技巧，向那些不介意或至少愿意接受高价的固定观众群体销售商品。2008年，纽约洋基队和达拉斯牛仔队的老板杰里·琼斯宣布成立一家名为传奇酒店（Legends Hospitality）的合资企业。他的团队意识到自己的球队非常擅长促进食品、饮料和商品的销售，因此他们应该向全球其他场地/球队提供他们的管理服务和策略。他们利用规模经济、先进的物流工具和消费者行为数据分析，带领团队和他们的场地在21世纪继续蓬勃发展。关键在于，这些团队在零售销售方面达到了最高水平，并且知道如何"榨取每一滴果汁"。如今，这家公司的客户遍布NFL、MLB和NBA，并且已经扩展到UFC（终极格斗冠军赛）、温布尔登网球锦标赛和众多英超足球场。

豪华包厢和套房。几十年来，豪华包厢一直为球队提供高利润的基础收入流。我的朋友彼得·古贝尔、乔·拉科布，以及我们在金州勇士队的合作伙伴，以他们最近开放的最先进的体育和娱乐场馆——大通中心打破了这种模式。这件耗资14亿美元的艺术品坐落在米申湾畔，包含占地11英亩[①]的商店、餐馆、酒吧，以及一个

[①] 1英亩≈4046.86平方米。——编者注

占地 5 英亩的海滨公园。这个现代化的场地堪比任何一家五星级酒店，创造了一种升级版甚至算得上奢侈的体验。每年有 200 多场现场活动和比赛，他们已经创造了一棵摇钱树。他们的豪华套房每年租金高达 250 万美元，并要求客户至少签订 10 年的合同。硅谷科技公司和风险投资公司为了争夺数量有限的套房而展开了激烈的竞争，这使其成为城里最热门的"票"。从代客泊车到提供香槟和寿司自助餐的套房，球队正在打造高端的 VIP（贵宾）体验，这也使得票价大幅提升。

博彩业。2018 年，美国最高法院终止了限制体育博彩业扩张的禁令。虽然体育博彩曾一度局限于拉斯维加斯的体育博彩投注站，但截至 2023 年 8 月，它已在 35 个州合法化。从各方面来看，这都是一场现代版的"淘金热"。[5] 2021 年，体育博彩的规模翻了一番，投注金额超过 570 亿美元。从电视广告到代言，再到球衣广告赞助商，体育博彩公司不断增加的广告收入为联盟和球队带来了可观的收益。虽然我个人对博彩合法化的社会影响感到担忧，但事已至此，博彩只会成为职业体育中越来越不可分割的一部分。

职业体育所有权的专属席位

成为职业球队的老板绝非易事。联盟会对你进行全方位的审查。你有道德风险吗？有舆论风险吗？有财务风险吗？多年来，联盟要求球队老板必须是个人。它曾经允许机构和媒体公司成为球队老板（例如，迪士尼拥有阿纳海姆小鸭队），但它们由于其主营业务的问题和管理层的频繁更替，作为球队老板并不可靠。因此，多年来，球队的所有权一直限于像史蒂夫·鲍尔默（微软公司的前首席执行官）、丹·吉尔伯特［火箭贷公司（Rocket Mortgage）的创始人］、乔·拉科布（投资公司凯鹏华盈的合伙人）、查尔斯·约翰逊（富兰克林邓普顿公司的创始人）等超级富有的行业巨头。

然后，在 2019 年，MLB 改变了它的政策。它聪明地意识到，它的球队、这些平台，已经演变成高度成熟的企业，其估值甚至超过了最富有的人可能愿意支付的价格。此外，虽然大多数球队都有一个掌控大权的老板，但也有许多较小的个人老板／投资者只是参与其中，并没有任何运营控制权。这些人（其中许多人年纪较大）出于多元化投资或遗产规划的原因，需要一条通往流动性的途径。

因此，MLB 通过了一项新规定，允许某些类型的投资基金购买球队的少数股权，前提是要满足一长串标准，最重要的是，这些公司要避免利益冲突。最初，许多人预计这一规定的改变将为私募股权公司打开大门，出于本章所述的种种原因，这些公司将很乐意获得投资机会。然而，诸多障碍使许多公司不符合条件。例如，它们被禁止拥有任何其他存在利益冲突的业务（如体育博彩或体育经纪业务）。而且，许多私募股权界的大佬已经在球队中拥有个人股份，因此他们的公司立即失去了资格。尘埃落定后，只有少数私募股权公司仍有资格。自那以后，这些公司已募集并部署了数十亿美元资金，用于购买所有主要体育联盟（NFL 是最后一个向基金投资者开放的大联盟）的少数股权。

如今，符合条件的个人投资者拥有了一条通往职业体育所有权的道路。这些集合投资工具并不是投资于一个球队，而是对所有符合条件的大联盟（MLB、NBA、NFL、MLS 和英超联赛）中的众多球队进行多元化投资。据彭博社报道，芬威体育集团（Fenways Sports

Group，拥有波士顿红袜队、匹兹堡企鹅队和利物浦队）、萨克拉门托国王队、金州勇士队和坦帕湾闪电队（NHL）只是吸引私募股权投资者的少数几家机构而已。[6] 根据 PitchBook 数据库的数据，欧洲五大足球联赛中超过 1/3 的球队现在都得到了私募股权的支持。[7]

在多个联盟和地区拥有众多球队，可以创造出重要的非相关的多元化投资组合。另外，拥有一支球队的股权可以带来税收优惠，因为折旧或摊销费用可能会流向基金中的投资者。现在，我们更好地理解了为什么世界上许多富有的人拥有球队。它们不仅仅是用来炫耀的投资。事实上，在经历了几十年的另类投资之后，我认为职业体育所有权绝对算得上一个全明星级别的投资，有着令人惊叹的数据表现：它是一种在全球范围内的多元化、非相关的投资，实践已经证明，一个多世纪以来它都不曾衰落。

借贷领域的佼佼者

当我们将关注点转向私募信贷领域时，你可能会再次感受到闪电般的冲击。大多数投资者在投资组合的固定收益部分只依赖于传统债券。但你不是大多数投资者！就像电影《黑客帝国》中的尼奥一样，你现在看到了另一种现实。几十年来，聪明的投资者一直将私募信贷作为一种更安全、波动更小的方式，用它来获取两位数的收益率。

所以，让我们深入了解一下，为什么随着利率上升和银行收紧信贷规模，私募信贷有望实现大幅增长……

第 4 章

私募信贷：
借贷领域的佼佼者

> 近年来，随着上市公司数量的减少，私营公司的数量相应增加，形成了一个更大的寻求资本接入的私营公司群体。[1]
>
> ——CNBC，《揭秘私募信贷》，2023 年 6 月 21 日

2022 年，随着债券价值的暴跌，数万亿美元灰飞烟灭。像数千万美国人一样，你可能也感受到了自己投资组合所遭受的冲击。然而，当传统投资者因持有公开交易的债券而夜不能寐时，聪明的投资者却再次生活在另一种现实中。他们投资组合中的"固定收益"部分获得了可观的回报，几乎没有甚至根本没有遭受损失。欢迎来到私募信贷的世界。

对不熟悉它的人来说，私募信贷是一种让成熟企业无须通过银行就能借款的方式。对我们这些投资者来说，通过私募信贷这种形式，资金被出借后，其产生的收入回报是传统债券的 2~3 倍，它可以成为我们"圣杯"投资组合中另一种非相关收益策略。那么，为什么创造稳定的收入流如此重要呢？

超级富豪们深知资产价值会波动。但资产不能直接花，你花的是现金。当市场下跌时，许多人很快就会面临资产多而现金少的情况。他们不想在市场低迷时出售资产，但他们如果没有足够的收入或流动资金，就可能得被迫这么做。这就是我信奉"收入才是结果"的原因。构建一大笔能带来丰厚收入的资产，可以为你提供应对经济寒冬所需的关键的稳定性。

在接下来的篇幅中，我们将探讨私募信贷是如何从 2000 年管理资产中的区区 420 亿美元增长到 2019 年的 1.5 万多亿美元的！[2] 随着银行持续收紧放贷，预计到 2027 年，私募信贷行业的规模将增长至 2.3 万亿美元以上。接下来，我们将阐述投资者如何利用私募信贷，但在此之前，让我们先回到过去，探寻为什么私募信贷会成为最受聪明的投资者喜欢的投资策略。

风向的转变

> 60/40 投资组合正迎来一个世纪以来的最差回报。
>
> ——《华尔街日报》，2022 年 10 月 14 日

几十年来，对大多数普通投资者来说，60/40 投资组合（配置 60% 的股票，40% 的债券）一直是一个久经考验的投资策略。除了提供收入或收益，从历史上看，债券还起到了在市场低迷时为投资组合提供缓冲的作用。但在 2022 年，投资者失去了这一缓冲，因此摔得很惨。随着利率上升和经济开始放缓，股票和债券双双暴跌。股票和债券同向变动，也就是说二者呈正相关，这正是你在熊市中不希望看到的。2022 年股票和债券跌幅相同（截至 2022 年 10

月 31 日，年化跌幅为 22%），这是有史以来的第一次。标普 500 指数中市值最大的 7 只股票平均下跌了 46%。综上所述，这是近 100 年来 60/40 策略的最差表现之一。³ 自那以后，股票和债券的相关性没有减弱，而是变得更强了。彭博社报道称："随着相关性的增强，债券对股票损失来说已起不到对冲作用。"⁴

你的投资组合很均衡。
你所拥有的每一项投资都在等量地亏钱。

在新冠疫情之前，寻求收益的投资者被迫承担更大的风险，因为他们涉足了更深、更危险的水域。由于利率如此之低，传统债券的收入回报也如此之低，许多投资者被诱惑购买了风险更高、收益率更高的垃圾债券，这些债券被巧妙地重新命名为"高收益"债券。但不要被这个名字所迷惑：这些所谓的高收益债券在 2021 年夏天的收益率仅为可怜的 3.97%。与此相比，私募信贷在同一年的收益率为 9%。⁵

第 4 章 私募信贷：借贷领域的佼佼者

对老练的投资者来说，低收益的垃圾债券以及它们如何扩散到普通投资者的投资组合中，都让他们感到不安。就像狗在地震前几分钟就能感觉到震动一样，那些注意到这一点的人知道有些事情不对劲儿。在那个时候，利率除了上升别无他路，这意味着低质量垃圾债券的价格将会崩盘。风险回报比严重失衡，我们知道风向最终会改变。它们确实改变了。

2021 年 11 月 9 日，彭博社写道：

美国垃圾债券创下 4 320 亿美元发行纪录。[6]

不到一年后，2022 年 10 月 22 日，同一家媒体写道：

全球垃圾债券销量暴跌，创历史之最，且无复苏迹象。[7]

在债券价值因利率上升而崩溃的同时，许多最大的机构却在享受私募信贷的好处。与亏损相反，它们从私募信贷中获得的收入随着利率的上升而稳步增加。

另一种现实再次袭来

银行就是在天气晴朗之时借给你雨伞，到了下起雨来时就催你还回去的地方。

——罗伯特·弗罗斯特

你想尝试一些高质量的垃圾债券吗？

　　几十年来，最聪明的投资者将大量资金投入"非银行"贷款机构，这些机构的收益远高于传统债券。这就是私募信贷的世界。私募股权之于公募股权就如同私募信贷之于债券。

　　虽然像亚马逊、谷歌和特斯拉这样的大企业从大型银行获得贷款或出售公开交易债券来筹集资金毫不费力，但仍有大量中型企业不得不另寻他路。但我们说的并不是你家附近的五金店或花店为了支付工资而借钱。根据企业财务研究所的数据，美国中型企业的营收在1亿~30亿美元之间，员工人数在100~2 500人之间。信不信由你，美国有20多万家公司符合这一类别！

　　我们都知道，在贷款方面，银行把控得极其严格。你如果买过房子，就会很熟悉银行所要求的严苛的财务审查。但贷款是成功企业的必需品，企业严重依赖贷款来维持运营。它们必须预先支付各种账单——租金、工资、库存，然后等待一段时间才能有收入。但银行贷款并不总是能申请到的，或并不总是充足的。2008年全球金融危机后，银行受到监管机构的进一步束缚，贷款发放能力下降，许多公司为了保持现金流，只剩下一个选择：私募信贷。

最近私募股权的繁荣更进一步推动了私募信贷的火热发展。当一家私募股权公司收购一家公司时，它们往往会使用某种形式的杠杆（就像个人为购买新房子而申请抵押贷款一样）。这种杠杆来自哪里呢？现在，当听到很大一部分此类并购是由私募信贷公司提供资金时，你应该也不会感到惊讶了。

私募信贷的三大支柱

值得一提的是，在 23 年前，私募信贷领域的总贷款额就超过了 420 亿美元。在经历了互联网泡沫和全球金融危机之后，银行贷款可用性的降低导致了私募信贷的繁荣。截至 2022 年底，全球私募信贷市场规模已超过 1.5 万亿美元。Preqin 估计，随着传统银行的进一步收缩，到 2027 年，该行业的规模将增长至超过 2.3 万亿美元。

这一趋势看起来只会加速。2023 年初，硅谷银行几乎在一夜之间倒闭。随后众多其他区域性银行也纷纷步其后尘。利率的迅速上升导致了它们的债券投资组合崩溃。私募信贷公司则不会面临同样的风险（我们在后文中将进行解释）。这就是为什么许多公司看到银行倒闭，认为私募信贷领域正面临"黄金时刻"。[8] 此外，区域性银行提供的贷款占商业地产贷款的近 80%，而随着空置写字楼的不断增多，当这些贷款在未来几年到期，违约潮像多米诺骨牌一样蔓延时，我们可能会看到一场重大灾难。所有这些都表明，私募信贷公司将继续被使用，它们不受传统银行的许多限制。

有一点是明确的：私募信贷正在巩固其作为满足中型企业贷款需求的主导力量的地位。这些私募信贷公司非常谨慎，但如果风险收益比合理，它们就愿意放贷。它们在放贷的时间、地点和方式上都快速、灵活和富有创造性。对像你我这样投入资本的投资者来说，私募信贷公司往往会带来更好的风险收益情况。

我们来探讨一下私募信贷的三大支柱，以及为什么从投资者的角度来看，私募信贷已成为一种抢手的资产类别。

（1）更高的回报率——与其他债务工具相比，私募信贷提供了明显更高的回报率（也就是更高的收益）。无论在低利率环境，还是在高利率环境中，它都证明了它具备这种能力。从2015年到2021年，当利率处于历史低位时，私募信贷仍实现了两位数的回报率！如图4-1所示，在2021年至2022年，私募信贷贷款（又名直接贷款）提供的收益率是垃圾债券的两倍以上，而且通常还会提供更好的保障。

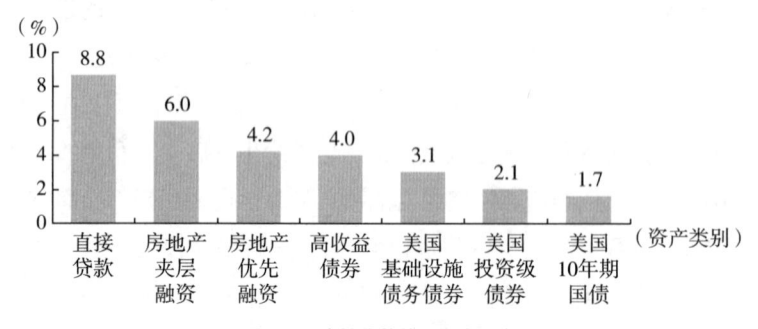

资产类别	收益率(%)
直接贷款	8.8
房地产夹层融资	6.0
房地产优先融资	4.2
高收益债券	4.0
美国基础设施债务债券	3.1
美国投资级债券	2.1
美国10年期国债	1.7

图4-1 直接贷款的回报率更高

资料来源：BofA Securities, Bloomberg Finance L.P., Clarkson, Cliffwater, Drewry Maritime Consultants, Federal Reserve, FTSE, MSCI, NCREIF, FactSet, Wells Fargo, J.P. Morgan Asset Management. 商业房地产（CRE）收益率数据截至2021年9月30日。CRE-mezzanine yield is derived from a J.P. Morgan survey and U.S. Treasuries of a similar duration. CRE-senior yield is sourced from the Gilberto-Levy Performance Aggregate Index (unlevered); U.S. high yield: Bloomberg USAggregate Credit-Corporate-High Yield; U.S. infrastructure debt: iBoxx USD Infrastructure Index capturing USD infrastructure debt bond issuance over USD500 million; U.S. 10-year: Bloomberg U.S. 10-year Treasury yield; U.S. investment grade: Bloomberg U.S. Corporate Investment Grade. 数据基于截至2022年5月31日的可得信息。

第4章 私募信贷：借贷领域的佼佼者

（2）私募信贷通常具有较小的利率风险——向私营企业提供的贷款通常具有随市场利率调整的浮动利率。因此，当利率上升时，借款人的还款额也会相应增加。私募信贷通常使借款人很难在长时间内锁定较低的固定利率，这为贷款人/投资者提供了极大的保障，同时他们还能以更高回报的形式获得收益。在高通胀时期，这种设计可能非常有意义，也正因如此，尽管通胀率很高，存在经济压力和不确定性，但仍有数百亿美元流入私募信贷市场。

（3）私募信贷可以在困难的市场中提供稳定性，且违约率较低——私募信贷投资组合已经证明，它们能够很好地抵御风暴。在2004年6月至2022年6月的18年间（其间发生的事件包括全球金融危机和新冠疫情），私募信贷贷款的损失率平均每年约为贷款总额的1%，这是大多数银行都会羡慕的数字。此外，对1998年至2018年这一时期的研究表明，对私募信贷来说，最糟糕的5年仍为投资者带来了正回报。为什么呢？这主要有两个原因。

第一，由于私募信贷机构通常持有自己发放的贷款（而不是将其出售给第三方），它们和借款方一样，面临同样的风险。这激励它们坚持严格的信贷研究和承销标准——它们也确实这么做了。这些贷款机构对贷款对象可能非常挑剔，通常只选择最高质量的借款方。它们对贷款给哪些类型的公司可能也很挑剔，只向更抗衰退的行业（如消费品、医疗保健、基础设施等）的企业提供贷款。

第二，出借方可以建立保护措施。当私募信贷公司向公司发放贷款时，这些交易通常被构建为"优先担保贷款"。这就意味着，如果公司遇到麻烦，出借方将首先获得偿付。私募信贷公司也极具创造力，它们经常会设立特定的契约、保护措施和抵押要求，这使它们在确保自己不会亏钱方面有着高度的信心。

还记得巴菲特的第一投资法则吗？永远不要亏钱！从图 4-2 中可以看出，即使在最糟糕的 5 年里，私募信贷也仍然赚到了钱！与其他资产类别相比，这相当令人印象深刻。

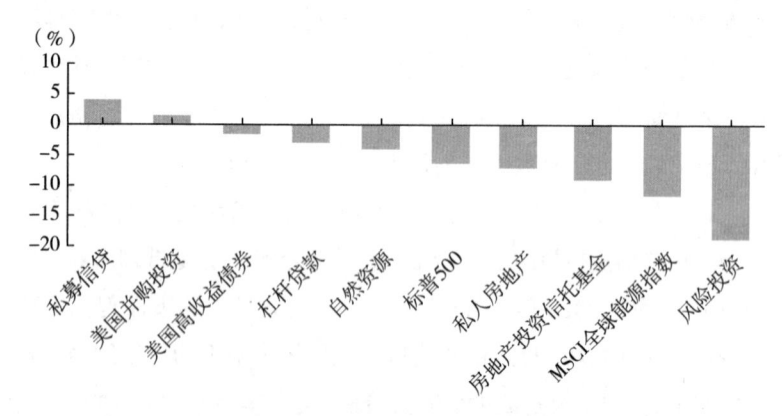

图 4-2　1995—2022 年间不同投资类别 5 年期年化收益率最差表现

资料来源：Burgiss. Private Credit=Burgiss US Private Debt Funds Index. US Buyout=Burgiss US Buyout Funds Index. US High Yield=ICE BofA US High Yield Index. Leveraged Loans=Credit Suisse Leveraged Loan Index. Natural Resources=Burgiss US Natural Resouces Funds Index. S&P 500=S&P 500 Total Return Index. Private Real Estate=Burgiss US Real Estate Funds Index. REITs=S&P United States REITs. MSCI World Energy Total Return. Venture Capital=Burgiss US Venture Capital Funds Index.

所有数据均来自我们认为可靠的来源，但我们不能保证其准确性。过去的表现并不一定能预示未来的结果。

从概念到执行

除了通过密集、持久和明智的练习，没有人能掌握任何技能。

——诺曼·文森特·皮尔

第4章 私募信贷：借贷领域的佼佼者

到现在为止，你应该已经很清楚为什么最大的机构投资者在他们的私募信贷投资中找到了安慰。他们明白"收入才是结果"！总而言之，聪明的投资者为获得持续收入而将资金分散到私募信贷中有3个主要原因。

（1）与公共市场相关性低（想想"圣杯"）。

（2）随着利率上升，具有浮动利率保护的、有吸引力的风险调整后回报。

（3）对违约行为有强大的出借方保护（例如，优先获得偿付）。

既然我们已经从概念上理解了私募信贷，那么对想要将投资组合中的一部分分配给私募信贷的投资者来说，最佳策略是什么？尽管没有放之四海而皆准的方法，但我们当然可以分享我们的观点，因为我们已经投资私募信贷几十年了。

首先，选择一位优秀的私募信贷经理至关重要。为什么呢？因为每位经理都必须在寻找贷款项目信贷承销以及执行数百笔贷款方面拥有深厚的专业知识，以便为其背后的投资者打造多元化的投资组合。这些贷款的成功与否在很大程度上取决于其承销商的技能水平，而最好的公司已经花了几十年的时间来研究和提升这些技能。在本书的第二部分，我们对戈卢布资本（Golub Capital）的戴维·戈卢布进行了访谈。戴维是世界上最出色的私募信贷经理之一，管理的资产超过600亿美元，一直保持着辉煌的业绩。

私募信贷有许多不同的类别，我们在这里无须深入研究。但是，表4-1展示了不同地理区域的不同私募信贷策略在全行业范围内令人印象深刻的平均回报（复合年增长率）。

表 4-1 私募债务历史与预测表现

类型	复合年增长率 （2015—2021年）	复合年增长率 （2018—2021年）
私募债务	9.37%	11.44%
私募债务-直接贷款	6.83%	7.98%
私募债务-不良债务	9.18%	12.64%
私募债务-其他	11.74%	14.28%
北美私募债务	8.92%	12.09%
欧洲私募债务	9.88%	9.62%
亚太私募债务	10.09%	11.42%
世界其他地区私募债务	13.44%	16.26%
多元化多地区私募债务	14.29%	21.30%

资料来源：PREQUIN。

我们公司的理念是，永远不要在一场比赛中只赌一匹马。我们更喜欢与多个采用不同私募信贷策略的经理建立伙伴关系，这些策略能通过涵盖不同风险状况、不同行业、不同地区的众多类型的贷款来实现高度的多元化。简而言之，我们不希望在某一特定策略的违约率高于正常水平时受到冲击。拥有多个合作伙伴和多种贷款策略有助于平滑投资路径，创造更可预测的回报。

私募信贷有不利的一面吗？选择私募信贷需要权衡的是流动性。在你仍然可以按月或按季度获得收益时，你通常需要3~5年的时间才能完全收回你的投资——与债券相比，这是一个相对较长的时间，债券只需点击一下就能卖出。这是因为私募信贷的出借方通常会将其贷款持有至到期。但正是这一点确保了此类资产类别的可预测性，这也是投资者珍视的一点。

接下来，我们将深入探讨我们在这个星球上生存和繁荣发展过

第4章 私募信贷：借贷领域的佼佼者

程中的最重要事物之一——能源！我们正处于一场能源革命中，正向着可再生能源（风能、太阳能等）和创新技术（这些技术可以减少或消除传统化石燃料燃烧产生的碳排放）相结合的方向迈进。随着各大机构和世界各国政府大力支持这一领域，投资者面临着巨大的机遇。

第 5 章

能源：
我们生活的力量（1）

能源是人类进步的关键。

——约翰·F. 肯尼迪

简短说明：能源这个话题可以说内容非常丰富！因此，我们用了两章的篇幅来充分论述这个问题。在第 5 章中，我们将为理解当前全球能源状况奠定基础。在第 6 章中，我们将介绍一些随着世界开启一场数万亿美元规模的能源革命而涌现的投资机会。

共同繁荣

人类的进步史就是一部能源的历史。在我们能够高效利用能源之前，我们的生命很短暂，生活也很艰难。我们把时间花在狩猎、采集、生火取暖、做饭上。这是我们几千年的生活方式。除了精英阶层，绝大多数人都很贫穷、目不识丁、未受教育、疾病缠身、营养不良。无论是过去还是现在，这些都是缺乏能源的民众所遭受的苦难。

一旦我们找到了驾驭能源的方法，这个星球上的生命就开始稳步进步。虽然并不完美，但总是在进步。当我们发明了新的取暖、照明和运输方式时，生活变得更加轻松。从木材到煤炭的转变推动了工业革命的发展。蒸汽机一举改变了人们出行和贸易的方式。19世纪90年代，尼古拉·特斯拉开发了交流发电技术，并在芝加哥世博会上用其为10万盏灯供电，令世界为之惊叹。不到40年后，美国家庭中就摆满了各种电器，这些工具是我们的祖先做梦都想不到的。

1990年，近19亿人（占世界人口的35%）生活在极端贫困之中，即每天生活费不足2美元。如今，仅仅几十年后，这一数字已降至7.82亿人（占世界人口的10%）。原世界银行行长金墉说："在过去的25年中，有10多亿人摆脱了极端贫困，全球贫困率现在已降至有记录以来的最低水平。这是我们这个时代人类最伟大的成就之一。"如果没有能源，我们就不可能取得如此巨大的成就。能源是穷人脱贫的阶梯，也是我们发达国家应当给予帮助的关键领域。它是就业、教育、粮食安全、清洁用水、基本医疗保健、互联网、创业、全球贸易和共同繁荣的基础。能源是工业的前提，正如我们的身体需要氧气一样，工业也需要能源。

今天，我们要面对两个重要的现实。

首先，我们正在经历一场能源革命，其中可再生的清洁能源正在从不太清洁的能源手中夺取市场份额。这一趋势将继续下去，但根据我们采访的众多专家的说法，传统的化石燃料可能永远不会被完全取代。如果你认为社会会一下子摆脱化石燃料（媒体讨论可再生能源时，给人的感觉就是这样），那么这一结论可能会让你感到震惊。然而，正如我们将在本章后面的部分所讨论的，更可能的结果是，技术创新将使现有的化石燃料更加清洁和环保。事实上，能够实现这一目标的技术已经存在，但它们的推广需要时间。

其次，世界人口不断增长，像中国和印度这样的新兴经济体中的数十亿人口，将需要各种形式的能源来满足不断增长的需求。举个例子，2020 年，中国 63% 的电力来自煤炭。这一比例低于 2000 年的 77%，但中国的煤炭需求在短时间内不会消失。[1]

区分事实与情感

一听到"能源转型"（energy transition）这个词，人们可能会自然而然地想到我们正在从化石燃料转向可再生能源。然而，事实远非如此。现代人类一直在向不同的能源形式"转型"，因此，"转型"这个词其实用在这里并不恰当。能源专家威尔·范洛将在本书的第二部分阐释他的观点，他认为"能源增量"（energy addition）这个术语更为恰当。为什么呢？范洛解释说，回顾历史，我们可以看到新的能源形式被采用需要经过很长时间，它们也从未完全取代过之前占主导地位的能源形式。他列举了数据，指出我们目前正在经历现代史上的第五次能源增量/转型。让我们来看一看。

（1）19 世纪中叶，我们开始从木材转向煤炭。煤炭用了 50 年时间才占据全球能源市场 35% 的份额。尽管煤炭相对于其他能源形式在市场份额（以百分比计）方面有所下降，但 2022 年我们使用的煤炭数量超过了历史上的任何时期。煤炭仍然是电力生产的主要能源来源，对混凝土、钢铁、纸张等产品的生产也至关重要。

20 世纪初，亨利·福特制造出第一辆 T 型车后，我们开始从煤炭转向石油。石油用了 50 年时间才占据全球能源市场 25% 的份额。未来的石油需求量还会更高。[2]

（2）1938 年，美国通过了《天然气法案》，以规范从石油到天然气的转型。天然气用了 50 年时间才占据全球能源市场 25% 的份额。[3] 与石油一样，未来天然气需求量将继续增长。

20 世纪 60 年代，核能开始普及。核能在 1977 年达到峰值，约占全球能源市场的 5%，但看起来它有望卷土重来。（稍后会详细介绍！）

大约在 2010 年，社会开始转向风能、太阳能和其他可再生能源。13 年后，在投资了近 1 万亿美元之后，这些可再生能源仅满足了全球 3% 的能源需求。

如果有选择，我们都想要更清洁的能源，当然，我们可以通过创新来实现。但我们也需要了解新能源获得大量市场份额需要多长时间。而这，我的朋友，带来了巨大的投资机会。

指数级需求

当我们展望未来时，专家们预言，有两个不可避免的变量将影响能源需求。

（1）人口增长——全球人口从 1950 年的 25 亿增长到本书撰写时的 80 多亿。国际货币基金组织（IMF）预测，全球人口将继续激增，到 2050 年将达到 97 亿。[4]

（2）中产阶级增长——随着世界的不断发展，技术、医疗保健的进步以及获得能源的机会将推动数十亿人从相对贫困走向中产阶级。人们赚得更多，花得也更多。他们无疑会使用更多的能源。

关键是，我们面对的不是静态的能源使用量，而是不断增长的需求。在本书撰写时，全世界每天消耗约 1 亿桶石油，而这一数字预计只会增长。大多数专家认为，到 2050 年全球能源总需求将增长约 50%。考虑到 1990 年至 2020 年间需求增长了 50%，这是一个合理的估计。沙特阿拉伯国家石油公司沙特阿美（Sandi Aramco）是这一不断增长的需求的最大受益者之一。它在 2022 年《财富》世界 500 强企业中排名第二，收入为 6 040 亿美元。[5] 这一营收数字让亚马逊（榜单第四名）和苹果（第八名）相形见绌，如果按照本书撰写时的速度继续增长，该公司有望登上榜首（超过沃尔玛）。

正如马克·吐温所说："历史不会重演，但总是惊人地相似。"当我们展望未来时，大多数专家都会预测，可再生能源在全球能源供应中所占的百分比将会增长。可再生能源将获得市场份额——正如新能源在能源增量时期一贯的趋势——但很可能永远不会取代现有的化石燃料能源。事实恰恰相反。根据美国能源信息署（EIA）的数据，到 2050 年，天然气、煤炭、石油、核能和可再生能源的使用量都将增加，以满足需求（见图 5-1）。

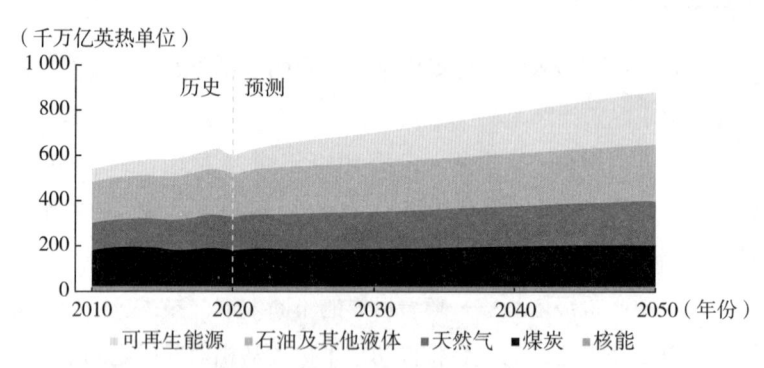

图 5-1　按能源种类划分的全球一次能源消费量（2010—2050 年）

资料来源：U.S. Energy Information Administration, International Energy Outlook 2021 Reference case.

注：石油及其他液体包括生物燃料。

第5章 能源：我们生活的力量（1）

每年，我（托尼）都会为我的基金会最大的捐赠者举办一场私密的金融活动。我们聚在一起，倾听金融专家、美国前总统、政策制定者等名人的见解。与本书非常相似的是，我们坐在一张堪称"泰斗云集"的桌旁，学习关于未来以及如何把握机会的智慧。

杰米·戴蒙是全球最大的银行摩根大通的首席执行官，摩根大通承诺到2050年实现净零排放。他欣然接受了我的活动邀请，而我们的很多讨论都与能源的未来有关。如果说他是绿色能源运动的支持者，那就说得太保守了。他向我分享了摩根大通是如何建立一项清洁能源投资配置的，该配置有望到2030年为清洁能源项目提供1.1万亿美元的融资！他还在向国会施压，要求加快绿色能源技术的审批。然而，戴蒙向观众解释说，他对能源转型的愿景可能过于超前："从乌克兰学到的教训是，我们需要廉价、可靠、安全的能源，其中80%来自石油和天然气。而这个百分比在未来10年或20年里仍将非常高。"推高石油和天然气价格是一种惩罚性措施，实际上它使问题变得更糟，因为它迫使各国重新启用燃煤电厂。在给摩根大通的股东的一封信中，戴蒙写道："使用天然气来减少煤炭消耗是迅速减少二氧化碳排放的一种可行方法。"

对那些一想到要临时使用更多的化石燃料就感到畏缩的人，我想说不用担心。有数十亿的资金投入碳捕集（与封存）技术，尽管这些技术尚未完全实现规模化，但将使化石燃料的使用更加环保。我们将在第6章中重点介绍一些令人兴奋的技术突破。

让我们再深入研究一下……

太阳能和风能的前景

风能和太阳能是可再生能源发电的核心，但它们面临着巨大的阻力……这是双关语。首先，从地理角度来看，有赢家也有输家。如果你想使用风力发电，那么风必须吹得很猛烈。如果你想使用太阳能，那么太阳光必须很强烈。多云的天空和微风是达不到要求的。需要明确的是，我所说的并不是家庭太阳能板，而是能够为电网供电的工业级太阳能电场。

在美国，有大片土地风力强劲（中部地区）和阳光充足（西南地区）。但世界上大部分地区并非如此。事实上，世界上绝大多数地区被认为不适合工业级风力发电/太阳能发电，或者两者都不适合。世界上大多数人口超过100万的城市并不适合工业级可再生能源发电。因此，任何为这些城市提供电力的太阳能或风力发电场都必须远离这些城市，并且必须建造输电线路来输送电力。与其他可用能源相比，这远非理想选择，而且成本极高。我并不想扫谁的兴，但最终，专家们达成共识，即太阳能和风能在大规模应用上有很大的局限性。我认为这也是中国和印度努力发展核能的原因之一。

核能

在过去30年里，美国只有3座核反应堆投入运营，部分原因是三英里岛、切尔诺贝利和福岛发生的恐怖事件给一代人留下了难以磨灭的阴影。虽然核灾难是不可接受的，但同样重要的是，我们要在这些灾难的记忆与教训，新型的、更安全的核技术和其他各类

第5章 能源：我们生活的力量（1）

能源对环境的影响之间找到平衡。从燃烧煤炭到开采用于制造电动车的重要矿物，几乎所有形式的能源都有其不利的方面。正如智慧的托马斯·索维尔所说，"没有解决方案，只有权衡取舍"。这句话在此处非常适用，因为核能仍然是已知最清洁、能量密度最高的能源。从技术角度来看，当今使用的许多反应堆使用的都是数十年前的技术，而发生过的事故都已成为历史。公平地说，我们必须以当今的技术和安全标准来评判核能。小型模块化反应堆（SMR）正是在这种情况下登上舞台的。

经过几十年的创新，专家们认为小型模块化反应堆很有前景。这些反应堆大约有一架小型商业飞机那么大，与你听到"核能"这个词时可能想象到的大型传统反应堆相比，它们要小得多。它们的安全性要高得多，并设置了许多故障保护装置以避免灾难。传统反应堆可能需要10年的时间来建造，而小型模块化反应堆可以在工厂中迅速建造和组装，并通过卡车运送到最终的目的地。这使它们能够被放置在偏远地区和取水受限的地点。如果这样的装置变得无处不在，那全球大部分人口就能获得廉价、绿色的能源。（参见图5-2）

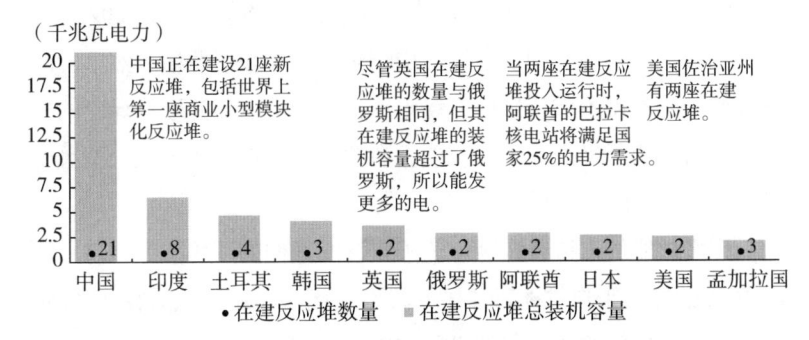

图5-2 在建核反应堆数量前十的国家（截至本书撰写时）

资料来源：World Nuclear Association。

2022 年，美国首个小型模块化反应堆获得监管机构批准，在爱达荷州建造。现在有多家公司正在开发效率极高的小型模块化反应堆，这些反应堆将产生与老旧的大型反应堆一样多的电力，而且它们所需的土地面积仅为其他可再生能源（风能、太阳能、水能）产生相同数量电力所需土地面积的 1%！

有众多公司在竞相开发下一代核技术（包括小型模块化反应堆），这一点很重要，因为在全球范围内，我们在这方面已经远远落后了。如果我们真的想要实现"净零排放"，大多数专家都认为核能是解决方案的一个重要部分。然而，虽然核能是我们所能产生的最环保的能源，但它具有很大的危险性，这一矛盾使核能往往备受争议。例如，多年来，环保组织一直推动关闭印第安角核电站，该反应堆供应了纽约市近 25% 的电力。环保组织认为，这个反应堆可以被风能和太阳能等可再生能源所取代。2021 年，该核电站关闭，然而，各种意外后果层出不穷。[6] 该州报告称，自关闭印第安角核电站以来，该州 89% 的电力来自天然气和石油，高于前一年核电站运行时的 77%。这当然不是环保主义者所期望的结果。

这种反核立场也在德国产生了适得其反的效果。到 2022 年，德国已经关闭了所有的核电站。由于俄乌冲突和俄罗斯天然气的断供，德国人不得不重新启用燃煤电厂，用非清洁能源取代绿色的核能。然后，德国又采取了另一项无奈的举措，拆除了一座大型风电场，以扩大采煤作业！[7]

许多核能的支持者认为，德国应该向他们的邻居法国学习，法国 70% 的能源来自核能。法国并没有关闭核电站，反而在 2050 年之前将有 6 座新的核反应堆投入使用。法国人还开创了一项令人难以置信的核废料回收战略，最大限度地延长了其使用寿命。

2023年4月，芬兰启用了一座新的核电站。该核电站非常有效地创造了大量国家负担得起的绿色能源，它的价格在短时间内降到了零以下！现在，芬兰可以随心所欲地使用能源，而且知道它几乎是百分之百绿色的。中国和印度也明白，核能是它们自己绿色未来的重要组成部分。除了不断增长的能源需求，一些国家承认它们正面临着空气质量问题和污染问题。随着世界推进ESG（环境、社会和治理）承诺，它们需要在环境问题和不断增长的经济之间取得平衡。

在本书撰写时，印度在以极快的速度发展，正在建设8座令人瞩目的核电站。甚至石油资源丰富的沙特阿拉伯也计划建造16座反应堆。相比之下，美国只有2座正在建设中的反应堆。如果我们计划领导核技术革命，美国监管机构就必须迅速采取行动。大多数专家认为，环保人士和政治家需要用现代的眼光来看待这项技术。我们不会根据20世纪50年代构建的标准来判断汽车的安全性。我们也不应以老旧的视角来评判核能！

绿色机器与矿物资源的竞争

电动汽车（EVs）正处于聚光灯下。在特斯拉的引领下，几乎每家汽车制造商都加入了电动汽车革命。但是，尽管电动汽车在路上行驶时更环保，但不可否认的是，生产它们会给环境带来极大的负担。风力发电机和太阳能电池板也是如此。现实是，"绿色机器"必须用传统能源来制造。生产必要的水泥、钢铁和塑料需要石油、天然气和煤炭。而制造一块能够存储相当于1桶石油能量的电动汽车电池，需要相当于100桶石油的能量。此外，我们还需要大量的关键矿物来制造电池、太阳能电池板、变压器、发电机以及这些绿色机器的其他内部部件。寻找、开采、提炼和运输这些矿物的过程一点儿也不环保。请思考以下事实。

- 挖掘和加工近 50 万磅[①]的土壤才能制造出一块 1 000 磅的电动汽车电池。这种开采通常需要使用烧柴油的重型设备。
- 一块标准的电动汽车电池含有约 25 磅的锂、30 磅的钴、60 磅的镍、110 磅的石墨和 90 磅的铜。
- 电动汽车电池的钴含量是智能手机的 1 000 倍。
- 到 2030 年，每年将有超过 1 000 万吨的电池成为垃圾。

当然，它出色的燃油经济性是以某种代价换来的。

[①] 1 磅 ≈ 0.45 千克。——编者注

需要明确的是，电动汽车、风电场和太阳能电池板确实是可再生能源的重要组成部分。但是，如果我们要保持理智和诚实，那么整个供应链都需要脱碳。许多电动汽车使用的电仍然是通过燃烧煤炭产生的。我们真的能把这种实际上由煤炭驱动的汽车视为"绿色"汽车吗？

我要表达的更重要的一点是，我们需要把事实与虚构、营销与现实区分开来。我们都想要清洁能源并爱护我们的地球。然而，我们也必须面对一些残酷的现实。其中一个现实就是，关键矿产往往被一些国家全面控制。

全面控制

钴几乎被用于每一部智能手机、平板电脑、笔记本电脑和电动汽车中，其作用是使电池保持稳定并防止电池过热。刚果民主共和国的钴储量比世界其他地区的总和还要多。事实上，世界上已知近 70% 的钴都埋藏在刚果浅层的红土中，开采十分容易。（这有点儿讽刺，因为根据世界银行的统计，刚果只有 19% 的人口能用上电。[8]）

刚果有着悲惨的剥削和奴役历史，可追溯到 19 世纪末。大约在 1890 年，随着世界各地数百万人开始骑自行车，出现了一场"自行车热"。信不信由你，最早的自行车车轮是钢制的或木制的，所以，当 1888 年发明家约翰·邓禄普为一种新型充气橡胶轮胎申请专利时，这是一件了不起的大事。而当汽车出现时，他的这项发明才真正开始流行起来。而刚果却从那时起便开始了被掠夺的历史，因为对橡胶的需求激增，刚果又恰巧有着成片的橡胶树。砍伐森林破坏了他们的土地。在比利时国王利奥波德二世的殖民压迫下，不计其数的刚果村民被迫成为奴隶。刚果成为世界上最大的橡胶出口国，但刚果人民依然贫穷。约瑟夫·康拉德1899年发表的著名小说《黑暗之心》记录了关于一个被剥夺了自由的族群和一片被商业目的吞噬的土地的可怕悲剧。

如今，刚果再次遭受破坏，但这次不是为了橡胶，而是为了钴。世界各地的科技公司在购买钴时，通常会被批发商告知供应链是干净的。但事实证明并非如此。多亏了西达尔塔·卡拉等调查记者的勇敢工作［卡拉是《钴红：刚果的鲜血如何为我们的生活提供动力》(Cobalt Red: How the Blood of the Congo is Powering Our Lives) 一书的作者］，我们现在知道了这些供应链的底层到底是什么样子。许多矿山都是由现代奴隶开采的。在武装民兵的监视下，男人、女人和儿童无休止地挖掘钴。他们用棍子、镐、铲子和钢筋到处搜寻，同时暴露在有毒的致癌物中。每天有数十万刚果人在炎热中辛苦劳作12个小时，却只能挣到一两美元。这仅能勉强维持生计。

因此，主张万物电气化的人也必须正视ESG的真正含义。环境、社会和治理，这3个要素的价值是同等的吗？如果刚果（以及其他地方）的环境正在遭到破坏，同时成千上万的当地人被奴役，难道有人能辩称只要目的正当就可以不择手段吗？最终，大型科技公司需要清醒过来并共同解决这些问题。它们可以凭借其强大的购买力对供应商提出要求，促进改革，这样工人就可以得到合理的报酬和公平的待遇。我们还必须继续致力于开发可能不需要某些关键矿物的新技术。例如，固态电池和其他无钴电池正在得到应用。特斯拉在本书撰写时在其50%的汽车中使用无钴电池，并表示希望完全从其产品中去除钴。向马斯克致敬。但其他问题仍然存在。

电气化世界

2022 年，加利福尼亚州规定，到 2035 年，该州销售的所有新车（电动汽车、氢能源汽车等）必须实现零排放。[9] 但讽刺的是，在公告发布后不久，加利福尼亚州就遭遇热浪，并呼吁人们避免为电动汽车充电，以免老化的电网过载。这就引出了一个问题：加利福尼亚的电网能否承受电动汽车增长 15~30 倍的情况？据估计，该州在未来 10 年内需要将发电量增加 2 倍才能应对这样的情况。从实际情况来看，加利福尼亚州的发电量与 13 年前基本持平。[10] 即使是小幅增长也极具挑战性，这可能就是能源委员会没有就如何完成这项艰巨任务发布任何计划的原因。

特斯拉的创始人埃隆·马斯克一直公开表示，他担心美国要实现其目标会面临"能源不足"的问题，美国可能在短短两年内就会面临能源短缺。他预测，到 2045 年，美国的电力需求将增长两倍，他还在一次会议上与美国最大的公用事业公司分享了这一担忧。考虑到历史上电力需求每年仅增长 2%~3%，就不难理解为什么电力公司对即将到来的电力需求激增准备不足了。

在本书撰写时，加利福尼亚州和美国另外 12 个州正在就这项电动汽车规定进行立法，同时世界其他地区似乎也在努力推动达成类似的结果。联合国的净零排放目标，即 2050 年净零排放目标指出："在净零排放情景下，到 2030 年，电动汽车数量将超过 3 亿辆，占新车销量的 60%。"（参见图 5-3）从福特 F-150 猛禽皮卡车到即将推出的电动科尔维特，每一家制造商都在迅速推出现有车型的电动化版本。

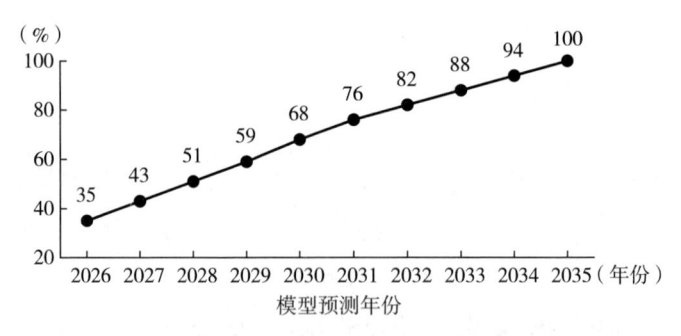

图 5-3 零排放汽车和插电式混合动力汽车占新车销量的目标百分比

在美国 2.9 亿辆上路汽车中，电动汽车和混合动力汽车约有 250 万辆（占比不到 1%）。在全世界大约 14.4 亿辆汽车中，电动汽车总数为 1 680 万辆（占比约为 1%）。因此，如果我们的目标是到 2030 年生产 3 亿辆零排放汽车，那么我们对所需关键矿物的需求将达到前所未有的水平。这真的可行吗？要实现如此崇高的目标，我们面临的挑战确实非常严峻。

让我们先回顾一下历史。没有任何一个开采行业（石油、天然气、黄金、铁矿石等）能够在短短 10 年内将全球供应量提高 100%。采矿成本高昂、费力、耗时，而且在监管方面面临很大的困难，特别是在优先考虑人权和环境影响研究的发达国家。一个新发现的矿床往往需要许多年才能开始进行开采，并真正开始生产所需的原材料。

撇开所需的数万亿美元投资不谈，环境专家认为，开采生产 3 亿辆零排放汽车所需的关键矿物可能会给地球带来极大的负担。再加上大型风电场、工业储能电池和数千英亩的太阳能电池板，要达到"2030 年净零排放"的目标所需的矿物数量是惊人的。图 5-4 显示了对各种矿物的指数级需求。

第 5 章 能源：我们生活的力量（1）

以锂为例。据估计，我们需要的锂将是目前开采量的 5 倍。但锂并不是我们发展绿色科技所需的唯一矿物。我们需要的铜的开采量是现在的 2 倍，石墨是现在的 17 倍，镍是现在的 11 倍。[11]

再说一次，我们历史上从未在 10 年内将任何开采矿物的供应量翻倍。"挖得更快"似乎并不是一个可行的计划。

当我与能源专家讨论这种"历史上从未有过"的情景时，他们也几乎一致认为这是一个不可能实现的目标。这是一个崇高的目标吗？是的。是政客们很好的谈资吗？当然。但是，我们必须考虑到现实情况，以及将会产生哪些其他成本，包括人力和环境成本。

现在，可能对你来说，我在本章中列举的许多事实都难以消化。我想我们都很乐意打开一个绿色开关，让我们的星球脱碳。我和许多专家实际上认为，从长远来看，通过新的创新，这是可能实现的。但在此期间，在一个需求增长似乎不可避免的资产类别中，将存在大量的投资机会。

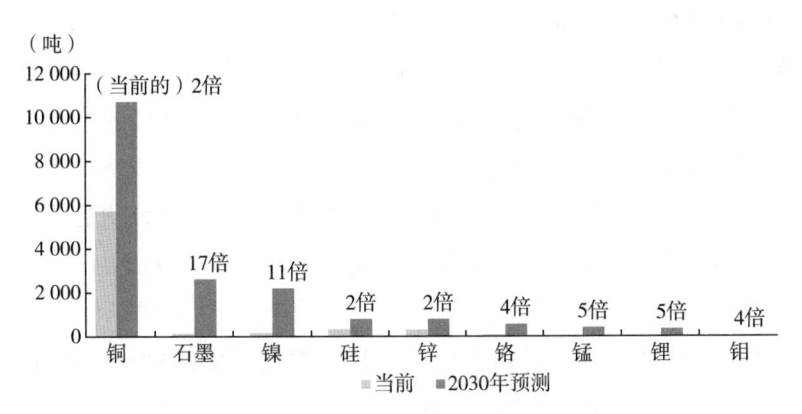

图 5-4 发展清洁能源所需矿物的当前与未来需求

资料来源：IEA Critical Mineral Outlook。

谁喝了所有的牛奶？

当我的儿子还住在家里的时候，我经常打开冰箱门，发现冰箱里有一个几乎空了的牛奶盒。似乎不管我们买了多少牛奶，牛奶减少的速度总是比我们补充的速度还要快。家里有一个十几岁的男孩就像我们目前的能源状况。请耐心听我解释。

能源，就像牛奶盒里的牛奶一样，是有限的，必须及时补充。现在想象一个石油或天然气储层。一旦我们开始开采，在它枯竭之前，我们可以提取的石油或天然气的量是有限的。能源公司和它们的投资者必须预先花费数千亿美元来探索和开发新项目，以满足世界的能源需求。

但是，当我们停止大幅投入用以开发新产能的资金时，会发生什么呢？当我们未能为当前和不断增长的需求供应新的资源时，会发生什么呢？我们可能很快就会知道了。

2014年6月，油价飙升至每桶107美元。然后，在短短6个月后，油价暴跌至每桶44美元。这种快速下跌是毁灭性的，最大的能源公司在舔舐伤口的同时收紧了支出。大约在同一时间，ESG运动开始真正蓬勃发展起来。虽然其目标很崇高，但不幸的是，该运动提出了一些非常不切实际的时间表。这场运动没有去寻找创新技术来使石油/天然气/煤炭更清洁，而是专注于终结化石燃料的使用，这一目标甚至得到了当时美国总统候选人拜登的响应，他承诺："我保证，我们将终结化石燃料。"

能源公司处于进退两难的境地。历史上为探索新的替代能源提供资金的机构投资者面临着巨大的压力，他们像躲避瘟疫一样避免投资化石燃料。大型能源公司的首席执行官也面临着巨大的压力。董事会成员和大股东都直接或间接地告诉他们，不要在新能源替代项目上投入太多。相反，他们被鼓励通过股息或股票回购将多余的现金返还给投资者。因此，在随后的几年里，发现和开采新供应源的投资下降了近50%。客观地看，在2014年之前，大型石油公司每年在替代能源上的投资约为7 000亿美元。自2014年以来，它们在全球范围内的支出仅为3 000亿~3 500亿美元。

批评者认为，减少对新"上游"项目的投入是件好事，是环保行为。但实际上，专家们认为，这可能会引发一连串的反应，导致能源价格上涨、食品价格上涨和国家安全度降低。这正是杰米·戴蒙早先的观点，即短期行动的意外后果实际上可能会阻碍每个人实现长期净零目标。

7个沙特阿拉伯

如前文所述，全球的能源使用量每天约为1亿桶（或桶当量）。客观地说，一个足球场能容纳大约200万桶石油。这意味着全球每天要使用相当于50个足球场的石油。也就是说，每年365亿桶石油，才能保证我们世界经济的引擎正常运转。人口增长和经济扩张意味着，每年需求量将增长1%~2%，即3.65亿~7亿桶。

但我们每年要消耗多少现有供应量呢？那个"牛奶盒中的牛奶"又减少了多少呢？这是一个价值万亿美元的问题……

全球"供应下降率"为每年7%~8%。这意味着，现有化石燃料储量和矿床每年会损失其总有限容量的7%~8%。也就是说，为了跟上目前的需求，我们每年都需要补充700万~800万桶的日供应量,更不用说试图满足未来需求的增长了。威尔·范洛是量子能源合伙公司的创始人,也是世界上最大的私人能源投资者之一。他很好地概括了当前的情况:"这等于在未来20年里,需要找到相当于7个沙特阿拉伯的能源产量。"简而言之,由于我们在过去10年削减了替代能源方面的支出,我们如今已经处于劣势。范洛还认为,过去几年在替代能源支出上的不足,现在才刚刚开始在价格上显现出来。

最重要的是,耗尽有限的能源项目,却没有足够的投入来补充新的能源或找到新的解决方案,这必然会导致供应受限、能源价格上涨、食品价格上涨和消费者价格上涨。

是时候下注了

现在我们已经分清了虚假的表象和事实,我们可以看到未来几年将会有巨大的机遇。事实上,与我交谈的许多专家都认为,我们可能正在进入一个能源投资的黄金时代。对化石燃料来说,供应量将会减少,需求量将会增加,这很可能导致其价格上涨。风能、太阳能和核能将会被加速采用,数万亿美元将被投资于创新公司。最后,关于绿色技术,有许多脱碳创新成果即将投入使用,这些创新很可能使我们以更环保的方式继续使用化石燃料!

让我们在下一章一起探讨这些机会!

第 6 章

能源：
我们生活的力量（2）

> 能量既不能被创造也不能被毁灭，它只能从一种形式转化为另一种形式。
>
> ——阿尔伯特·爱因斯坦

人人享有能源

无可争议的是，减少污染对我们共同拥有的这个美丽星球更为有利。我们都应该通过大力投资可再生能源以及传统化石燃料的创新（例如碳捕集）来努力寻找更环保的解决方案。

然而，正如第 5 章所述，专家们一致认为，我们正面临着两个不可否认的现实之间的矛盾：

（1）对各种形式能源的需求将继续增长，包括化石燃料；

（2）煤炭、天然气和石油的燃烧会在地球大气中产生大量会带来重大影响的二氧化碳，我们应该使用可以使用的最好方法来减少碳排放。

"可以使用的最好方法"是专家们产生重大分歧的地方。2023

年3月，联合国秘书长呼吁"停止对所有新的石油和天然气项目的许可发放或资金投入"，以及"停止任何现有石油和天然气储量的扩张"。

虽然我们都可能希望昨天就能百分之百使用绿色能源，但世界就像一个巨大的社区，我们需要所有国家合作并共同努力。但并不是每个国家都持有相同的观点，也就是说，每个国家对实现碳中和都有着不同的时间规划。这是一种微妙的平衡，既不能损害环境，又不能损害人们谋生、做饭、出行等维持基本生活的活动。

中国、印度和许多其他发展中国家都知道，完全终止使用化石燃料是完全不可行的。专家们警告说，激烈的措施将使世界陷入灾难性的萧条，数亿人可能会饿死。摩根大通的杰米·戴蒙在国会听证会上重申："停止对石油和天然气的资助将让美国走上通往地狱之路。"请记住，保持全球经济运转每年需要大约365亿桶石油，这意味着我们不能突然终止所有石油供应。

这真的是一个二元选择吗？是被联合国预言的"气候变化定时炸弹"所摧毁，还是立即停止使用所有化石燃料，陷入绿色的贫困生活中？大多数专家认为，我们需要的是一个平衡的观点。我们需要努力寻找创新性的解决方案，使世界保持当前的人口增长，并在全球范围内消除极端贫困。我们必须以尽可能具有成本效益的方式，向尽可能多的人提供最清洁的能源，以推动全球经济增长，确保粮食安全。创新一直是也将永远是这类问题的答案。俗话说，石器时代的结束并不是因为人们用完了石头。

世界上第一座近零排放的天然气发电厂

罗德尼·阿拉姆是一位化学工程师，他82岁，喜欢用铅笔和

第 6 章 能源：我们生活的力量（2）

标准计算器在图纸上做计算。作为美国科技公司 8 Rivers 的首席发明家，阿拉姆试图以截然不同的方式看待能源问题。他独特的方法为他赢得了多项专利，并在 2012 年使他获得了著名的全球能源奖。

当大多数人都在试图弄清楚如何捕集和封存二氧化碳时，阿拉姆却想知道我们是否可以利用它。2013 年，他为一种革命性的方法申请了专利，该方法能捕集燃烧天然气产生的近 97% 的二氧化碳。下面是它的工作原理。

在今天的标准方法中，天然气燃烧产生热量。热量产生蒸汽，蒸汽驱动涡轮机。涡轮机旋转就能发电。用这种方法发出的电量约占美国发电量的 40%。但问题是，燃烧天然气产生的副产品二氧化碳会被排放到大气中。煤炭发电也是如此，尽管煤炭的污染程度要高得多。

阿拉姆想知道，他是否可以不使用蒸汽为涡轮机提供动力，而是捕集并压缩二氧化碳，用二氧化碳来驱动涡轮机。如果他能创建一个闭环系统，在该系统中大部分二氧化碳永远不会被排放到大气中呢？如果成功了，他就可以使天然气成为几乎零排放的能源！随着时间的推移，他完善了自己的计算，最终为自己的惊人创新申请了专利。然后，他从理论转向了实践。阿拉姆与一家名为 NetPower 的公司合作，开始进行概念验证，并建造了第一座近零排放的天然气发电厂。他们于 2018 年启动了测试设施，经过几年的测试和改进，他们成功地将其接入了得克萨斯州的电网！现在，他们正在得克萨斯州西部建造第一座完整规模的发电厂。（声明：需要明确的是，在撰写本书时，我们并不是 NetPower 的投资者。）

虽然 NetPower 处于领先地位，但这种创新故事正在世界各地发生。有数百家具有潜力或已验证解决方案的创新公司实现了碳捕集（与封存）。从能直接从空气中吸走二氧化碳的巨型风扇，到将多余的碳注入地下岩层进行封存的技术，它们正处于不同的发展阶段（和可行性阶段）。但更重要的一点十分清楚：根据专家的说法，将使我们实现净零排放的很可能是创新，而不是完全消除化石燃料。与此同时，随着世界在现实与人们的言辞之间艰难权衡，将会出现无数的投资机会。让我们深入探讨一下……

"石油，黑色的金子，得克萨斯的宝贝！"

如果你问 100 个人哪个国家是世界上最大的石油和天然气生产国，很多人会猜是沙特阿拉伯。但是很多人都猜错了。在本书撰写时，美国才是世界上最大的石油和天然气生产国[①]。美国的产量约占世界供应量的 22%，[1] 而俄罗斯（15%）和沙特阿拉伯（9%）分别位居第二和第三。美国不仅是最大的生产国，而且相对而言，美国的能源也是较为清洁的。石油也是如此。你见过石油钻塔顶部不断燃烧的火焰吗？这对我们得克萨斯人来说曾是司空见惯的景象。这团燃烧的火焰是一种燃烧作业的产物，这种作业被称为"放空燃烧"，用来烧掉在开采石油过程中产生的多余甲烷。甲烷是一种比二氧化碳效力更强的温室气体，这使得放空燃烧这种做法相当污染环境。这就是为什么美国一直带头努力终止这种做法，并在生产持续增长的情况下将放空燃烧强度降低了 46%。[2] 不幸的是，过去 10 年来，环保法规较宽松的国家增加了放空燃烧。例如，委内瑞拉的放空燃烧排放量是美国的 18 倍。关键在于，并非所有能源的生

---

① 当前中国成为最大的能源生产国。——编者注

产情况和环保要求都是一样的。美国有十分严格的环境监管法规。

除了努力生产最清洁的化石燃料，美国的能源独立和全球最大生产国之一的地位，在经济安全、粮食安全和国家安全方面给美国带来了巨大的优势。在过去的几十年里，我们的世界变得越来越相互依存。为了利润，西方往往将工作岗位出口，以换取更便宜的产品。美国也曾让拥有廉价劳动力的发展中国家在生产我们需要的产品的过程中污染它们自己的空气和水，从而实现排放转移。但美国忘记了，如果气候变化是一个全球性问题，那么污染别的国家也无法解决问题。我们都生活在一个"地球村"里，污染是没有国界的。

接着，新冠疫情暴发了。别的不说，新冠疫情揭示了我们全球经济体系的脆弱性。美国很快意识到，其供应链几乎完全在国外，因而也超出了自己的控制。从药品到家具，美国人无法获得所需物资——任何近几年想买车的人都应该深有体会。空空的货架让我们所有人感到不安。我们都曾以为重新储备物资根本不算什么问题……直到这成为问题。

有了这一警醒之后，各国已经开始把供应链中的关键要素转移回国内，并努力将工业带回本国。从食品到微芯片，再到设备制造，这一"去全球化"趋势需要国内的能源支持。能够实现能源独立的国家必将繁荣，而那些能源除满足本国需求外仍有盈余的国家将成为主导力量，它们具备向盟友"净出口"的能力。

虽然近一段时间以来，出于第 5 章阐述的所有原因，美国的能源行业一直受到冷遇，但在未来几十年，美国的能源对其繁荣来说仍至关重要。因为美国同时在可再生能源的应用和绿色化石燃料的创新解决方案这两个方面都占据领先地位，所以美国将拥有巨大的优势。

我们来探讨一下专家认为将会出现机遇的几个主题领域。请注意，其中不少主题领域在公共市场或私募市场（对符合要求的人而言）都可涉足。众所周知，能源是非常不稳定的，所以请大家务必谨慎。举例来说，CAZ 投资公司从不直接投资于能源领域，除非有一个拥有数十年的实操经验和良好业绩记录的战略合作伙伴。

未来的能源投资机会

（1）私募股权。大约 10 年前，美国运营的石油钻塔中只有 15% 被认为是由私募股权基金提供资金支持的，其余的都归大型上市公司所有。现在，超过半数的石油钻塔都获得了私募股权的支持。这些钻塔能产生相对稳定的现金流，而那些更保守的公司往往会支付费用来对冲价格下跌的风险，以此确保利润的稳定性。尽管如此，私募股权能源公司还是遭遇了机构投资者的抵触情绪，这意味着处于有利地位的投资者可以比以往任何时候都更容易获得优质的投资机会。在本书后面的部分，我们将从世界上两位更成功的能源投资者那里汲取一些智慧：恩凯普投资公司（EnCap）的联合创始人佐里奇和量子能源合伙公司的威尔·范洛。这两家公司都有着数十年的杰出业绩记录。

（2）被低估的上市石油和天然气公司。2016 年，标准普尔 1 500 指数中的石油和天然气勘探公司的交易价格是其息税折旧摊销前利润（EBITDA）的 13 倍。当时，这一倍数高于金融、工业和医疗保健行业。尽管石油和天然气行业的财务业绩有所反弹，但由于之前讨论过的原因，它们已经失宠，现在的交易价格仅为息税折旧摊销前利润的 4.7 倍。根据本书所述的现实情况，许多能源专家认为，这是当今世界上被低估的资产类别之一。

（3）炼油厂。2022年6月，我的收件箱里出现了一篇文章。雪佛龙首席执行官迈克·沃思接受了彭博社的采访，并透露了一个重磅消息。[3] 他注意到自20世纪70年代以来，美国就没有再建造过新的炼油厂，于是严峻地预测道："我个人认为，美国将永远不会再建造新的炼油厂。"

在需求上升和人口增长的背景下，这可能会给消费者价格带来灾难，但也会给投资者带来好机会。炼油厂发挥着至关重要的作用，它将原油转化为汽油、柴油和航空燃料等产品。超过400万辆柴油货运卡车保障着我们的商店库存充足，亚马逊包裹每天都能送达。每年有几千万个航班，需要大量的航空燃油。当航空公司为燃油支付更多费用时，你的飞行费用也会增加。当卡车司机花更多钱给油箱加油时，你在收银台也要支付更多费用。

2022年4月，当一些加州炼油厂因季节性维护而关闭时，汽油价格跃升至接近历史最高水平。如果这些炼油厂永久性关闭，将会发生什么？路透社的劳拉·萨尼古拉称："自全球新冠疫情暴发以来，美国每天的炼油产能已损失近100万桶，未来几年还将有更多炼油厂关闭。"2022年，《华盛顿邮报》报道称："过去两年中，有5家炼油厂关闭，使美国的炼油能力减少了5%。"5%可能看起来很小，但足以在整个系统中引发供应冲击波。随着汽油价格飙升，美国政府迫切呼吁炼油厂增加供应，但它们当时的产能已经接近极限。

所以现在有一个显而易见的问题。为什么我们会在需求不断增加的情况下关闭炼油厂呢？

从历史上看，炼油厂一直是繁荣与萧条交替的企业。当价格上涨时，它们会获得巨额利润，而当价格暴跌时，它们会遭受重大损失。现在，拥有数十年历史的炼油厂设备陈旧，它们面临着两个巨大的挑战。首先，让这些老旧的炼油厂实现现代化需要数十亿美元，而且改造可能需要10年时间才能完成。其次，在当前环境下，炼油商很难为这些改造筹集资金，因此有些炼油商干脆选择拆除设施，将宝贵的地产卖给开发商。随着我们继续失去炼油能力，以及需求的持续增长，我们可能会看到价格大幅上涨。

（4）液化。廉价、可靠且相对清洁的天然气可能是脱碳的有力工具。在2009年至2015年间，美国的排放量显著下降，这都归功于天然气。运输天然气是个棘手的问题。标准天然气可以通过管道运输，但管道建设需要花费很长时间，并且地理上受到管道铺设位置的限制。于是有了液化天然气，简称"LNG"。天然气在冷却至零下162摄氏度时可以液化。一旦液化，天然气就可以通过配备先进低温储存设备的货船和卡车进行运输。然后，当它到达最终目的地时，将它重新加热，使它变回气态。停下来想想，这真是个不可思议的创新。但问题是：在不久的将来，没有新的液化产能上线。我们根本没有足够的设施来完成这项复杂的任务以满足需求。2023年初，联邦能源管理委员会报告称："液化天然气供应紧张导致国际价格上涨，达到创纪录水平。"你开始看出问题了吗？当现实与糟糕政策的如意算盘发生冲突时，价格往往会飙升。

请注意，在本书撰写时，欧洲的天然气价格是一年前的6~10倍，因为其40%的天然气来自俄罗斯。由于制裁和对"北溪"管道的破坏，这个阀门已经关闭了。据路透社报道，美国在2023年成为全球最大的液化天然气生产国，澳大利亚位列第二。[4] 美国将拥有明显的优势，但液化产能的问题仍然存在。

（5）能源行业的私募信贷。正如我们之前所报道的，当银行不能或不愿向企业提供贷款时，私募信贷就会介入，向企业提供贷款。其中一些公司是石油和天然气公司。许多银行已签署"净零承诺"，这是一项自我施加的声明，旨在限制它们向化石燃料公司提供贷款。虽然一些银行仍在有差别地提供贷款，但这些资金与所需的数十亿美元资金相比，仍相差甚远。这再次为资本密集型行业的聪明的投资者创造了机会。

用清洁碳技术创造净零排放世界

想象一下最理想的情况。如果我们能将丰富的石油、煤炭和天然气资源全部转化为净零排放的绿色能源，我们就可以拥有一个更清洁的地球，同时为数十亿全球公民提供他们所需的能源——不仅是发达国家的公民，还有那些需要廉价和丰富能源来推动经济发展和摆脱贫困的新兴国家的公民。

我（托尼）个人参与的一家公司是 Omnigen Global。它以氢气为核心的令人惊叹的技术有望改变游戏规则。尽管它目前还不是一家上市公司或可投资的公司，但它可以让你了解世界各地许多公司为了引导人类获得清洁和廉价能源而努力追求的开创性创新是什么样的。

在绿色能源方面，许多专家认为氢气是"圣杯"。当氢气燃烧时，唯一的副产品是水蒸气！然而，在本书撰写时，氢气的制造、储存和运输成本很高，市场成本在每吨 1 万美元左右。相比之下，煤炭的成本约为每吨 100 美元。尽管如此，氢气自 19 世纪末起就实现了商业化生产，现在对于从钢铁到半导体再到肥料的所有制造业都至关重要。

生产氢气主要有 3 种方法，你会发现，并不是所有的氢气都是一样的。

- 蒸汽重整法：天然气与蒸汽反应产生氢气。这是最便宜的方法，但它会产生大量的温室气体。
- 水电解法：水被电分解成氢气和氧气。然而，电力的来源可能既不环保又很昂贵，有时成本会比所生产氢气的价值高出 2.5 倍。
- 热解法：化石燃料（或生物质）被加热到高温（816~982 摄氏度）以产生氢气。这种技术成本太高，在商业上并不可行，而且它们仍然会产生大量的碳废弃物和温室气体。

由于环境友好程度不同，人们会根据氢气的制造方式用不同的颜色对其进行分类。例如，蓝氢和灰氢是用天然气制成的，但在生产过程中仍会释放大量排放物。绿氢被认为是最环保的，它是用可再生能源制取的。但是，它们也并不是真正的环保。例如，如果使用太阳能发电，我们知道这些太阳能电池板的制造会产生大量的碳足迹。太阳能电池板的制造过程需要开采和运输关键矿物，使用和处置有害的腐蚀性化学品以及污染严重的工业熔炉。这些电池板会随着时间的推移而失效，最终可能被送到垃圾填埋场。《哈佛商业评论》估计，到 2050 年，报废的太阳能电池板总量可能达到 7 800 万吨，因为回收它们的成本效益并不高。[5]

正如我上面提到的，运输氢气是一项艰巨且成本高昂的工作。

第 6 章　能源：我们生活的力量（2）

煤炭可以直接铲上火车或轮船，但氢气必须冷却到约零下 253 摄氏度——仅比绝对零度高 20 摄氏度，此时所有物质基本上都是静止不动的。然后，它必须被加压到超过 1 万磅/平方英寸[①]。即使经过所有这些步骤，在运输过程中通常还会由于泄漏而损失 10% 以上的氢气。这个过程从头到尾的复杂性和成本，对氢气在全球的广泛应用构成了非常现实的挑战。直到几位杰出的材料科学家开始提出更好的问题，情况才有所改善。提出更好的问题，就能得到更好的答案。

如果我们能利用现有的发电厂来生产清洁且丰富的氢气呢？这些发电厂已经与电网相连，因此不需要承担冷却、加压和复杂运输的巨大成本。

此外，如果我们能利用现有的化石燃料（煤炭、石油和天然气）以一种完全绿色的方式制取氢气，不释放任何二氧化碳，从而为世界提供急需的丰富清洁能源，那会怎么样呢？

如果我们能够以与当今传统能源相同的价格提供真正绿色的"量子氢气"，那将是一个令人振奋的进展。

就像以前所有的伟大先驱一样，这些科学家从一个不同的角度来看待"不可能"。他们从必须有解决方案的信念出发，而"专家"们则袖手旁观，心存怀疑。说实话，我也一直持怀疑态度，直到我参观了宾夕法尼亚州最大的煤炭发电厂之一，多年来，它一直在做着看似不可能的事情。在那里，我遇到了 Omnigen Global 的创始人西蒙·霍德森，他邀请我亲眼见证这项技术的应用。作为一位材料科学家，西蒙拥有令人震惊的 140 项已授权专利。[6] 例如，他研发

---

① 1 平方英寸 ≈ 6.45 平方厘米。——编者注

出了世界上强度最高的一些混凝土，并允许在纽约自由塔的建设过程中使用其技术。西蒙还在水平钻井技术的发展方面发挥了重要作用。水平钻井技术是美国成为全球能源主导力量（从所谓的"页岩革命"开始）的主要原因之一。

西蒙还向我介绍了他的搭档，南森·萨莱里博士，这是另一位能源领域的杰出科学家。近10年来，萨莱里博士一直是沙特阿美石油公司（历史上最赚钱的公司之一）的油藏管理部门的主管。在他任职期间，萨莱里博士是优化加瓦尔油田（世界最大油田之一）开采的首席设计师，并在该领域率先采用了AI（人工智能）驱动的智能技术。西蒙和萨莱里博士共同合作，研发了这项技术。

我已经通过视频通话软件Zoom与西蒙和萨莱里博士交谈过多次，但眼见为实。我走进Omnigen那栋不起眼的金属建筑时，Omnigen公司已经在里面测试和完善它的新技术4年了〔与煤炭和天然气生产商固本能源公司（Consol Energy）合作，这家公司生产的煤炭和天然气为美国近1/3的电力生产供能〕。[7]

我走进大楼前戴上了耳罩，因为里面的声音震耳欲聋。门打开了，展现在我面前的是西蒙所谓的"量子重整器"。这些3层楼高的系统可以在约3 038摄氏度（并且无氧气）的条件下分解煤炭、石油或天然气。这大约是太阳表面温度的一半！他们的重大突破是找到了一种方法，使系统本身在这样的温度下不会解体——正如任何工程师都可以告诉你的，这绝非易事。这是他们对脉冲热解过程所做的独有改进。虽然存在其他脉冲热解系统，但没有哪个系统能在这样的高温下运行，而且不产生碳废物，或以极具成本效益的方式运行。

化石燃料在被插入量子重整器时，会立即在极端的高温下汽化。这将化石燃料分解成其单个元素部分（碳和氢）。然后，"量子氢"以接近纯态的形式被捕获，并直接送入发电厂用于绿色发电。无须运输！最令人惊奇的是，Omnigen 相信，工厂在进行改造后，可以做到不增加电力成本！换句话说，它相信自己生产氢气的成本比其他方法低 90% 左右。

但是碳去了哪里呢？碳被捕集（或封存）并转化为高质量的石墨！当设备冷却时，数千磅的石墨薄片从设备的另一端出来。换句话说，这个过程的"废物"副产品是一种有价值的关键矿物。从固态到电池再到核反应堆，石墨的用途非常广泛。随着电动汽车的普及，自 2020 年以来，石墨的成本已飙升 50% 以上。在本书撰写时，中国的天然石墨产量占全球天然石墨产量的近 80%。让所有地区都有能力创造大量低成本石墨，对解决供应链问题和实现世界电气化目标至关重要。事实上，特斯拉和其他电动汽车制造商正拼命试图从中国以外的来源获得石墨，这既是为了实现供应链多样化，也是为了确保买家获得美国税收抵免［如果制造商从"外国实体"（包括中国）那里获得矿产，他们将失去获得税收抵免的资格］。[8]

通过这一过程产生的高品质石墨由高比例的石墨烯组成。石墨烯是一种令人惊叹的材料，它只有一个原子的厚度，强度是钢的 200 倍，轻如纸张，导电性比铜还要好！麻省理工学院的科学家们最近正在对石墨烯进行实验，他们发现，如果以"神奇的角度"将其堆叠，石墨烯就会变成一种超导体——这是一种稀有的材料，能够无能量损失和零热量地导电！[9]

以前，石墨烯的价格一直高得离谱，每吨价格高达 20 万美元！如果它更便宜一些，那么由于其优越的特性，它将被广泛使用。然而，事实上，高品质石墨实际上是 Omnigen 提取氢气过程的副产品，这会极大地降低成本。一旦发生这种情况，Omnigen 认为大量的石墨烯供应将变得更加可行，甚至可能引发一系列令人兴奋的创新浪潮。

在撰写本书时，Omnigen 已在西弗吉尼亚州购买了一家大型燃煤电厂，并将对其进行改造。它还与许多其他公司签订了合同。从某种角度来看，美国大约有 225 家燃煤电厂，而中国则有 1 100 多家。美国的许多燃煤电厂都在艰难维持生计，关闭迫在眉睫（我们难以接受这样一个事实：我们需要这些电力来为我们的家庭和企业供电）。Omnigen 新收购的工厂将挽救数千个工作岗位。对那些工人和他们的家庭来说，这真的是一份天赐的厚礼。

美国的监管环境，加上缺乏资本投资，正在加速美国燃煤电厂的关闭，这些电厂的发电量在本书撰写时占美国总发电量的 25%。数千个工作岗位上的工人和他们所供养的家庭面临风险。但是，如果我们能将这些关键的能源来源（它们已经接入电网了）转化为净零排放的绿色发电机器，为什么还要关闭它们呢？那么，世界各地的数千家燃煤电厂，尤其是那些无意关停的发展中国家的燃煤电厂，又该如何呢？我为能成为这家公司的一员而激动不已，因为这项技术可能会成为众多改变游戏规则的创新之一，我们需要这些创新来帮助地球实现净零排放。当然，我们非常希望 Omnigen 能够实现它认为自己能够实现的一切，因为这将改变游戏规则。科学和技术是否会得到大规模推广，时间将证明一切，但请放心，我们会为它们加油的！

科技驱动富足

1973 年，我还是一个 13 岁的八年级学生。再过几年，我就能拿到驾照，第一次尝到自由的滋味了。然后就出现了阿拉伯石油禁运。燃料短缺意味着要实行配给制，你只能在车牌最后一位数字对应的日子加油。加油站的队伍经常绵延数英里，这种匮乏造成了明显的紧张气氛。我和朋友们都想知道，我们是否还能开车，因为专家们预言世界很快就会陷入黑暗。我至今仍然记得那种令人痛苦的焦虑。

我的八年级老师是一个60多岁的男人，他是一个脾气有点儿暴躁的人。有一天，他读了著名科学家托马斯·赫胥黎所作的关于世界末日的悲观演讲。赫胥黎指出"油料供应正在减少，在不久的将来，油料有可能完全耗尽"。我的心情跌到了谷底。我永远也开不上车了。我想我最好开始存钱准备买匹马了。

然后老师让一个同学走到教室前面，大声朗读演讲稿上的日期。他拖着脚走到前面，眯着眼睛看那些小字，然后带着困惑的表情读到："1868年？"这篇演讲是关于19世纪下半叶鲸油供应减少的。

老师以戏剧性的方式提醒全班同学，需求是发明之母。当遇到障碍时，人类会想办法继续前进。我们过去一直如此，将来也会如此。当人们足够关心一个问题时，总会有解决办法的。当人类将集体的智慧集中在创新上时，没有什么是不可能的。正如我们所知，人类后来用石油和植物油取代了鲸油，然后是煤炭、天然气、核能、风能、太阳能等等。

我永远不会忘记那个充满智慧的时刻，我那头脑冷静的老师的智慧令我印象深刻。我们永远不能忘记，是技术消除了稀缺性，也是技术带来了富足。这一点在历史上已经被一次又一次地证明了。然而，那些忘却了历史的末日理论传播者，似乎是叫嚣得最响亮的人。不幸的是，恐惧总是能博人眼球。

例如，在1968年出版的《人口爆炸》一书中，作者保罗·埃利希警告说，20世纪70年代将出现全球性的大规模饥荒。他大错特错了。然后，在1981年，《纽约时报》发表了一篇题为《即将到来的饥荒》的文章。作者写道，"世界正处于粮食危机的边缘"，"人口爆炸的速度超过了粮食生产，其结果将是普遍的饥荒"。

快进到当下，根据联合国的统计，世界上营养不良的人数已经从1990年的19亿下降到了2019年的8.21亿。这是50%的降幅！这完全是由创新和新技术推动的。当然，我们必须在分配和供应链废弃物方面做得更好，但随着时间的推移，技术也将有助于缓解这些问题。

是时候发挥领导作用了

在充满挑战的时期，领导者始终保持着一种坚定的能力，去设想更美好的事物。如果你正在阅读本书，我敢打赌你是一位领导者，无论是公司领导、社区领导、家庭领导，还是你自己的领导。根据我的经验，真正的领导者有三大使命。

首先，领导者会如实看待事物，而不是把情况想得比实际更糟。许多人往往会不自觉地把事情看得比实际情况更糟。这些人中有些自称是怀疑论者，但实际上，他们只是害怕。带着愤世嫉俗的心态看世界，坐等最坏的情况发生，这并不需要勇气。

其次，领导者会把情况看得比实际更好，即看到事情可能具备的潜力。对于现状，领导者不会自欺欺人，但他们必须有远见。正如《圣经·箴言》中所说："没有远见，民就放肆。"

最后，领导者会让事物变成他们所期待的样子。他们通过勇气和努力工作使愿景变为现实。幸运的是，世界各地都有像西蒙和萨莱里博士那样的人，他们专注于寻找解决方案，以支持我们的能源需求，同时照顾好我们受托管理的地球。已经有一些解决方案了，还有更多的方案即将到来！当你读到下一个"鲸油短缺"的新闻时，请记住这一点。

与此同时，我们的能源需求现实将为投资者创造巨大的机会。能源当然可以成为你自己个人"圣杯"投资组合的一部分。

如前所述，在本书的第二部分，我们将听到来自量子能源合伙公司的威尔·范洛和恩凯普投资公司的鲍勃·佐里奇的声音，他们的投资规模在所有私人能源投资者中位列前茅。他们将分享他们关于如何利用我们当前气候的愿景和想法。

押注异常值

现在让我们来看看风险投资，它是私募股权的一个子集，它愿意并且能够承担早期公司的巨大风险，以带来巨大的变革，打破现状。事实上，许多风险投资公司都在投资我们在本章中讨论的突破性绿色技术。风险投资公司有着非凡的胆识，它们知道它们投资的大多数公司都可能失败。但幸存下来的公司很可能成为下一个谷歌或特斯拉。让我们翻开新的一页，深入这个激动人心的领域，它是全球创新的前沿阵地。

第 7 章

风险资本和颠覆性技术

> 技术是一种能不断将稀缺转化为丰饶的力量。
>
> ——彼得·戴曼迪斯

1996 年，维诺德·科斯拉看到了一个极不可能获得回报的机会：当时互联网刚刚开始生根发芽，有一家大胆的初创公司——瞻博网络，其创始人认为，如果高速互联网是未来的发展方向，那么每个人都需要购买必要的设备（IP 路由器）。当时，每个人都使用拨号上网，谷歌还不存在，全球网站数量不到 10 万个。（到本书撰写时，全球网站数量已超过 20 亿个，而且还在不断增长。）

瞻博网络的创始人曾向科斯拉寻求过一笔重要的风险投资。科斯拉开始了他的尽职调查，他交谈过的每一家大型电信公司都说，它们并没有真正看到无处不在的高速互联网接入的需求。科斯拉并未退缩，像所有伟大的风险投资家一样，他有点儿逆势而为的劲头，他知道，听客户的并不总是明智的。正如亨利·福特的名言，"如果我问他们想要什么，他们会说要更快的马"。科斯拉相信自己的直觉，认为高速互联网是未来的发展方向，电信公司最终将需要购买大量的瞻博网络公司的设备。

科斯拉和他在风险投资公司凯鹏华盈的合作伙伴向这家初创公司投了 400 万美元。这一单项投资为他们带来了 70 亿美元的利润。迄今为止，这仍是风险投资历史上最成功的投资之一。这样的高回报机会少之又少，但寻找高风险、高回报的机会正是风险投资的精髓所在。

让我们快速回顾一下，风险投资是私募股权的一个子集。但是，传统的私募股权往往专注于收入和利润显著的成熟公司，即本就不错还可以变得更好的好公司，而风险投资通常专注于初始阶段的私营公司，这些公司可能几乎没有收入，甚至根本没有收入，但具有在未来颠覆现状的巨大潜力。然而，投资初创公司是一种高风险的行为，因为初创公司很容易失败。据说，大约 1/10 的风险投资能够成功。但真正成功的那一家，如果能大获全胜，就能抵消所有其他失败的投资，甚至带来更多收益。并不是每个人都喜欢承受这种程度的风险。平均来说，大多数高净值人士的风险投资只占其总投资组合的 1%～5%。当然，有些人的风险投资占比更高，但有些人则选择完全避免风险投资，因为这有时需要钢铁般的意志。

科斯拉的经验法则是，他希望获得至少 10~50 倍于原始投资的回报。他正在寻找那些面临巨大困难但一旦成功就将重塑未来（并为他的投资带来丰厚回报）的具有颠覆性的公司，就像美国的阿波罗登月计划一样。他非凡的业绩记录，无论是作为企业家还是风险投资家，都使他在《福布斯》美国 400 富豪榜中占有一席之地，这与他印度农村的卑微出身之间简直有着云泥之别。

租借杂志

科斯拉是一名军官的儿子，他成长的那个时代，技术只为精英阶层所拥有。当他离家上大学时，家里仍然没有电视或电话。但他会租借杂志，从地球另一端的创新企业家那里获得灵感。他被安迪·格罗夫的故事深深打动，格罗夫是一位匈牙利移民，他搬到硅谷加入了英特尔的创始团队。该公司后来成为世界上最大的芯片制造商之一。

30岁时，科斯拉从斯坦福商学院毕业仅两年，就获得了凯鹏华盈和红杉这两家硅谷标志性风险投资公司的投资，创立了太阳微系统公司。该公司像火箭一样迅速腾飞，5年内，太阳微系统公司的年销售额就超过了10亿美元！科斯拉最终认为，管理公司并不像帮助寻找、资助和培育下一项颠覆性技术那样令人兴奋。他成了凯鹏华盈的合伙人，在那里他对一些小型初创企业进行了非凡的投资，如亚马逊、谷歌和推特。

2004年，科斯拉决定只用自己的个人财富投资，并为此创建了科斯拉风险投资公司。他为自己定下的使命是帮助在医疗保健、基础设施、机器人技术、交通运输、增强现实和AI领域有大胆想法的公司。2009年，他决定让某些外部投资者与他并肩作战，尽管他仍然是最大的投资者。这就是所谓的利益协同！

说科斯拉风险投资公司做得很好，完全是轻描淡写。它一直被公认为风险投资领域的顶级公司之一，并帮助建立了40多家独角兽企业。（独角兽企业是指估值从零增长到10亿美元或更高的初创企业。）它是我们许多人每天使用的公司的早期投资者，这些公司包括Affirm、生鲜杂货配送服务商Instacart、外卖送餐平台

DoorDash、在线支付服务商 Stripe、住宅地产数字平台 Opendoor、素食肉公司 Impossible Foods 以及 AI 研究和部署公司 OpenAI。另外，科斯拉还投资了一家非常值得一提的公司——移动支付公司 Square。当初，推特的创始人杰克·多西带着一个革新信用卡处理行业的想法找到了科斯拉，那时他的团队里只有 4 名成员。而今天，这家公司的价值已经飙升到了超过 400 亿美元。

我们有幸采访了维诺德·科斯拉，在本书的第二部分，我们将分享我们的采访内容。我们在这里公开透漏：我们是科斯拉的忠实粉丝，CAZ 投资公司与科斯拉风投公司有着战略投资关系。

并非都是美好和成功

尽管维诺德·科斯拉的故事是值得一提的成功案例，但风险投资的总体表现一直不稳定且难以预测。根据 Preqin 的数据，全球市场上有 5 048 只风险投资基金。这使市场处于高度饱和的状态。每出现一家成功的公司，就会出现数十家表现非常糟糕的公司。尽管世界往往会美化风险投资的许多成功案例，但我们不能掩盖那些惨痛的失败。由于其有点儿投机的性质，风险投资行业往往因追赶最新趋势和轻信炒作而受到指责。当大家竞相抢占前沿阵地时，"错失恐惧症"非常普遍。WeWork 也许是利用风险投资领域内从众心理的最佳例子之一。该公司会租用办公空间，将其内部装修得很时尚，并将办公桌出租给喜欢共享工作环境的年轻人。但是，WeWork 那位富有魅力的创始人并没有将其作为房地产企业来估值，而是将其宣传为"世界上第一个实体社交网络"。风险投资公司纷纷在每个融资轮中争夺该公司的股份。WeWork 受到狂热追捧，成为美国最大的商业空间租赁者之一，需要支付超过 1 100 万平方英尺[①] 的场地的租金。

在申请上市之前，被捧上神坛的 WeWork 的估值已飙升至荒谬的 470 亿美元。当华尔街最终看到其内部情况时，这家公司的财务状况揭示出，其商业模式完全不可持续，并且一直在烧钱。最终，WeWork 的财务前景崩溃了。2023 年 11 月，该公司申请破产，给整个行业带来了冲击。该公司如今的总估值略低于 1 亿美元，留下了一片资本毁灭的残景。

在风险投资方面，全明星公司与"其他公司"之间的差距极大。在 2004 年至 2016 年间，前 10% 的风险投资公司每年产生了 34.6% 的回报。这是黄金时代，这个时代催生了苹果、优兔、优步和数百家其他颠覆性科技公司。而表现最差的 10% 的风险投资公司在这一时期亏损，年化回报率为 –6.50%。处于中间位置的公司的表现并没有比传统股票好多少。由最大的 100 只科技股组成的纳斯达克 100 指数的年化回报率略高于 10%；风险投资公司的中位数年化回报率略高于 12%（见表 7-1）。别美化它了：这种平庸的收益，真的不值得让你的资金在基金里锁死 10 年。

表 7-1　风险投资公司回报（2004—2016 年）

按内部收益率排名的公司	年化回报率
前 10% 的公司	34.60%
前 25% 的公司	22.40%
中间的公司	12.15%
后 25% 的公司	3.36%
后 10% 的公司	–6.50%

资料来源：Cambridge and Associates。

---

① 1 平方英尺 ≈ 0.09 平方米。——编者注

第 7 章 风险资本和颠覆性技术

每年，总有一些风险投资公司稳稳地占据业绩榜单的前列，它们无论是在投资成功的公司数量方面，还是在通过退出公司投资获得的回报方面，都表现优异。这绝非偶然，我认为这背后隐藏着一种特殊的机制，我称之为"成功的飞轮"。

成功的飞轮

如果你正在投资一种策略，预期十之八九会失败，那么要想成功，你需要具备以下几个要素。

（1）雄厚的资金。在多家不同的公司进行多元化投资，需要非常雄厚的资金。与将投资分配至众多公司的专业人士相比，那些把赌注押在自己亲戚的科技初创公司上的个人投资者，成功的机会非常渺茫。

（2）持久性。最成功的风险投资公司拥有众多的投资工具，并且每 2~4 年就会推出新的基金（作为新一期产品）。这使它们能够在不同的市场周期中进行多元化投资。随着时间的推移分散投资，也提高了他们的基金投中下一个脸书、SpaceX 或 Salesforce（美国云计算软件巨头）的可能性。

（3）交易流。初创企业家们会努力争取获得顶级风险投资公司的青睐，因为这些公司不仅能提供资金支持，还能给予其宝贵的建议和指导。一家顶尖的风险投资公司在决定投资某个初创企业时，就相当于向市场传递了积极的信号，这有助于企业家们更容易地筹集资金、吸引人才和赢得客户。因此，顶尖的风险投资公司通常会受邀投资那些热门的初创公司；而不那么成功的风险投资公司则必须寻找投资机会，这使它们与同行相比面临更多的逆向选择问题，其业绩也较为逊色。

聪明的投资者非常了解这种"飞轮"效应，这就是为什么最富有的投资者（和机构）几乎只与顶尖风险投资公司合作。2022年，大约73%的新募集资金都流向了那些在发展历程中成功创建和管理过至少4只基金（即不同期的基金）的、有经验的风险投资公司。

当然，一个迫在眉睫的问题是：个人投资者究竟如何才能接触到顶尖的风险投资公司？

顶尖的风险投资公司通常会对潜在投资者设定"明确"的最低投资额度，通常在1 000万~2 500万美元之间。然而，即便是这个说法也有些误导性，因为顶级公司的认购额通常都会超出计划，这意味着不会接纳新投资者，即使他们有雄厚的资金。因此，对大多数投资者来说，唯一的途径就是与我们这样的已建立合作关系的公司合作。个人投资者及其顾问可以利用我们的购买力和长期关系。与我们的客户联合起来，组成单一投资者，我们能够通过谈判获得最佳的费用和其他好处，比如优先获得直接投资一些风投项目的机会（也称为联合投资机会）。公平地说，我们不是唯一采取这种做法的公司，所以作为投资者，在与一家公司合作之前，我会考虑下面两个重要的标准。

（1）当你把风险投资经理的费用和提供投资渠道的合作方的费用加起来时，总费用是否合理？顶级风险投资经理的薪酬颇高，不过为你提供投资渠道的机构应该可以凭借其强大的购买力为你争取到一些优惠待遇。

（2）利益是否一致？提供投资渠道的机构及其股东是否和你一样，将自己的个人资本置于风险之中？还是说你正在使用的是一个对投资业绩毫不关心的投资"平台"呢？

接下来合乎逻辑的问题是：现在是你进行风险投资的正确时机吗？

闲置资金

在本书撰写时，风险投资正在经历寒冬。科技行业在公共市场和私募市场都受到了沉重的打击。由于它们投资的公司正在艰难求生，未来某些风险投资基金可能会陷入困境。然而，寒冬过后总是春天。熊市之后必有牛市。这一资金紧缩的时期促使人们回归健康的投资行为。在估值更为合理的环境中，公司将更加审慎地对待自己的资金。

许多最大、最优秀的风险投资公司都持有令人难以置信的乐观态度。首先，全球风险投资界有数千亿美元的闲置资金，一旦出现合适的时机便可用于投资。其次，如今的公司上市等待时间更长，这意味着有更多的时间进行价值创造。这也意味着投资者可以获得更好的回报。请注意，自 2008 年以来，一家公司从成立到首次公开募股的平均时间已经翻了一番，达到了近 10 年。

创新的加速

展望未来，我们看到人类正在走向历史上最伟大的创新加速期，而风险投资家则是先锋。他们承担着巨大的风险，有时损失惨重。但是，当他们成功时，他们会获得巨大的回报，同时为能改变下一代生活的创新提供资金。想象一下没有智能手机、个人电脑或互联网的世界。像苹果、亚马逊、Zoom、特斯拉、Spotify、爱彼迎、脸书、推特和 SpaceX 这样的公司都是由风险投资资助的。还有数百家公司改变了我们的日常生活，这都要归功于风险投资中那些敢于冒险的人。

今天，我们正处于具有更多开创性、能够改变生活的创新的前沿。从 AI 到机器人技术、3D（三维）打印，再到精准医疗的惊人进步，人类的未来是光明的。让我们花点儿时间来介绍一些将催生数千家新公司并在全球范围内大幅提高人们生活质量的不可思议的创新。

- AI

历史上增长最快的互联网应用不是脸书、照片墙或推特，事实上，是 ChatGPT，这是一个我们投资的人工智能平台。在推出后的几个月内，ChatGPT 就吸引了 1 亿用户。《福布斯》将 ChatGPT 描述为"一个聪明的问答工具，对于任何主题，只要它经过了相关的训练，它就可以成为提供建议的首选资源，并且可以像人一样，用令人喜爱的语气完成调试代码、做研究和写文章等复杂任务"。你可能已经在使用它或它的某个竞争对手（例如，谷歌的 AI 聊天机器人 Bard）。

正如我们这些在知识和服务经济领域的人已经看到的那样，AI 将使人们比以往任何时候都更有效率。然而，人们有理由担心某些工作可能会因此而被淘汰。虽然双方的争论都很激烈，但风险最大的是那些不主动利用 AI 来辅助工作、提高效率的人。那些墨守成规、死守旧方法的人最有可能被淘汰。

专家认为，医生、律师、医学研究人员、编剧和计算机程序

第7章 风险资本和颠覆性技术

员只是能够借助 AI 比以往任何时候都工作效率更高的专业人士中的一部分。AI 也能够帮助教师展开工作。广受欢迎的免费在线教育平台可汗学院最近推出了 Khanmingo，它被称为"任何人、任何地方都能使用的世界级 AI 辅导工具"。其技术打造出了一种可无限扩展的 AI 辅导解决方案，同时还能在传统教育环境中充当教师的助手。由于高质量的教育是实现平等的重要途径，所以这对整个社会来说可能是件大好事。

我们处于 AI 的早期阶段，但它作为一种具有颠覆性同时非常有用的技术的力量已经显现出来。它很可能会像智能手机一样成为我们生活中不可或缺的一部分。

AI 已经在风险投资界掀起了一场风暴。《纽约时报》写道："从事'生成式'AI 工作的初创企业的'淘金热'已经升级为一场肆无忌惮的'交易热'。"正如我们现在所知，这些初创公司中的绝大多数都将惨淡收场，但下一个谷歌、苹果或脸书很可能就是此刻正在车库里埋头苦干的两个人创立的。这正是风险投资者发挥作用的地方，他们会冒险对有巨大的潜在收益但风险也较高的初创公司进行投资，从而引领下一波创新浪潮。

- 医疗进步和精准治疗

Neuralink 是由埃隆·马斯克联合创立的创新公司，该公司的技术可以通过手术向人体植入一种硬币大小的脑机接口，该接口"使用嵌入在大脑中的数千个小电极来读取神经元发出的信号并将其传输到计算机上"。这项技术创新具有深远的影响。该公司的第一个目标是成功恢复某人的视力，即使他天生失明！接下来，它将致力于恢复瘫痪患者的运动功能。马斯克相信，这种植入物还可以帮助解决其他神经系统疾病，如帕金森病、阿尔茨海默病和耳鸣。这真的是将科幻小说变成了现实，它有可能极大地改善世界各地数百万人的生活质量。

哈佛大学的著名遗传学家戴维·辛克莱博士回答了一个热议的问题：是什么导致了衰老？2023年，他和他的团队展示了他们加速甚至逆转细胞衰老和恢复小鼠青春迹象的能力。《时代》杂志解释说："细胞的可逆性有力地证明了这样一个事实，即衰老的主要驱动因素不是DNA的突变，而是遗传指令中的错误，这些指令不知何故出现了错误。"[1] 辛克莱和他的团队已经找到了一种重启细胞、清除其损坏的指令文件并恢复其正常功能的方法。这对你我来说意味着什么？通过逆转细胞衰老过程，总有一天我们将能够重振身体机能并阻止与衰老相关的疾病（阿尔茨海默病、心脏病等）。辛克莱曾通过基因疗法成功恢复了失明小鼠眼部神经的活力，进而使小鼠恢复视力，这简直令人惊叹。下一步呢？在人类身上进行测试。

在第三届年度"人类基因组编辑"会议上，医生们分享了使用CRISPR（成簇规律间隔短回文重复，一种编辑或修改基因的工具）进行试验性治疗的患者的不可思议的故事。这些患者已经尝试过所有方法，而CRISPR是他们最后的选择。英国的一名少女阿丽莎患有一种侵袭性白血病，化疗和骨髓移植均不见效，她决定尝试CRISPR的时候已经离死神不远了。医生们成功地修改了捐赠者提供的健康T细胞，使其不会被阿丽莎的身体排斥，并可以自由攻击她体内的癌细胞。治疗10个月后，阿丽莎的身体中已检测不到癌细胞。她又

第 7 章 风险资本和颠覆性技术

恢复了正常的青少年生活。

还有其他数不胜数的技术，但托尼最近出版了一本登上《纽约时报》畅销书榜的新书——《生命力》，他采访了 150 多名世界顶级医学专家，在书中探讨了精准医疗领域的最新研究和惊人进展。我们强烈推荐阅读这本书，因为它将极大地影响你和你所爱之人的健康！

- 超声速旅行

尽管现代航空旅行的便利性令人赞赏，但长时间坐在飞机上确实会让人屁股疼。我们两个人都经常在路上奔波，所以，当有人宣称从纽约到伦敦只需 90 分钟时，我们都很兴奋！

这就是 Hermeus 的目标，这是一家由美国政府和精英风险投资公司［包括科斯拉和创始人基金（Founders Fund）］支持的初创公司，它正在距离世界上最繁忙的机场之一——佐治亚州亚特兰大机场的不远处建造一支超声速飞机队。该公司打算建造能够达到 5 马赫（每小时 3 850 英里）速度的飞机，这一速度比本书撰写时商用飞机的速度快 5 倍，是已退役的协和式飞机的 2 倍。另外，其视野也将令人惊叹，因为这些飞机将在 9 万英尺的高空飞行，这是在跨越太空门槛之前能够达到的最高高度。想象一下，你向外看时能看到地球的弧度，但还没来得及享用完一包花生，就开始降落了。Hermeus 公司已于 2023 年测试一架自主飞机，并希望在 2029 年之前制造出一架可供乘客乘坐的飞机！

- 3D 打印和机器人技术

拥有一套房子是一件很棒的事。不幸的是，对 16 亿人来说，这目前是一个无法实现的目标。那怎么办呢？答案是打造价格实惠又耐用的3D打印房屋。这些房屋就像从管子里挤出来的牙膏一样，是由一台巨型打印机制造出来的，它会喷出一层又一层的薄薄的特制混凝土，以打造出完美无瑕、坚固的墙壁。这些房子不仅看起来很酷，还能防风、防水、防霉、防白蚁。对飓风、台风和洪水会迅速摧毁结构不牢的棚屋而给家庭带来巨大危险的国家来说，这将彻底改变游戏规则。这项意义深远的技术是由ICON公司开创的，我（托尼）曾与该公司合作，在墨西哥的一个社区建造了近100座房屋。ICON公司现在正在进行大规模建设，首先是得克萨斯州的一个总体规划社区，该社区将拥有3D打印的水疗中心、游泳池、社区中心等等。（需要披露的是：CAZ投资公司是ICON公司的种子投资者。）

在建筑等领域，3D打印将改变我们所熟知的制造业的许多方面。通过3D打印，人们可以使用从钛到碳纤维等数百种不同的材料来造出极其复杂的物体。研究人员甚至已经开始使用活体人类细胞进行3D打印人体器官的研究了，而这些器官都具备血管以及其他相关的人体组织！

就像3D打印一样，机器人技术最近也风靡全球，而亚马逊就是一个完美的案例。在亚马逊的高科技仓库中，人类和机器人协同工作。机器人在仓库中自我导航，抓取你订购的任何商品，以便将其包装并运送到你的家门口。这些机器人每小时可以挑选和放置1000多个物品。难怪亚马逊在制造自己的机器人，并且已经拥有超过52万台全天候工作的机器人。据我们估计，在未来10年中，机器人行业年收入复合增长率可能超过80%。

第 7 章 风险资本和颠覆性技术

无畏的燃料

风险投资者愿意为有远见的人承担巨大风险，这些人将不仅在美国而且在全世界范围内提高每个人的生活质量。我们很幸运能够活在这样一个时代，其变革的步伐比人类历史上的任何时候都要快。

风险投资几乎处于所有技术进步的前沿。风险投资公司拥有数十亿美元的现金等待部署，我们可以想象未来几年将有哪些成果获得资助并被推向市场。

毫无疑问，这将产生一些大赢家和大输家。你如果决定进行风险投资，那么选择与谁一起投资将至关重要。你投资的金额也应相对较少。正如我们前面提到的，即使是超高净值人士也仅愿意在此类别中投入平均占其投资组合1%~5%的资金来冒险。但是，无论你是否选择进行风险投资，我们都将成为成功的风投项目的受益者！

实事求是

哇，我们已经取得了长足的进步！现在，我们已经介绍了许多另类投资策略，其中许多都可以成为我们个性化的"圣杯"投资组合的一部分。但我们不能忽略其中最大的资产类别，它的总价值超过300万亿美元！翻开新的一页，让我们一起探索房地产的世界吧！

第 8 章

房地产：
世界上规模最大的资产

> 买地吧，土地又不会增加。
>
> ——马克·吐温

房地产是另类投资中无可争议的巨头，也是最古老、规模最大的资产类别。无论是住宅，还是投资性房地产，都很可能是大多数"圣杯"投资组合的一部分。

2021 年的数据显示，地球上有 79 亿人，住宅地产自然是最大的类别，全球价值 258 万亿美元！[1] 无论经济、利率等如何，每个人都需要一个地方居住。尽管北美人口只占世界人口的 7%，但其房地产价值却占世界房地产总价值的近 20%。

农业用地是第二大类别，总价值超过 35 万亿美元。商业地产紧随其后，全球估值约为 32.6 万亿美元。

房地产有许多子类别，包括自助仓储空间、酒店、用于生命科学研究的场地以及用于木材生产或存储的场地。总的来说，经过数十年的发展，房地产的表现一直稳定，回报率保持在中段个位数到低段两位数之间。但杠杆的使用带来了更高的回报，同时也带来了更高的风险！当然，回报在很大程度上取决于地域、当地经济、杠杆率（贷款与价值比率）以及许多其他因素。

对美国投资者来说，房地产也是可以合法避税的一个资产类别。需要提醒的是，纳税的房地产投资者可以获得"折旧"的好处，这意味着房地产收入产生的现金流往往可以免缴部分或全部税金。此外，投资者可以通过购买更多房地产并将收益转为新投资中的成本，来避免在再次售出房产时为增值的部分纳税。这被称为1031交换。如果反复这样做，就可以实现无限期的税收延递。

更进一步说，一些投资者最终可以通过一些聪明且完全合法的遗产规划（特别是在美国），消除其累计收益的税收。许多杰出的房地产家族都非常了解这一策略。在使用此策略之前，你应该咨询你自己的税务顾问，但通常的操作方式如下。

在你的一生中，当买卖投资性房地产时，你可以通过1031交换不断将你的增值收益滚动投入下一个房地产。假设当前的税法保持不变，当你去世时，你的继承人将继承你的财产，他们的房地产成本基础会获得"提升"。这意味着你去世时的财产价值将成为他计算未来收益的新"基准"。换句话说，你一生中积累的所有先前收益都将被消除，而你的继承人现在可以选择出售已增值的房地产且无须缴税。节税的收入、可能无限的税收递延以及（在去世时）所有资本利得的避税正是许多美国富有家庭成为房地产世家的原因。

大潮正在退去

在过去的40年里，房地产投资者们顺风顺水。1981年，美国

10年期国债的利率略低于16%。随着利率在整整40年里不断下降，几乎所有的资产价格都上涨了。房地产也不例外（除了全球金融危机时期，当时有一些独特的动态，我们稍后会详细分析）。

2021年，随着利率接近零，房地产市场热度高涨。出乎意料的是，在新冠疫情期间，房地产产生了自2008年金融危机以来最强劲的回报（见表8-1）。住宅地产一马当先，由于库存量低，潜在购房者在街区周围排起了长队。全现金报价、短时间内成交、无附带条件……这些都是购房狂潮的标志。

表 8-1　房地产价值飙升（2021年）

类别	增长幅度
自主仓储	57.6%
住宅地产	45.8%
工业地产	45.4%
零售地产	41.9%
多元化地产	20.5%
基础设施地产	18.6%
林地	16.4%
写字楼	13.4%
医疗地产	7.7%
酒店/度假村	6.3%

资料来源：PREQUIN。

随着租金以比近年来任何时候都快的速度上涨，公寓投资者也欣喜若狂。由于消费者肆意快速地进行消费，工业地产紧随其后。由于在全美范围内的人口流动激增，自助仓储设施被抢购一空。房地产价格迅速飙升到非理性高位，让谨慎的投资者摸不着头脑。

第8章 房地产：世界上规模最大的资产

但随后，潮流发生了转变。

政府印刷的数万亿美元过剩资金开始在系统中四处流动。事实证明，通货膨胀并非"短暂的"——事实上，它扰乱了经济形势。美联储开始加息，房地产市场自此受到了影响。教训是：虽然硬资产可能极具价值，但当它们的价格对利率极为敏感时，它们也可能迅速转向。

在本书撰写时，我们正处于一个高度动荡的房地产市场之中，在惊涛骇浪中规划航线相当困难。我们可以确定的是，长期下降的利率趋势已经发生逆转，因此我们开始看到某些类别的房地产内部出现"裂痕"。房地产的某些细分领域则能更好地应对这场风暴。在本章中，我们将分别考察商业地产和住宅地产，因为它们截然不同。

商业地产

几十年来，许多人认为旧金山是加利福尼亚州的璀璨明珠，这座曾经美丽的城市拥有一些世界上最昂贵的房地产和最好的餐厅。在科技公司爆炸式增长的推动下，旧金山一直位居全球生活成本最高的十大城市之列。

对那些把总部设在旧金山的公司来说，加利福尼亚街的办公地址曾是令人梦寐以求的成功象征。正如《华尔街日报》报道的那样，"这条街贯穿该市金融区的中心，两旁排列着银行和其他推动全球科技经济发展的公司的办公室"。加利福尼亚街350号矗立着一座华丽的玻璃和石材混合建造的22层的大厦，这里曾经容纳了数百名联合银行的员工。2019年，这座大厦的价值为3亿美元。而在不到4年后，这座大厦的空置率达到了70%，成群结队的吸毒者和无家可归者在外面闲逛。2023 年初，这座大厦以大约 6 000 万美元的价格售出，其价值前所未有地下降了 80%（远低于今天的建造成本）。

据《旧金山纪事报》报道，该市拥有惊人的 1 840 万平方英尺的空置办公空间——足以容纳 9.2 万名员工，相当于 13 座 Salesforce 大厦的容量。然而，不仅仅是旧金山正在经历商业地产危机。房地产公司高纬环球（Cushman and Wakefield）报告称："到 2030 年，由于远程办公和混合办公模式的普及，美国多达 3.3 亿平方英尺的办公空间可能会被闲置。再加上另外 7.4 亿平方英尺因'自然'原因而空置的空间，未来 7 年美国总共将积累约 10 亿平方英尺的闲置办公空间。"[2]

展望未来，虽然会有一些痛苦和资产损失，但就像所有的市场周期一样，这也将带来一些非凡的投资机会。尽管如此，我们也不能像过去那样对待现在的低迷。疫情给我们在房地产投资方面带来了新的风险和动态。

高风险业务

在过去的几十年里，我们会通过标准的经济视角来看待商业地产。房地产周期通常与整体经济相吻合：经济衰退意味着就业机会减少；就业机会减少意味着被使用的办公空间减少；就业机会减少也意味着购物（零售）和旅行（酒店业）的支出减少。从历史上看，这些低迷时期最终都会让位于经济复苏，并开启一个新的周期。这些传统周期可能会继续存在。但从广义上讲，我们必须将一些新的"后疫情"风险纳入我们对房地产周期的常规理解。

第 8 章 房地产：世界上规模最大的资产

- 过时风险。在疫情期间，我们都发现对一些公司来说，Zoom 可以让员工进行有效的远程办公。许多公司迅速算了一笔账，意识到让员工远程办公可以减少对昂贵办公空间的需求从而节省大量成本。因此，最近出现了城市摩天大楼被闲置的情况，它们被称为"僵尸大楼"。这种远程或混合工作的新动态也造成了专家所说的过时风险。商业地产买家必须问自己，他们想要购买的房产是否仍然有用，除此之外，还要问它在 10 年、15 年或 20 年后是否仍然有用。传统办公楼是否正在过时？如果是这样，周围的零售店铺和餐馆是否会受到连带影响？5~10 年后，人们将如何生活、工作和购物？目前还没有人知道答案，但一些商业建筑业主拒绝坐以待毙。以波士顿为例，《财富》杂志报道称："住房市场短缺如此严重，而写字楼的过剩情况又如此突出，以至于（该市）将为写字楼转住宅的项目提供 75% 的税收优惠。"[3] 一些商业建筑正在改造成公寓，其他的正在改造成数据中心。所有这一切都是为了避免丧失抵押品赎回权。（参见图 8-1）

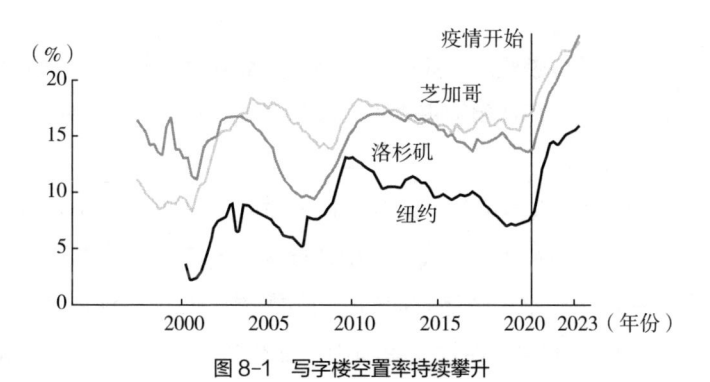

图 8-1 写字楼空置率持续攀升

资料来源：JLL。

AI是另一个可能影响商业地产价值的新风险，因为它使某些工作变得过时，或者至少使完成工作所需的人数（以及办公空间）变少了。2023年5月，美国课外辅导在线教育公司Chegg的首席执行官宣布，ChatGPT正在影响其吸引新客户的能力。当人工智能可以免费帮助你完成代数作业时，为什么还要花钱请家教呢？在他发表评论后，由于人们担心该公司可能成为知识经济领域"煤矿里的金丝雀"（危险的预警信号），Chegg的股价在一天内暴跌了49%。

　　公平地说，一些人认为AI将催生出一种新的公司类型，而且基于AI的商业领域将会崛起，填补空置的办公空间。这种情况确实已经在一定程度上发生了，但这些公司往往员工人数非常少，不需要大量的办公空间。最流行的AI图像创建工具Midjourney拥有超过1 500万用户、9位数的收入和一个不到20人的团队！[4]我们的朋友、未来主义者彼得·戴曼迪斯在推特上预测，借助AI，"我们将在明年看到第一个3人组成的市值达10亿美元的公司"！

　　那么，还有哪些过时风险呢？当谈到商业地产时，这些颠覆性的趋势将如何发挥作用？事实上，我们目前还没有完全了解，因此必须谨慎行事。

　　（1）地理/政治风险。随着远程工作或混合工作成为许多人的可行选择，美国经历了巨大的内部迁移潮。大量人口逃离了生活成本高昂的城市。毫不奇怪，他们选择了税率较低、生活成本较低、生活质量较高的州。在这次重组中，加州是损失最大的。在2020年4月至2022年7月间，超过50万人离开了加州，他们的总收入

第8章 房地产：世界上规模最大的资产

超过了 5 000 亿美元。纽约市失去了 46.82 万名居民，占其人口的近 5.7%，这一损失反映在高空置率上。[5] 州所得税收入中损失的数十亿美元使得本已严重的赤字进一步加剧，引发了人们关于对留下的人征收更高税率的税款的讨论。这种恶性循环可能会推动更多的人搬走。加州非常害怕进一步的人口流失，以至于其正在讨论征收"退出税"，这将没收离开该州的人一定比例的财富。[6] 这让我想起了经典的老鹰乐队的歌曲《加州旅馆》，歌中唱道："你可以随时退房，但你永远无法离开。"

与个人一样，许多公司也搬迁到了用工成本较低的、更有利于商业发展的州。斯坦福大学报告称，已有超过 352 家大公司离开了加州，其中包括 11 家《财富》1 000 强公司。嘉信理财（Charles Schwab）、世邦魏理仕（CBRE）和甲骨文等只是将总部从加州迁至得克萨斯州的众多巨头中的几家。[7] 这些更有利于商业发展的州的就业市场因此蓬勃发展。2023 年，《华尔街日报》将田纳西州的纳什维尔评为全美最佳就业市场。[8] 这个免所得税的音乐之城迅速成了一个经济强市。佛罗里达州和得克萨斯州也出现了爆炸式增长。那么，这些迁移趋势会继续吗？只有时间才能证明。但是，我们必须注意到，无论是商业地产还是住宅地产，房地产价值都高度依赖于地理位置以及城市和州的政策。

（2）利率和意外后果。正如我们所提到的，我们刚刚经历了历史上加息速度最快的时期。这将产生一些严峻的意外后果，这些后果将波及房地产的各个类别，但没有一个会像商业地产那样受到重创。虽然高空置率是个问题，但这些建筑上的数万亿美元贷款可能引发一场银行灾难。有一堵债务之墙正在快速逼近。到 2028 年，大约将有 2.5 万亿美元的商业地产贷款到期，其中 1.5 万亿美元将在 2025

年前到期。如果没有政府大规模干预，很可能许多业主将无法再融资，或者他们将处于资不抵债的状态，而此时让银行取消抵押品赎回权将是最好的选择。这种情况已经开始发生。据彭博社报道，"在纽约和伦敦，那些光鲜亮丽的写字楼的业主正在放弃他们的债务，而不是用更多的钱去填补之前的亏损。旧金山最大的购物中心的业主已经放弃它了"。[9] 银行将被迫收拾烂摊子，被迫以大幅折扣出售这些房产并减记贷款。公平地说，还是有一些亮点的。当我们采访房地产巨头喜达屋资本集团的创始人巴里·斯滕力施特（见第 22 章）时，他解释说，拥有世界级设施的小型精品建筑仍在招租中。它们通常有高利润、低人数的公司入驻，如对冲基金、当地律师事务所、AI 公司等。

由于银行和租户即将面临的贷款困境（见图 8-2），摩根士丹利预测零售和办公空间的价值将下降 40%，这是我们在现代史上从未经历过的情况。[10] 随着借款人违约，银行将减记这些贷款，遭受严重损失。这最终可能导致银行危机。更令人担忧的是，70% 的商业贷款由地区性银行持有，而近来，从硅谷银行到第一共和国银行再到签名银行，这些地区性银行开始接二连三地倒闭。

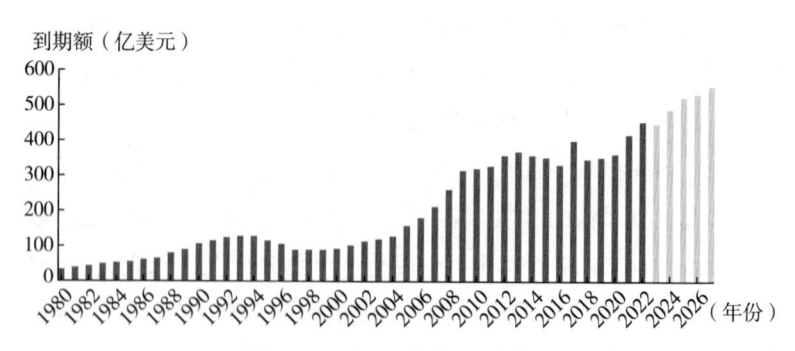

图 8-2 大量房地产债务到期，需要再融资

资料来源：TREPP Morgan Stanley Research Credit Daily Shot。

第 8 章 房地产：世界上规模最大的资产

随着价值暴跌，大量聪明的投资者迫不及待地想要进行交易。最近成立的几只专门投资不良房地产的基金正在伺机而动，寻找投资目标。他们的想法符合已故的约翰·邓普顿爵士（邓普顿基金创始人、杰出的逆向投资者）所提出的一条著名原则："趁市场大崩盘时买入。"对投资者来说，随着形势的发展，他们将有机会以大幅折扣买入。

总的来说，大量商业地产似乎正走向悬崖，但住宅地产市场却发出了不同的信号。让我们再深入探讨一下。

住宅地产

随着我们进入疫情的第二年，住宅市场已经亮起红灯。那是 2022 年初，住宅价格飙升，买家迫切想要购买……任何东西！

乍一看，人们可能会很快认为我们正在遭遇另一个 2008 年的住宅地产泡沫。危言耸听的媒体已经鼓吹这一观点很长时间了。以下是 MSNBC（微软全国广播公司）资深房地产记者撰写的文章标题列表。综合来看，这些标题表明，在试图预测市场时，人们会错得多么离谱。

> 今日住房：比 2006 年更大的泡沫。——2015 年 10 月
> 我们正处于新的房地产泡沫中。——2016 年 8 月
> 在当今的房地产市场中，租房比买房更划算。——2018 年 9 月
> 对购房者来说，房地产市场即将发生不利转变。——2019 年 7 月
> 明年房地产市场将很艰难，尤其是在大城市。——2019 年 12 月
> 随着新房销售下滑，房地产繁荣已结束。——2021 年 7 月

在最早出现这种标题的时间到最晚出现这种标题的时间之间，一套房子的平均价格从 30 万美元涨到了 52.3 万美元，同时，购房者可以抓住机会锁定历史上最低的房屋抵押贷款利率。如今，我们有更多的专家鼓吹"崩盘即将来临"。尽管房价确实在下跌，但数据似乎表明实际情况并非如此。

回顾历史，人们可能会认为经济衰退必然导致房价下跌。然而，自 1960 年以来，我们已经经历了 9 次经济衰退，其中只有在大衰退期间，住宅地产价格才出现下跌（见图 8-3）。在本书撰写时，我们正在面临另一次经济衰退（自 2020 年起），住宅价格确实已经下降。30 年期的抵押贷款利率现在超过 8%，这是 20 多年来的最高水平。这无疑导致了价格的下跌。但它们会继续下跌吗？需求已经完全枯竭了吗？我们的库存太多了吗？让我们来揭示事实。

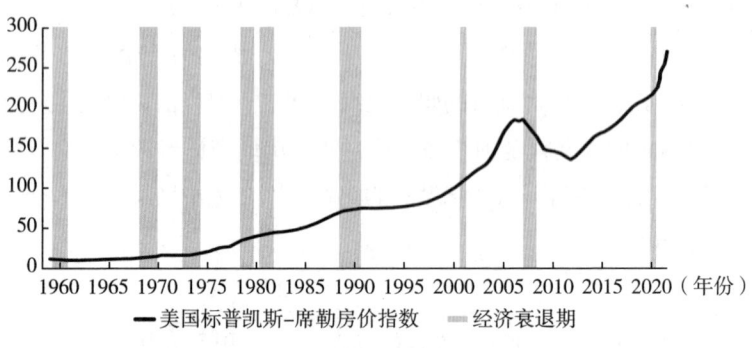

图 8-3 美国经济衰退期间的住房表现

供需关系至关重要

在一个完美的世界里，对新房的需求将与新建的房屋数量（也就是"竣工量"）完全匹配。这将创造一个完美的供需平衡。不幸

第 8 章 房地产：世界上规模最大的资产

的是，建筑商并不这么想。他们只想趁形势好的时候大赚一笔。

经济学基础课程告诉我们，当供过于求时，价格就会暴跌。例如，在 2004 年至 2005 年间，建筑商开始建造比历史上任何时候都多的房屋。在短短两年内就建造了近 400 万套新房（见图 8-4）。但在几年的旺盛需求之后，购房者的数量开始减少。即使所有投机者都想通过快速转手房屋来赚钱，也仍然没有足够的需求来平衡数百万套待售的过剩房屋。

更糟糕的是，我们还知道，在大衰退之前的一段时间里，银行在贷款方面的做法非常不负责任。没有收入证明，没有首付，这都不是问题。只要你还有呼吸，你就能获得贷款。在著名电影《大空头》中，一位对冲基金经理前往佛罗里达州，试图弄明白房地产市场的疯狂。他遇到了一个"炒房者"，此人有 5 套房子和 1 套公寓（每套房子都有多项贷款）。没错，真实的情况就是如此！

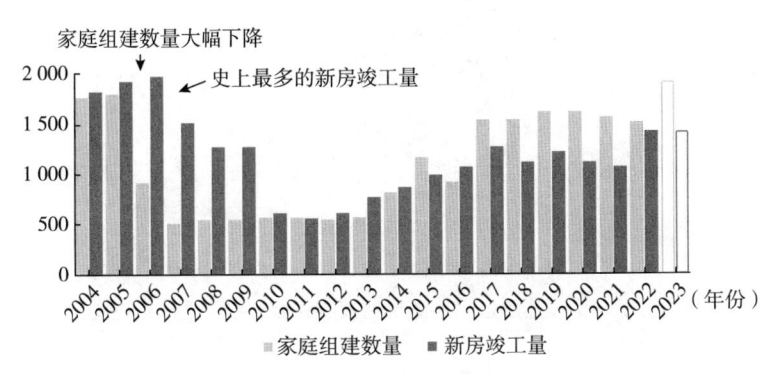

图 8-4　美国家庭组建数量与新房竣工量

资料来源：MBS Highway。

那么，今天有什么不同呢？我们怎么知道我们不会再次经历崩溃呢？这还是要回到经济学基础课程中的供需关系上。

库存不足

房屋建筑商（和银行）在 21 世纪初得到了一些非常痛苦的教训。图 8-5 显示了今天的新房库存，你会看到我们今天的水平远低于历史平均水平。想想看……2008 年的待售房屋高峰是令人瞠目的 400 万套。

如今，有 98 万套房屋待售，为 40 年来的最低点。[11] 除了库存挑战，其中近 40% 的房屋已经签订合同，截至 2023 年 4 月，更准确的在售房屋数量仅为 56.3 万套。

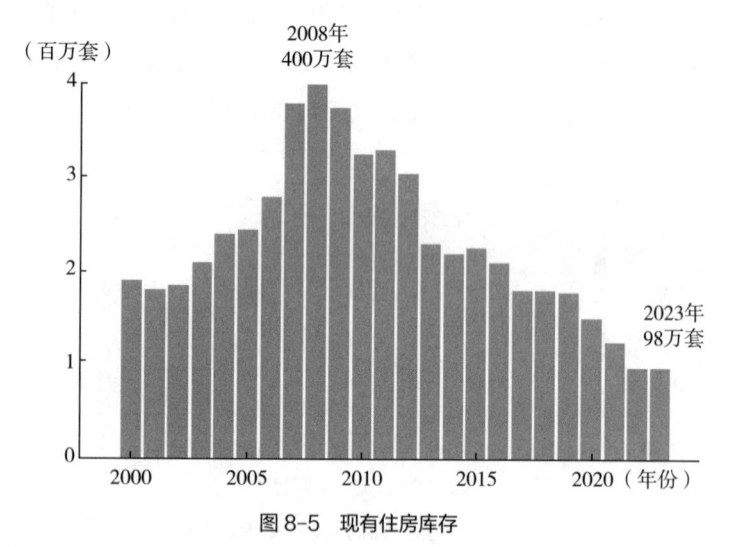

图 8-5 现有住房库存

资料来源：MBS Highway。

全美可供出售的房屋仅有 50 多万套，这是自我们 20 世纪 80 年代初开始追踪这一统计数据以来的最低值。[12] 根据房地产交易网站 Realtor 的数据，到 2022 年 9 月，新组建家庭的数量（即需求方）与竣工的新房数量（即供应方）之间的差距达到了 580 万套。[13] 除了库存挑战，由于材料和劳动力成本随着通货膨胀而飙升，利率也大幅上升，建筑商纷纷放缓建造新房的速度，这使得房屋库存方面的挑战进一步加剧。

美国房主资产丰富

当今市场的另一个独特动态是普通房主拥有的大量房屋净值。在 2008 年，普通房主拥有的房屋净值（即房屋价值减去抵押贷款）仅占房屋总价值的 19%，这使得他们的杠杆率很高，容易受到价格波动的影响，这种价格波动可能会让他们迅速陷入资不抵债的境地，进而面临房屋被收回的风险。如今，由于过去几年更高的首付要求和房屋升值，普通购房者拥有的房屋净值已达房屋价值的 58%！此外，其中许多购房者锁定了历史上较低的利率，这使他们不太可能很快搬家，因为购买新房需要支付更高的费用。需要明确的是，住宅地产领域并非都是美好的景象。如今，房主将总收入的 40% 用于偿还房贷。房屋抵押贷款的中位还款额目前创下历史新高，达到每月 2 322 美元，还不包括税费、保险等。这种"债务与收入"比率高得惊人，甚至高于 2008 年。再加上信用卡债务也处于历史最高水平，前方可谓是惊涛骇浪。这些因素相互交织是否会导致住宅地产价格大幅下跌？时间会告诉我们答案。由于库存如此之低，市场可能会出乎我们的意料，房价可能会保持稳定，甚至在需求较高的地区还会出现适度增长，特别是在抵押贷款利率从当前水平下降的情况下。最终的结论就是：投资者要谨慎行事。

我想你一定能想象到在这里挣扎着付款的情景。

那么公寓呢?

尽管公寓(又称多户住宅)属于住宅这一类别,但它们与独栋住宅是截然不同的。在过去的10年左右时间里,公寓投资一直表现良好。多年来,租金一直在稳步上涨,这让投资者非常高兴。话虽如此,公寓在某些地区已经开始显露出疲软的迹象,尤其是那些开发商过度开发的地区。与此同时,利率上升、租金下降、驱逐事件增加、保险费和房产税上涨等不利因素正在酝酿一场"完美风暴"。这场风暴有多严重在很大程度上取决于当地市场情况。

许多公寓的所有者(通常是联合所有权集团)变得贪婪起来,并没有选择长期固定利率,而是选择了"浮动利率"债务,以便在利率较低时实现回报最大化。毫不奇怪,更高的回报意味着管理层的业绩费也更高。现在利率正在急剧上升,那些业主/运营商无疑会后悔

第 8 章 房地产：世界上规模最大的资产

他们当初的决定。可调利率贷款反过来咬了他们一口，因为他们的持有成本已经飙升。2023 年 8 月，《华尔街日报》报道称："去年债务成本的突然飙升，现在已威胁到全美许多公寓的业主。公寓楼价值在截至 6 月的一年中下跌了 14%，而前一年上涨了 25%。"（参见图 8-6）

以杰伊·加贾维利为例。加贾维利是一位印度移民，曾从事 IT（信息技术）工作，他因为向投资者承诺超高回报而登上《华尔街日报》的头条新闻。[14] 在过去的 10 年里，加贾维利在阳光地带（指美国南部和西部气候温暖的地区）积累了超过 7 000 套公寓。他在优兔视频中向潜在投资者鼓吹"投资翻倍"的回报，从个人投资者那里筹集了数百万美元。这种方法一度很有效，但好景不长。加贾维利使用浮动利率贷款购置房产，当利率开始迅速上升时，他再融资已经为时已晚。银行贷款几乎已经枯竭。最终，他无法承担不断增加的还款额，到本书写作时为止，他已经将 3 000 套公寓交还银行进行止赎。与此同时，他的投资者血本无归——并不是因为这些公寓是不良资产，而是因为所有者/经营者选择了承担不必要的更大风险，而这些不成熟的投资者却对此一无所知。

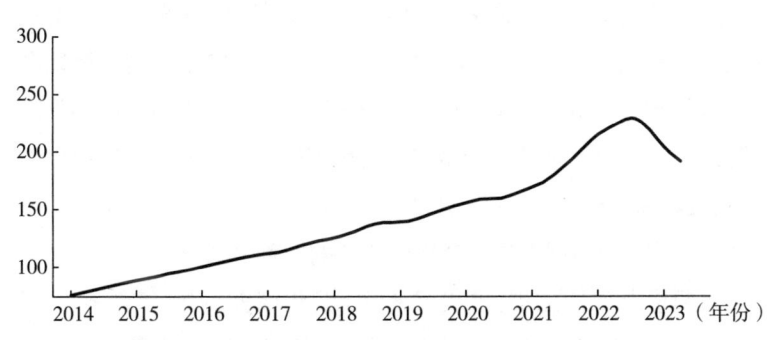

图 8-6　MSCI 的一项指数显示，在经历了近年来的快速上涨后，美国公寓价值开始下降
资料来源：MSCI Real Assets。

感到痛苦的不仅仅是不成熟的投资者。全球最大的投资机构之一黑石集团选择对曼哈顿的 11 栋公寓楼贷款违约。《华尔街日报》报道称："旧金山最大的房东之一维里塔斯投资（Veritas Investments）及其合作伙伴在过去一年中对 95 栋出租公寓楼的债务违约。[15] 因此，它将失去其在旧金山投资组合中超过 1/3 的资产。"

机会来了吗？

对那些喜欢购买打折商品的人来说，未来几年某些类别的房地产将变得极具吸引力。我们预计，随着卖家（和银行）被迫抛售房产，商业地产和多户住宅地产将出现大幅折扣。买家需要明智地选择他们的投资目标，并能够回答关于可行性的棘手问题。也就是说，我们采访的专家认为，市场将会出现严重的错配，这将创造出近 20 年来未曾有过的巨大购买机会。

私募信贷是个人投资者接触房地产的另一种方式。银行贷款几乎已经蒸发，但商业地产和住宅地产的业主仍需要获得资金，在没有银行支持的情况下，许多人将转向私募信贷的一个分支（在某些情况下被称为"硬通货"贷款机构）。当借款人需要快速获得现金时，这些非银行贷款机构会根据股权状况提供短期资本。如果借款人违约，这可以为贷款机构带来非常可观的回报，同时为其提供强有力的保护。作为投资者，房地产贷款可能是"圣杯"投资组合的一个很好的补充，是获取投资组合收益的一种方式。

我们将为当今的房地产投资者留下几句箴言。

（1）寻找专家。房地产投资最好由经验丰富的专业投资者来进行，他们了解地理位置的细微差别和杠杆作用，并有长期成功驾驭下行市场周期的记录。历史上到处都是那些不懂房地产投资的投资者，他们过于冒进，最后破产了。

（2）多元化投资。与顶级经理合作可以让你拥有一个多元化的投资组合，包括众多房产，而不是只押注于一两个。私募信贷也是如此，这样你就可以投资于一个贷款组合，而不是只向一两个借款人放贷。

（3）要有耐心。在未来几年，我们将看到巨大的交易流和许多打折的机会。要谨慎选择投资目标，不要急于求成。

每个人都喜欢划算的交易！

那么，当私募股权基金的投资者决定提前赎回资金时，会发生什么呢？由于私募股权（和风险投资）通常流动性较差，投资者只剩下一个选择：将他们在基金中的头寸卖给另一个投资者。这被称为"二级"交易，而对精明的投资者来说，这可能是一个以折扣价获得优质资产，并缩短投资回收期的机会。让我们来探讨一下吧！

第9章

二手份额：
每个人都喜欢划算的交易！

> 如果有人告诉你金钱买不到幸福，那只是他不知道到哪里去买。
>
> ——波·德瑞克

我们确实已经走了很长的路，现在只剩下一种策略要讲了！到目前为止，我们已经深入研究了 6 种可以考虑纳入"圣杯"投资组合的另类投资策略。

正如我们现在所知道的，达利欧的方法是利用 8~12 种不相关的投资。当与传统股票、债券和其他流动性更高的投资相结合时，有很多选项可以考虑。这当然是一件好事，因为不言而喻，并非所有策略都适合每个人，而且咨询专业顾问总是一个好主意。

事实上，我们的研究团队一直在持续监控和追踪整个另类投资领域。

在这最后的"迷你章节"中，我们将探访另类投资领域的一个小角落，在那里有机会以很大的折扣获得高质量的投资资产。毕竟，谁不喜欢划算的交易呢？

第9章 二手份额：每个人都喜欢划算的交易！

大折扣

全新、备受追捧的法拉利 F8 的标价是 35 万美元。这款车很稀缺，几乎找不到，除非你愿意支付高于标价的价格！现在想象一下，你走过一个展厅，看到一辆闪闪发光的全新红色法拉利 F8 有 25%~50% 的折扣。你会果断出手吗？我当然希望你会！每个人都喜欢划算的交易。

有趣的是，这种现象似乎适用于除投资以外的所有事情。当股票从其高位下跌 10%、20% 甚至 50% 时，典型的投资者会像躲避瘟疫一样避开它们，他们如果持有这些股票，很可能愿意卖出以避免进一步的痛苦。

但并不是所有在市场下跌时卖出的人都会情绪崩溃。事实上，世界上一些最有纪律的投资者，即那些聪明的机构投资者，在某些时候会被要求卖出部分投资资产。他们究竟为何会被"要求"卖出优质投资呢？

让我们深入探讨一下，看看这些独特的情况如何给我们投资者（买方）带来显著的优势。

失衡

最有纪律的投资者通常有一个清晰的资产配置计划：他们希望每种投资保持固定的配置比例（例如，30% 的股票、20% 的债券、40% 的私募股权等）。然而，由于市场波动，他们持有的资产价值永远不是静态的，这使得他们的资产配置目标成为一个动态的目标。

2022年，公共市场暴跌，几乎所有人都遭受了重挫。股票、债券和房地产同步下跌，因此几乎没有地方可以避险。世界上最大的机构投资者（捐赠基金、主权财富基金、养老金计划等）都大为震惊，因为其投资组合经历了自大衰退以来的最差表现。再加上俄乌冲突、快速通货膨胀和持续存在的供应链问题，机构投资组合的世界变得破败不堪、伤痕累累，而且十分混乱。这些大型机构投资者是如何应对的？他们采取了重大步骤来恢复平衡。让我来解释一下。

首先，让我们快速谈一下投资组合管理的基础知识。假设你在股票和债券上投资了100万美元，目标配置是60%的股票和40%的债券。你会努力保持行业标准的60-40配置。如果你的股票价值上涨，而你的债券价值下跌或保持不变，你的配置比例现在已经"偏离"了预定目标。例如，你可能最终会有70%的股票和30%的债券，如图9-1所示。在这种情况下，是时候重新平衡了，就像更换一个不均匀磨损的轮胎，它导致你的车在行驶时震动。对面临上述情况的有纪律的投资者来说，这意味着要卖出一些股票并购买一些债券，以回到他们的60-40目标。

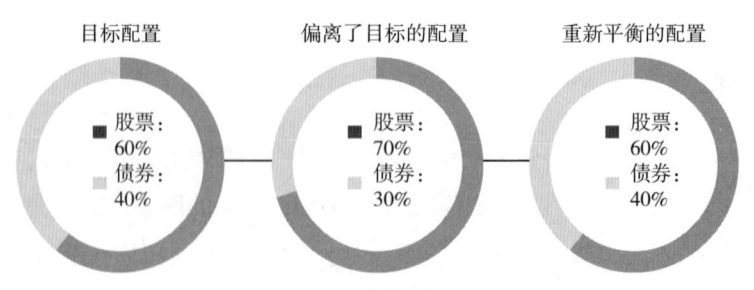

目标配置	偏离了目标的配置	重新平衡的配置
股票：60% 债券：40%	股票：70% 债券：30%	股票：60% 债券：40%

图9-1 资产配置：从目标配置到偏离目标再到重新平衡

第 9 章 二手份额：每个人都喜欢划算的交易！

在 2022 年，地球上几乎所有的机构投资组合都像是有 3 个不均匀磨损的轮胎的汽车，它们让车门几乎都震掉了。尽管股票和债券都大幅下跌，但这些投资组合中的许多另类投资（如私募股权、私募信贷等）的表现要好得多。这意味着它们的另类投资在投资组合预期资产配置中所占的比例要比之前的目标高得多（而且往往必须坚持这样的配置目标）。对投资组合经理来说，这并不是最理想的情况，需要他们采取行动。

一个人的时机是另一个人的财富

在当今的环境下，我们知道有数千亿美元投资于高质量的私募股权、私募信贷和私募房地产，其中许多资产近年来大幅增值。现在它们将不得不被出售，以帮助这些机构重新平衡它们的投资组合。这是因为大多数主要机构都有自我管理的任务，即在必要时进行纠错和再平衡。管理这些投资组合的人如果不采取行动恢复平衡，就会被解雇！因此，这不是他们可能会选择采取的行动，而是他们必须采取的用以自我保护的行动。

但现在显而易见的问题是……当你投资于像私募股权这样的非流动性资产时，会发生什么？一个人如何出售非流动性投资？进入二级交易的世界吧。

早起的鸟儿有虫吃，但懂得避险的第二只老鼠能得到奶酪

在传统的私募股权基金中，投资者需要等待 5~10 年，基金才会清算并返还他们的资本。因此，投资者如果想要或需要提前清算

他们的头寸，唯一能实现这一目标的方式就是将其头寸卖给另一个有兴趣的投资者，后者会直接接替他们的位置。这被称为"LP主导的二级交易"，因为它是由 LP 发起的。

在当今世界，找到另一个对你的头寸感兴趣的投资者并将其出售是很容易的。有许多投资基金的唯一目的就是从现有投资者（LP）手中购买私募二级市场资产。事实上，2021 年私募二级市场交易额达到了惊人的 1 340 亿美元（高于 2020 年的 600 亿美元）。许多专家认为，这一数字将很快增长到 5 000 亿美元。

那么，为什么私募二级市场资产作为一种"资产类别中的资产类别"变得越来越受欢迎呢？我们可以将其吸引力归结为 3 个主要好处。

为什么流动性对你来说如此重要？

（1）折扣。在私募股权投资中，你的投资有一个现有的季度估值（有时被称为净资产价值，或简称"标价"）。如果投资者想要出

第9章 二手份额：每个人都喜欢划算的交易！

售他们的头寸，他们通常将不得不以相对于其当前价值的折扣价出售。这意味着买方已经"赚钱"了，并且有一个缓冲空间，即投资组合必须下跌到一定程度买家才会亏钱。例如，如果当前价值是100美元，买方和卖方可能会就70~90美元之间的某个价格达成一致。卖方获得了他们所需的流动性，而买方则完成了一笔划算的交易。双赢。

（2）更短的时间线。私募股权基金的投资者通常需要5~10年的时间才能收回全部资金，包括利润，而购买私募股权基金二手份额可以大大缩短资本回收的时间。例如，如果卖方已经持有一只为期10年的基金5年了，那么买方的"等待"时间就可以减半。这有助于消除我们之前谈到的J曲线。J曲线（如图9-2所示）简单地展示了私募股权基金的投资者在最初的许多年里是如何将资金部署到投资资产中的，只有这些资金被完全部署后，它们才会开始增长、产生收益。这就像为未来的收获播种一样，成长需要时间。

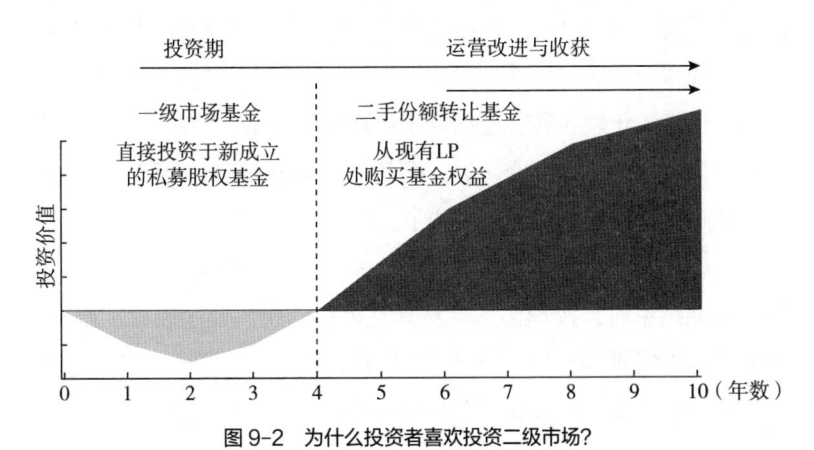

图9-2 为什么投资者喜欢投资二级市场？

资料来源：CAZ Investments。
本图表仅作说明用途，不代表实际投资的过往或预测表现。

（3）可见性。当私募股权经理发起一只基金而你立即投资时，你就是在押注他们的经验和过往业绩。这通常被称为"空白支票"风险。此时，你还不知道他们会在基金中购买哪些公司，这些公司的表现如何，等等。然而，当你购买私募股权基金的二手份额时，基金通常已经完成了资金的投放，所以你可以清楚地看到它持有哪些投资、它们的表现如何等。这种"信息优势"对经验丰富的二手份额投资者来说是关键，他们可以在自己信任的经理管理的私募股权基金中选择自己想要投资的二手份额。

这是个好买卖

全球金融危机之后，私募股权基金经理发现自己处于一个有趣的位置。如前所述，大多数私募股权基金都是作为10年期"封闭式"基金设立的，这些基金到期就要清盘，这意味着它们会出售所投资的公司的股权，把钱还给投资者。但当时，这些经理手中持有一些由优秀公司股权组成的投资组合，随着经济的复苏，这些公司开始真正步入正轨。私募股权基金经理知道在那种情况下卖掉如此优质的公司股权将是不明智的，即使该基金已到期，他们应该这么做。是时候寻找创新的解决方法了。

这就催生了大规模的所谓的"GP主导的二级交易"。在10年基金周期结束时，经理们不是将其基金中的所有公司股权都出售，而是相当于创建了一个"加时赛"阶段，在这一阶段，他们可以亲手挑选一家或多家想继续持有其股权的公司，然后将其并入一个叫作"延期工具"的新基金。然后，他们会给投资者（LP）两个选择。

（1）LP可以选择以当前价值兑现，不参与"加时赛"。如果有人选择退出，就会为新投资者的加入腾出空间。

（2）LP 可以选择继续参与，将其现有投资"滚入"新的延期工具，这样一来他们就能够继续享受潜在的上行收益。这仅为一种选择，并非强制要求。基金管理人（GP）通常会将他们的个人投资和业绩费滚动到持续持有的资产中，从而建立一种利益一致性。他们最终会向投资者展示，他们对这些公司抱有十足的信心，因而希望获得更多时间来为各方实现价值最大化。

"GP 主导的二级市场"已经占据了二级市场近半壁江山，这毫不奇怪。封闭式基金通常被设定 10 年的期限，这在某种程度上并不合理、严谨，而且很少能与标的公司的最佳业务生命周期相契合。由 GP 主导的二级市场已演变成为一个有价值的投资组合管理工具，旨在最大化每个人的收益。最重要的是：没人希望过早出售优质公司的股权。

那么，像我们这样的投资者有什么机会呢？好消息是，在可预见的未来，我们将处于买方市场。也就是说，市面上可供购买的私募股权基金二手份额数量比较多，而用来购买它们的资金却相对不足。因此，卖方可能会接受更大的折扣，而我们就有了更多挑选的余地，可以挑选最高质量的资产。

购买二手份额可能也需要极高的专业性。买方需要能够充分了解他们正在购买的资产，这需要大量的尽职调查。因此，我们的建议如下：

（1）选择一位有成功买卖私募基金二手份额的经验且业绩记录良好的投资顾问。他们应该与基金经理有着密切的关系，这样他们就能进入基金经理想要合作的买家名单。

（2）投资于持有众多二级市场资产的基金，这样你就可以通过不同的经理及其基础投资组合实现多元化配置。理想情况下，该基金还会投资于各种资产类别的二级市场资产（例如，私募股权、能源、房地产等）。

（3）与投入自己个人资本、与你面临相同风险的经理一起投资，以实现各方利益的最大化！

巨人的时代

哇，到目前为止，我们已经讨论了不少重要内容！我们希望你现在能够感受到自己有能力将我们讨论过的策略融入你的个人"圣杯"策略。接下来，我们有机会直接听到"金融界大师"的声音。他们是私募股权、私募信贷、房地产、风险投资等领域中最杰出的一些人。尽管过去的业绩并不能保证未来的表现，但我们在后面的部分中采访的许多人每年的复合回报率都超过20%。这些巨头中的许多人是白手起家的亿万富翁，有着非凡的洞察力，能够尽可能多地汲取他们的智慧并将之呈现在这些篇章中，是我们的荣幸。本书的第二部分包含了这些访谈的"精华"版本，其中许多访谈的时长都达到了2~3个小时！

第二部分

高手对决

第 10 章

罗伯特·F. 史密斯：
企业软件投资巨头

维斯塔股权投资合伙公司创始人兼首席执行官

荣誉：被《福布斯》评为当今在世百位全球最伟大商业思想家之一，慈善活动"捐赠誓约"（Giving Pledge）的成员，美国最富有的非裔美国人之一。

管理资产总额（截至 2023 年 8 月）：1 000 多亿美元。

关注领域：企业软件。

成就：

- 维斯塔自成立以来，已完成600多笔私募股权交易，交易价值近3 000亿美元。
- 维斯塔的商业生态系统涵盖80多家公司，拥有9万多名员工，活跃在180多个国家。
- 被《公司》(*Inc.*)杂志连续4年评为"顶级创始人友好型投资者"。
- 2017年，被《福布斯》评为当今在世百位全球最伟大商业思想家之一。
- 入选《时代》杂志2020年100位最具影响力人物。

罗伯特：

托尼，见到你真高兴！我刚才还在跟克里斯托弗说，我总是能和像你这样有趣的人一起聊天。我妻子听说了这次采访的事情后特别激动，这可是头一回！她说："天哪，他真的是个很值得对话的人。"我妻子现在可也是你的粉丝呢！

托尼：

听到这个我可太开心了！如果有机会，我很乐意亲自拜访你。但我不想占用你太多时间，所以谢谢你接受我们的采访。我们真的很感激。

罗伯特：

谢谢。很高兴能与你们一起进行这次访谈。

第 10 章　罗伯特·F. 史密斯：企业软件投资巨头

托尼：

罗伯特，你是这个行业的传奇人物，但我不知道有多少人了解你的成长故事。你介意和我们分享一下吗？你是如何走到这一步的？

罗伯特：

我成长在科罗拉多州丹佛市，父母都是学校老师。虽然我生活的社区是一个种族隔离的社区，但我总是能感受到来自社区成员的爱和关怀，而不只是感受到父母所给予的爱。我认为，这给了我一种安全感，一种求知的能力，一种我可以沉浸其中的求知欲。所以，我的成长经历中很重要的一部分就是去探索和学习。我的父亲教我歌剧和古典音乐。我的母亲每个星期六早上都会带我们去图书馆。我们会借 8~10 本书，我母亲会借 15 本书，我们会在那一周内读完。然后下一周再去借书。音乐和书籍让我对我成长的那个小社区之外的世界产生了好奇，也激发了我在解决问题方面的好奇心。

时间快进到高中，我们开始接触计算机。我们这一代人是数字移民，而不是数字原住民。但我有着一种后天形成的求知欲。我问我的老师："这个东西是怎么工作的？"

我的老师说："嗯，它是靠一种叫作微处理器的东西运行的。"

我说："那么，微处理器是如何工作的呢？"

我的老师说："它是由叫作晶体管的东西驱动的。"

我问："那是谁发明的？"

我的老师说："是一个叫贝尔实验室的地方发明的。"

于是，我跑到我们当地的职业中心，问科罗拉多州是否有贝尔实验室。一位和蔼的女士告诉我，布赖顿有一个。我拿起电话打给贝尔实验室，说："我对与计算机相关的实习工作感兴趣。"人力资源部门的人只是笑了笑。她告诉我，他们只为大学三年级和四年级的学生提供实习机会。她让我到上大学三年级时再打电话给她。但我第二天又给她打了电话，接下来每天都打，她就不再接我的电话了。两个星期来，我每天都打电话并留言。之后我改成每周一打电话并留言，从2月一直坚持到了6月。她6月给我回了电话，说："有一个麻省理工学院的学生不来了。我们的项目有一个空缺岗位。"然后她告诉我，我只需要来面试一下就好。

我有一套周日才穿的正装，第二天我就把它穿上了，然后给我的1969年款普利茅斯"卫星"汽车加了2美元的油，开车去了那里，就这样在贝尔实验室找到了一份工作。我整个大学期间基本上都在那里工作，而那段经历最美妙的地方在于，我发现了解决问题的乐趣。今天，我喜欢说我的真正角色是为复杂的问题创造优雅的解决方案的人。这就是维斯塔所做的。所以，我的很多成长经历都与那些激发我想象力的人有关。那些人激发了我的好奇心，给了我去探索、去拓展、去犯错、去提问的自由。但他们也会花时间帮我拆解解决方案，帮助我学习特定的技术、科学和数学知识，这些知识影响了我现在的投资方式和打造维斯塔的方式。

托尼：

当你回忆起那条路时，哪些人对你影响最大？你是如何从贝尔出来创办维斯塔股权投资合伙公司的？

第 10 章　罗伯特·F. 史密斯：企业软件投资巨头

罗伯特：

我亲眼看着父亲在丹佛创建了一个公民协会。记得以前，我们这里每年冬天都会下很多雪。作为孩子，我特别期待下雪天，不用上学，可以尽情玩耍。但后来我才发现，下雪天对父母来说，意味着不能去上班。因为在黑人居住的社区，街道上的雪是没有人清理的。所以，外面常常会有三四天都堆满了积雪。然后市政府才会在马路中间清出一条道来，我父亲就让我们兄弟俩从家门口挖出一条通往那条道的路，这样他才能去上班。之后，公交车终于能通行了，我们就坐公交车去学校。当我们走到白人街区时，你猜怎么着？街道不仅被清理过，而且很干燥，这意味着它们几天前就已经清理好了。我看到我爸爸主动站出来说，我们需要让人们明白，我们社区的人如果不能去工作，就没法养家糊口。这会降低整个城市的生活标准。他最终让市政府清理了我们社区的街道。

我的父母全身心地投入他们的工作，并利用工作助力城市建设。他们帮助科罗拉多州启动了"启智计划"。50 多年来，我母亲每月都会给"联合黑人学院基金"捐款 25 美元。

除了我的父母，我还深受一个名叫维克·豪泽的人的影响，他是我在贝尔实验室的第一位导师。十几岁的时候，我兴奋地走进贝尔实验室，他拿出一个半导体运算放大器。他说："这个东西在我们的梅林系统里不能运行。你的工作就是找出它不能运行的原因。这将是你的暑期项目。你可以动用贝尔实验室的所有资源。图书馆在大厅那头。我也在这里。你可以问我任何问题。祝你好运。"

然后，他就转身忙去了。我心想，伙计，这有点儿粗鲁啊。但我还是自己走到图书馆去查什么是运算放大器。我研究了说明书，然后回到维克的办公室，对他说，好的，关于运算放大器我了解这些。他转过身来，在接下来的两个小时里，他开始详细地解释它是什么，它是如何工作的，它应该做什么，以及它现在不能做什么。我们每天都这么做。

托尼：

那太棒了。

罗伯特：

他所做的就是帮助我发现了弄明白事情的乐趣。他没有直接给我答案。他迫使我提出问题，并做调查研究。在这样做的过程中，他强化了我父母一直以来对我的教导。

托尼：

罗伯特，你的家庭真是太了不起了。我非常尊敬你的父母，世界上有很多人从你父母为你打下的基础以及你后来的拓展中受益。你如果不介意，是否可以谈谈是什么让你最终决定自己创业的？又是什么让你决定专注于企业软件呢？

罗伯特：

我告诉你一个有趣的故事。我做了6年的化学工程师。我很喜欢这份工作，托尼。我认为世界上没有什么比想出一个历史上从未有人想过的点子更崇高的追求了。我当时在固特异轮胎橡胶公司

第10章 罗伯特·F. 史密斯：企业软件投资巨头

（Goodyear Tire and Rubber）工作，非常享受我所做的事情，但后来我们被詹姆斯·戈德史密斯爵士收购了。我当时就想，收购是怎么回事？这最终激励我去攻读更高的学位。

我表现不错，第一年结束后就成了尖子生。然后，学校邀请我回来参加夏季毕业典礼，向我颁发了一年级的奖项。当时有个主旨演讲嘉宾，叫约翰·乌坦达尔，是个身材高大、相貌英俊的投资银行家。他给我颁奖后，发表了主旨演讲，然后走过来问我有没有考虑过在投资银行业工作。我坦诚地告诉他，我其实对投资银行家的工作一无所知。他听后邀请我到他办公室吃顿午餐，原本计划是30分钟，结果我们聊得非常投机，一直聊了两个小时。最后，他拿起电话打给华尔街的那些朋友，强烈推荐他们一定要见见我。我的思维方式更偏向于科学家的，所以，我不仅和那些人交谈，还和100多个人聊过。我需要搞明白其中的门道。经过一番深入了解，我发现自己唯一喜欢的业务是兼并和收购。通过长时间的努力和不断调整来构建可持续发展的基础架构。在那时，有6家公司成功实现了这一目标，而高盛是其中唯一采用合伙制架构的公司。

最后，我被要求担任所谓的业务部门经理，为一个叫马克·希尔的家伙工作。他是个才华横溢的并购专家。但后来吉恩·赛克斯打电话给我，问我是否愿意和他一起工作，他是唯一一个我没有合作过的合伙人。我告诉了马克，他说："罗伯特，让我告诉你。我真的没问题。吉恩是出类拔萃的。你如果有机会，去和吉恩一起工作吧。"

吉恩告诉我他正在考虑成立一个技术小组。我说："除非你答应在旧金山花时间指导我。"他说："成交。"1997年春天，我成为高盛第一位专注于技术的并购银行家。

托尼：

哇！

罗伯特：

当时我身处偏远地区，也就是远离了纽约市的地方。没有人真正帮助你。所以，我不得不组建一个团队、制订一个计划。好消息是，你上面没有一大群人管着你。如果你在纽约做成一笔交易，你会有4~5个合伙人，你从未见过他们，他们却在你的交易文件上签字。但在旧金山，我没有这样的经历。所以现在，突然间，我成了这些交易中几乎不受监督的主要负责人之一。我手里有苹果公司。还有一家小公司叫微软。还有德州仪器、易贝（eBay）、惠普、雅虎。这是在1997年、1998年和1999年的事情。

现在，有趣的事情来了。我开始观察这些公司和技术领域，然后我说，你知道吗？没有人在做企业软件的私募股权。为什么会这样？你如果思考一下，会发现这可是过去50年被引入商业经济中的最具生产力的工具。作为一名工程师，我真正开始理解将计算能力引入商业环境所产生的影响。它能带来指数级的回报。当我还是一名工程师时，我完成了所谓的可编程逻辑控制器霍尼韦尔TDC 3000，并在固特异轮胎橡胶公司的一家工厂投入使用，生产力因此而得到了显著提高。这是一家建于20世纪40年代的工厂。借助计算能力，废品率会下降，生产效率会提高。仅仅是引入数字控制系统就可以实现这些。这就是企业软件的作用。

现在，将这些计算软件应用于保险公司处理保险索赔，把它们放在银行处理交易，把它们引入汽车经销商或抵押贷款公司处理贷款吧。这就是企业软件为全世界注入的生产力。

这种生产力水平使企业软件对其客户来说具有极强的黏性。因此，现在你可以与成千上万的客户建立长期可持续的关系。这种关系不是以季度或年来衡量的，而是以 10 年为尺度来衡量的。你只需开发一次产品，就可以根据需要销售任意次，而毛利率高达 95%。无需营运资本，也没有库存。这是解决复杂问题的优雅方案。

托尼：

马克·贝尼奥夫是我非常要好的朋友之一。他连续参加了我的 5 场活动后，决定离开甲骨文。他每次都坐在前排，我对他印象特别深。我永远记得，有一次活动结束后，他走到我面前说："托尼，你成功说服我了。"

我还有点儿懵，说："我们好像还没聊过呢。"

他笑着说："不，我已经连着参加了 5 场你的活动。你让我下定决心离开甲骨文，去开创 Salesforce 这个新项目。我们要改变经营模式，干出一番 10 亿美元的大事业。"

现在 Salesforce 的市值已经达到了惊人的 330 亿美元，看着他一步步走向成功，真是令人惊叹。他的成长道路与你的道路之间有着某种奇妙的联系，都充满了对知识的渴望和解决问题的动力。我今天在你身上看到了你小时候的那种热情与决心。告诉我，你决定要自己创业的那一天，是怎样的心情和体验呢？

罗伯特：

在这个阶段，我已经与科技公司和企业软件公司合作多年了。我见过成百上千家这样的软件公司，你猜怎么着？他们都是在瞎定价，我这样说是认真的。你如何给软件定价？那时候，都是你自己定的。有人坐在那里说："好吧，我已经在这个软件上投入了大约两年的研发时间，我有一群程序员和计算机硬件，所以我或许可以以8万美元的价格把它卖给那个客户吧。当然。为什么不呢？"对于你不真正了解其价值的东西，这似乎是一大笔钱。但是当我想到这个软件时，我想，有了这个软件之后，一个客户每年也许能节省300万美元，而另一个客户能节省3 000万美元。这里有大得多的价值，但很少有人看到。

所以，出现的情况就是，在给我的客户提供咨询和建议时，我发现了其中的共性，并对自己说，如果你不这么做，总会有人发现这一点的。

所以，托尼，你所做的就是激励人们利用最佳实践成为最好的自己。马克·贝尼奥夫以他自己的方式将其内化，并付诸实践。同样地，我们已经建立了一整套最佳实践方法，并且在不断完善它，这套方法有助于加速提升我们所收购的公司的企业成熟度。自维斯塔成立以来，我们已经完成了600多笔交易。

另一方面，大多数软件企业仍然是由创始人领导的。这些创始人中的大多数都在经营着他们有史以来最大的生意。 是的，大多数人都在努力摸索，因为他们以前从未这样做过，对吧？ 我明天该怎么做才能把这家价值1亿美元的公司变成价值2亿美元的公司，或者把2亿美元的公司变成4亿美元的公司呢？所以，维斯塔的神奇之处就在于我们建立了一个生态系统，让这些高管和他们的直接下属可以聚在一起，互相学习。这有点儿像"青年总裁组织"的加强版。 所以，如果你是一家价值3 000万美元的软件公司的首席技术官，你可以坐在一家价值3亿美元的软件公司的首席技术官旁边，一起听一家价值 30 亿美元的软件公司的首席技术官授课。我们正在打造一个共享的学习生态系统，让高管们可以在一个轻松自由、无须担忧惩罚的环境中交流和学习。

克里斯托弗：

罗伯特，你在谈论托尼经常谈论的事情，那就是亲近就是力量。你分享这些最佳实践并帮助这些公司应用它们，而且还让这些公司的人能接触到正在应用相同的最佳实践的其他企业家。

罗伯特：

是的，最大的好处是，在许多情况下，你可以帮助他们预防在没有这种支持的情况下会犯的错误。

托尼：

人们在和你相处时，能感受到你身上散发出的那种特别的能量，那种魅力简直令人赞叹。告诉我，在你看来，今天这个领域投资者最大的机会在哪里？AI 在其中扮演什么角色？

罗伯特：

很好，很好的问题。我认为最好的投资机会当然是与维斯塔合作。毫无疑问。我是真心的，绝对不是客套。

为什么？因为我们知道如何让这些企业软件公司的运营制度化。对我们来说，最好的做法就是尽可能多地与你合作，然后给你和你的团队提供做出改变的工具。正如我所说，我们通过可持续的基础设施来加速提升企业软件公司的企业成熟度，从而使它们能够扩大规模、持续盈利并实现增长。如果你在这些企业中建立基础设施，你的首席执行官们就会有安静的时间去思考了。他们不需要处理合同管理流程，也不需要处理服务流程，因为你已经建立了能够自我纠正、自我调整和减少干扰的系统。所以现在你的首席执行官们可以思考他们能做什么来推动业务的发展。

托尼：

他们现在可以专注于发展业务，而不是陷入业务琐事中，这也正是他们最初成为首席执行官的原因。那么，能不能跟我讲讲，你现在认为投资哪一类业务的机会最大呢？我们已经见证了 SaaS 的蓬勃发展，现在又看到了 AI 的介入。从你的视角来看，你认为当前最大的机会在哪里呢？

罗伯特：

从 2010 年到 2013 年或 2014 年，只有大约 15% 的公司是我所谓的"云原生"（cloud native）公司，即采用 SaaS 作为商业模式。而今天，这个比例可能已经接近 40%~50%。

托尼：

真的吗？市场上还有这么大的增长空间吗？

罗伯特：

是的。有很多东西需要转换和调整。记住，有 10 万家软件公司，你可能只认识其中的 250 家。新成立的公司现在是云原生的，所以它们是从底层发展起来的。中间还有一大堆客户，它们要么采用本地部署，要么采用混合部署，正在努力向云原生转型。

美国一直是计算机领域机会的风向标。但在 21 世纪 00 年代，美国将计算能力分散到了全球各地。所以，现在这种计算能力无处不在。因此，每个经济体、每个行业都在以某种形式进行数字化转型。在很多情况下，它们会购买美国或英国的软件，但在某些情况下，它们也在试图自己解决问题。事实上，有几个最大的经济体并没有自己的企业软件层。

托尼：

真的吗？哪些国家没有呢？

罗伯特：

在日本，大部分企业软件都归属于财团。在韩国，企业软件被财阀或家族企业垄断。印度也面临类似的情况。因此，建立企业软件层有巨大的机会。

不过，企业软件的最佳机会仍在美国。由于我们的生态系统，我们可以在我们的平台上应用各种催化技术，比如机器学习、机器人流程自动化，以及一个叫作 AI 的小东西。因此，我仍然认为，在风险调整的基础上，企业软件是配置任何形式的资本（无论是股权还是债权）的最佳领域。你只需要确保你投入资本的领域能够利用这些催化技术实现持续发展。

克里斯托弗：

罗伯特，当我们看企业软件本身时，我们看到了估值的大幅增长。但是，我们现在已经看到估值出现了显著回调，回到了一个更正常的平均水平。考虑到这些情况，过去几年发生了哪些你没有预料到的事情？

罗伯特：

我没想到人们会如此疯狂地涌入那个市场，人们好像以为股价能一直涨。还记得 1997 年到 2000 年那段时间吗？大家都觉得纳斯达克指数能涨到 10 000 点，所有的互联网公司都火得不行。但那时候，其实并没有真正能支撑这些高估值的基础架构，结果当然是那种情况也没持续多久。我本来以为，当市场开始充斥着大量免费资金时，人们会变得更加谨慎，等待估值回调。可没想到，很多投资者仍然愿意在高估值时（例如股价达到过去 52 周的最高点时）支付溢价，把那些增长率只有 3%~5%、息税折旧摊销利润率才 30%~40% 的公司私有化。除非你觉得总有更大的傻瓜会来救你，否则这类业务真的没什么前途。

克里斯托弗：

罗伯特，有趣的是，那些曾经热衷于支付超高市盈率的人，现在一提到企业软件就觉得是个糟糕的投资。现在市盈率已经降得只剩下原来的 50%~70%，他们反而什么都不敢买了。这种心理变化真的很有意思。很多人都没办法接受一个事实，那就是不少伟大的企业，都在以错误的估值进行交易。

罗伯特：

恐惧会产生机会。我们仍然认为，投资企业软件公司是金融市场中资本的最佳用途。

第 10 章　罗伯特·F. 史密斯：企业软件投资巨头

克里斯托弗：

你会如何指导投资者现在以不同于过去的方式看待如今的企业软件？

罗伯特：

这是一个很好的问题。如果你从美国国内的角度来看，有几个宏观经济因素将影响这一点。首先，在美国，你实际上处于一个工资通胀的环境。因此，雇主必须想办法提高效率。企业软件是实现这一目标的最有效的工具。因此，企业软件的消费势头将继续保持强劲。

如果把所有维斯塔的收入加起来，将超过 250 亿美元。和贝尼奥夫的公司营收相比，有时多一点儿，有时少一点儿。就整个企业而言，我看到的增长率是百分之十几，即使在这种经济环境下也依然保持如此。这就是它的韧性。我们实际上测量了我们销售给客户的产品的投资回报率，是 640%。我不知道世界上还有什么投资能得到 640% 的回报，除了软件。无论你是在汽车修理、快餐还是酒店管理行业，想要获得更好的投资回报，购买更多软件可能是最值当的选择。关键是要明确在你的业务中会用到什么样的软件。

托尼：

那么，当投资者看待这些行业时，他们普遍会犯什么错误呢？

罗伯特：

有些人可能会问我，如果不投资软件，那应该看什么？其实，你如果是个长期投资者，就必须深入了解在维持人类生活和繁荣的大背景下，哪些企业具有可持续发展的潜力。对吧？

克里斯托弗：

这是一个很好的话题转折点。如果给你 5 分钟的时间向全世界发表讲话，你今天想让世界知道些什么？

罗伯特：

我想让世界知道，解放人类的精神确实有价值。我的意思是为所有人提供机会的基础。这并不是说每个人都有权拥有房子。机会的基础在于教育、营养和获得机会的途径。现在，如果人们选择不接受这些，那也没关系。但是，如果有各种原因限制人们的机会选择，我认为这本身就是不合理的、错误的。

托尼：

罗伯特，我知道我们在价值体系上是志同道合的，这是肯定的。我们正在写的这本书的概念与我多年前对瑞·达利欧的采访有关。我问他，如果你只能给出一个最重要的投资原则，那会是什么？对他来说，"圣杯"就是找到 8~12 种不相关的投资，因为这样可以保证风险降低 80%，并提高回报率。我们写这本书的部分原因是为了向公众展示另类投资是多么重要。高净值人士通常用其 45% 的资产做另类投资。他们会涉足私募信贷、私募股权和私募房地产。从你的角度来看，投资的"圣杯"是什么？

罗伯特：

我首先要说的是，达利欧说得很对——如果你是一位投资组合经理，管理着一组资产的投资组合。而我的独特任务是管理另类资产和私募股权的资产组合。我的答案是确保成功的关键因素在你的掌控之中。

托尼：

如果你不介意，给我们举个例子吧。

罗伯特：

好的，企业软件成功的关键因素之一是人才和人才培养。我应该四处奔波，试图找一堆能找到人才的猎头吗？不。我有一个完整的人才管理系统，我们将其与我们企业30多年来表现最出色的人才进行对比，以此来确定真正优秀的初级开发人员的画像、优秀服务人员的画像、顶级销售人员的画像。因此，我们可以每年面试45万人，从中挑选出2.5万名合适的人选。这是成功的关键因素，而且它在我们的掌控之中。

另一个我们可以控制的成功关键因素是定价方法。了解我们销售给客户的产品的投资回报率。我们如何能够获取这种经济租金？我们如何能够系统地做到这一点？首先，你需要建立一个交易台，这样你的销售人员就不会只是拿着销售报表四处奔波，说："哦，他们有45名员工。这是价格。哦，他们有500名员工，这是价格。"不，你需要坐下来，构建这些投资回报率计算器，然后明确该产品对该客户的价值。以这个价格把产品卖给他们。这是成功的关键因素。这是我们可以控制的。

管理你的成本，管理你的市场准入，管理你最重要的资源，即你的员工、你的合同管理流程。所有这些，你都可以控制。

我无法控制市场上的市盈率情况。但我可以控制是否让这些公司增长并更具盈利能力。即使我只是让它们增长并赚取更多利润，我也可以通过现金流来回笼资金，因为在软件世界里，我没有任何资本性支出。所以，在最坏的情况下，我也能靠现金流赚钱。

克里斯托弗：

你有许多很棒的导师，你在创立公司之前就有了一个很好的构想，但是有哪些事是你希望在你创立公司之前就有人能告诉你的？

罗伯特：

这个问题问得很好。从最高层面来说，就是要创建一种结构，让我有能力更长时间地持有公司。

私募股权世界的构建方式是，你必须购买一家公司，在我们的案例中，你必须对其进行改进，然后你必须将其出售。贝尼奥夫本质上只选择了一个行业，而且可以永远持有它。它只会增长。在过去的两年里，我们已经完成了130多笔交易，因为我不得不做的一部分工作就是回笼资金。我希望我能想出一个办法，让我能在生态系统中更长时间地持有公司。

克里斯托弗：

私募股权世界在这方面是短视的。而且，实际上，它最大的利益是在几十年的时间里不断积累资金、价值和增长。而不仅仅是在

第10章 罗伯特·F. 史密斯：企业软件投资巨头

几个季度。

罗伯特：

没错。美国养老金计划体系的性质决定了它需要回笼资金。这我明白。但是应该有一些例外，当你卖掉某些公司时，LP会回来说："好的，罗伯特，现在把这笔钱再投出去吧。我与某些客户建立了一些很好的资金循环利用模型，现在他们会自动循环使用一定数量的资金。你如果需要回笼资金，就把钱要回来。如果你不需要，我们就循环利用。"

克里斯托弗：

我认为这个行业将继续努力这样做。

在我们共同工作的这段时间里，我所见证的令人惊叹的事情之一就是你的业务的巨大增长。很少有私募股权公司，甚至一般的私募另类资产管理公司，能够像维斯塔那样实现规模扩张。为什么有些公司的资产管理规模就是无法从30亿美元增长到300亿美元，或者像你的公司一样，达到数千亿美元呢？是什么阻碍了它们？

罗伯特：

我将给出3个原因，并将通过对比来说明我们所知道的可以帮助企业扩张的因素。首先是模式，即投资团队、价值创造团队和管理团队的构成模式，以及我们如何在这个结构中协同工作。为什么这很重要？因为我不喜欢任何单点故障，我是一名工程师，对吧？

其次，许多公司都是基于某个人或"天才投资者"的个性而建立的。你看看那些天才投资者，他们的亏损率相当高，但他们取得了一些较大的收益。对我来说，投资不是我在一些事情上赚了一大笔钱，在另一些事情上亏了一些钱，然后我把它们放在一起，平均下来收益还不错。我看的是亏损率。这就是我所考虑的。那么，为什么有些人无法实现规模扩张呢？因为他们最终陷入了道德风险问题，他们的收益出现了两极分化，有时候很好，有时候很差。其中一些公司或组织，将某个特定的人作为核心。他们的组织过于以一个人为中心，而不是以一个系统为中心。

最后是组织文化。我们的副总裁及以上级别的员工留存率高达95%。我们只有两位董事总经理或以上级别的人不是从分析师或助理做起的。通过这种方式，你可以建立企业文化。顺便说一句，我们是一家性别平等的公司，且近40%的员工是有色人种。这样做的好处是，你可以培养、训练、教导、指导员工，并助力其发展，确保他们在组织结构中可以展现自己独特而真实的一面。这将使他们能够取得成功。我不知道其他人在做什么，但这就是我们所做的。

克里斯托弗：

这很独特，你们应该为之感到自豪。尽管没有人是完美的，但应该努力寻找那些尽可能接近完美的人。他们是有优势的。

罗伯特：

这种优势的一部分就是评估。他们是不是只有一个厉害的骨干员工，然后公司的成败全系于这一人之身？或者他们是不是正在建立团队、建立后备队伍，并给他们提供经验和成长的空间？我一直告诉我的团队：有两种管理方式，两种助力员工成长的方式。你可以为员工构建成长的环境，也可以为他们创造需要填补的空白。作为管理者，你必须确定一个人需要什么。有时候，员工需要一个能够去学习的框架，你要为他们构建。或者员工需要用自己最好的工作状态和所学来填补业务中的空白。要做到这一点需要耗费大量管理精力。但如果你没有有意识地去做这些事，你的组织就无法在没有领导的情况下做出决策，也无法成长。

克里斯托弗：

我想这正是我看到得最多的情况。我们现在在 60 多家不同的公司中持有 GP 股权。我们已经了解到，它们都很擅长自己所做的事情，否则我们也不会投资。但是，当我们审视其中的差异时，我发现更多的是人才驱动的公司与管理层主导的公司之间的差异。这两者都不是完全正确或错误的模式，对吗？但是，可扩展性来自拥有这样的管理层，它能够使人才成为人才，使管理层成为管理层，并允许每个人，正如你所说的，成为最好的自己。

罗伯特：

说得太好了。完全正确。

托尼：

为了把这个想法阐述完整，我想知道，当你在看待这种管理能力时（如果它是有效的，那实际上就是领导力，对吧），你认为最重要的品质是什么？在你看来，一个人要想在你的机构成为一名真正的领导者，能够取得成果且能持续晋升到更高的职位，最重要的品质有哪些？

罗伯特：

这个问题问得很好。维斯塔的大多数投资者都是作为分析师和助理进来的，而我所看重的一点是，他们是否有好奇心，是否有开放的心态去学习。你知道的，托尼。我们处在变革的行业。我们必须找到思维敏捷、思想开放的人，他们实际上拥有你从他们的过去就能看到的求知欲，他们真的会追根究底。他们会设法把事情彻底弄清楚，然后说：这就是事情之所以这样的底层逻辑。我想你可以说，我看重的是我职业生涯开始时在贝尔实验室所学到的、我父母教给我的东西——弄清楚事物的乐趣。

第 11 章

拉姆齐·穆萨拉姆：
争取世界上最大的买家——政府

维里塔斯资本首席执行官

荣誉：《福布斯》全球富豪榜第 280 位。

管理资产总额（截至 2023 年 8 月）：450 亿美元。

关注领域：维里塔斯资本（Veritas Capital）专注于收购受严格监管行业（如医疗保健、国家安全和教育）的公司。

成就：

- 截至 2023 年 6 月，维里塔斯所投资的公司的年收入超过 250 亿美元。
- 截至 2023 年 6 月，维里塔斯所投资的公司共雇用了超过 12 万名员工。
- 2023 年 6 月，维里塔斯荣获 Preqin 颁发的 2023 年北美最佳并购基金管理人奖。
- 2022 年，维里塔斯连续 10 年跻身 Preqin 表现最稳定的顶级基金管理人之列。
- 2023 年 2 月，根据巴黎高等商学院和道琼斯的数据，维里塔斯在"2009 年至 2018 年间募集的所有并购基金的综合业绩"方面排名全球第二。
- 2023 年 8 月，被《财富》杂志评为 21 位私募股权领军人物之一。

托尼：

拉姆齐，我知道你不常接受采访，所以我们真的很荣幸能请到你。你有着令人难以置信的业绩记录，许多人都知道这一点。但我想大多数人并不了解你经历过的故事。你在这一行已经 26 年了。据我所知，你是在 1997 年加入维里塔斯的。5 年后，你失去了你的朋友兼合作伙伴，公司岌岌可危。但没有一个投资者离开公司。你带领维里塔斯从 20 亿美元增长到了 450 亿美元，创造了非凡的

第 11 章　拉姆齐·穆萨拉姆：争取世界上最大的买家——政府

回报。如果你不介意，我真的很想听你分享一些你的成长故事。

拉姆齐：

好的，我会概述一下，要是有任何问题，你可以随时打断我。关于这一切是如何开始的，要追溯到我还在商学院的时候，那时我得到了一个绝佳的机会。当时，杰伊·普利兹克是普利兹克家族的掌门人。与如今分为 15 个不同的"领地"不同，当时家族企业完全由他掌控。我费尽心思与他的助理搞好关系，终于与他取得了联系。经过短暂的交谈，他说："你看，我这儿有一个机会，想让你看一下。这可能是我感兴趣的事。你去见见管理团队，然后回来告诉我你的想法。"

长话短说，我回来后，与他和他的两个得力助手坐在一起，就潜在的投资机会提出了我的看法。他当场就雇用了我。我的心态一直是创业者的心态。我的父亲来到这个国家并创办了一家企业。我的兄弟现在已经是第三次创业了。可以说，我也拥有这种作为老板的创业者心态。

但我提到这些的原因是在为杰伊工作期间，我被介绍给了鲍勃·麦基翁，也就是你之前提到的那位已经过世的先生。当时，他正与一群前高管共同投资，这些高管都是《财富》世界 500 强公司的首席执行官，他们提供了一点儿资金，做一些相对较小的一般性交易。我和他相识后，决定共同募集一只基金。那时我决定回到纽约。我在研究生院读书期间为杰伊工作了令人惊叹的 18 个月，之后，我离开了杰伊。这段时间确实在我的职业生涯中意义非凡，改变了我。

鲍勃和我一同募集基金，那是一只规模不大的通用基金，资金总额为1.75亿美元，并且没有明显的投资重点。我们花了整整18个月的时间才募集完毕。值得一提的是，鲍勃在基金正式成立前就已经完成了3笔投资，这些投资后来都被纳入了基金的投资组合，包括一家钢铁制造商、一家汽车零部件制造商和一家船舶修理企业。不过，这些投资与我们现在所从事的业务并没有太大的关联。我总是认为，有时候幸运比能力更重要，而我恰好是那个幸运儿。公司也及时抓住了下一个机遇，实现了快速发展。

一个朋友向我们介绍了位于亚拉巴马州亨茨维尔的一个机会。这是一家国防技术企业，曾是克莱斯勒的一部分。我们此前从未在那个领域投资过。我去了那里，开始了解这个机会以及它所处的生态系统。长话短说，这成了我们在今天所说的技术与政府的交叉点（在那时属于国防领域）的第一笔投资的基石。那家公司是综合性国防技术公司。我们创建了它，重新定位了它，使它不断发展，成功上市，然后卖掉了它。这就是我们如今专注的方向的起源——投资于受政府影响的市场中的技术和技术驱动型企业。对我们来说，最活跃的3个领域是国家安全/国防、医疗保健和教育。在早期，我明显感觉到，作为一家投资公司，我们毫无方向，什么都做，很难生存下来。我们需要集中精力。我们曾是投资者，但在市场上没有任何专业知识或战略地位。因此，在1998年10月，我们收购了那家公司并完成了交易。从那时起，我们就一直专注于这个包罗万象的技术市场。

20世纪80年代末，凯雷投资集团（Carlyle Group）在弗兰克·卡卢奇的带领下进入国防领域。但是到了90年代末，它已经发展成为一家非常大、非常成功、非常全面的投资公司。所以，我们（曾经是并且我们觉得自己仍然）是唯一一家拥有这种独特关注点的公

第 11 章 拉姆齐·穆萨拉姆：争取世界上最大的买家——政府

司。这真的是我们今天所取得的成绩的起点，我们为此感到非常自豪。我们现在正在投资第八期基金（Fund VIII），而且关键在于，业绩波动几乎不存在。在过去的 25 年里，我们的亏损率不到 0.5%。

托尼：

如果我没做错功课，在过去的 10~12 年里，你们只有一笔交易亏了钱。

拉姆齐：

我们从这笔交易中学到的比从其他任何一笔交易中学到的都要多。我们了解了很多我们本可以做得更好的事情。从总体回报的角度来看，我们不想让我们的投资者在晚上还因为担心回报和其中的波动而难以入眠。

回到你所强调的事情上。我和鲍勃曾是我们的基金的关键人物。他去世了。这让我非常悲痛。显然，我和他走得很近。但从专业的角度来看，我们的 LP 从一开始就清楚交易是如何完成的，以及我们为所投资的公司增值所做的一切。所以，当我们经历这场变故时，我们所有的 LP 都决定继续和我们合作。这是前所未有的，但从我的角度来看，这是预料之中的。我当时就是这么想的。

托尼：

那太不可思议了。你亲自出去和他们谈过吗？

拉姆齐：

我和我的合伙人都这样做了。我们去见了每个人。而且我们是在一个非常困难的情况下做到这一点的。实际上，我在鲍勃去世后的第二天就召开了第一次会议。很不幸，他是自杀离世的，所以一切非常突然，也很艰难。但我觉得，我不仅对我们公司，而且对我们所投资的公司、员工和投资者都负有责任，要确保我们能够长期优化他们的回报。所以，我和公司的另外两位合伙人立刻开始与所有人会面。

托尼：

有几个人说，你们的一些LP印象最深刻的是，在这件事中，你个人显然也受到了极大的冲击，你却不知怎么地找到了重心，保持了专注。这让他们相信，无论将来在财务上遇到什么困难，你都能够应对。这确实体现出了你的性格。

拉姆齐：

嗯，谢谢。我觉得在我们生活的这个世界里，学会分清事情的轻重缓急、进行自我调适非常重要。这关乎更大的利益。我觉得我对每个人都负有责任，要确保我们能够继续做我们正在做的事情，并以最佳的水平去做。要实现更大的利益，得有一套明确的行事方法。

从日常工作的角度来看，公司内部的人并没有看到什么不同，因为我一直在有效地管理业务。所以，他们并没有注意到有什么不同。但显然，实际情况发生了很大的变化。从LP的角度来看，正如我所说，鲍勃是关键人物之一。所以，这确实很有挑战性。幸运的是，我们有一个了不起的团队。文化就是一切。在当下，能够让你与众不同的，不是你生产的产品，而是人，是你如何定义自身、

第11章 拉姆齐·穆萨拉姆：争取世界上最大的买家——政府

如何在发展过程中保持这种文化。我们做到了人岗匹配，发展出了开放和协作的文化。从我的角度来看，这是独一无二的。这就是我最引以为傲的——这种文化是永恒的。

在过去的10年里，我们的资金规模已经从20亿美元增长到450亿美元，但我们的企业文化却始终如一。这让我感到非常自豪。它与我们一直秉持的企业家精神紧密相连。其他一些合伙人也拥有类似的背景，非常有企业家精神，这在私募股权领域并不常见。我们真正做到了在涉足的市场中具备战略眼光。我们比与我们合作的管理团队更了解我们所专注的市场，无论是医疗技术、教育技术，还是国家安全和国防技术。我们已经深耕这些市场超过25年。我相信，我们比任何人都更了解价值的杠杆。我们会继续在此基础上打造IP（知识产权）。这就是我们的成就。我们创造IP，并不断将其发扬光大，到现在已经超过25年了。

提到政府和技术，政府正处于我们所面临的所有复杂情况的最前沿，无论是技术驱动还是其他方面的复杂情况。因此，如果能够紧跟政府的视线，了解我们正面临哪些问题，有哪些复杂情况和挑战，以及技术和以技术为导向的企业如何帮助我们应对这些挑战，那将大有裨益。我们始终坚持这一做法，站在时代前沿。坦率地说，我们被视为国家资产的守护者，无论是在医疗、教育还是国家安全方面。我拥有个人所能获得的最高级别的安全许可。要获得该许可，需要经历一个烦琐的过程，要在情报机构的地下掩体里接受测谎仪的测试，并且你的活动会定期受到审查。但这是在市场中具备战略眼光并能够用这一视角为我们所投资的公司最关心的对象（即我们的客户）增值的一个举措。这是我们一贯的要旨。它从未改变或动摇过。在你在私募股权领域的成长阶段，这一点也是非常重要的。我们的第一只基金规模是 1.75 亿美元。我们的第二只基金规模只有 1.5 亿美元。我们最近的一只基金规模是 110 亿美元。现在我们管理的资产有 450 亿美元。

托尼：

这真的很了不起。你确实已经与世界上最大的科技买家结盟了，正如你所说，你站在了世界经济的前沿。真厉害。我很惊讶没有其他人能做到这些，但你在这个阶段已经拥有了你的独特优势。

拉姆齐：

如果你看看我们的投资组合，你会发现 60%~65% 的销售额来自政府机构，33%~40% 的收入来自商业实体。在我们第一次投资时，我发现了一个非常重要的因素，那就是政府是科技领域最大的投资者，相较于风投领域或其他领域，政府的投资规模要大好几倍。我所学到并欣赏的一点，也是我们现在真正关注的一点，是政府会通过所谓的客户资助的研发项目来投资这些公司。然而，这些公司将保留 IP，并有能力利用这些 IP 去开拓机会，不仅在它们所参与的核心市场寻找机遇，而且在它们在商业和政府市场中所瞄准的附属领域和邻近市场中搜求良机。

因此，苹果手机上的很多功能（如 Siri 语音助手）都是通过与政府的合作开发的。为谷歌提供支持的算法、特斯拉的技术、自动驾驶技术，都是由政府开发的。这不仅体现在资金方面，每年这方面的资金投入有数千亿美元，也体现在与政府人员合作推动和开发这些技术等方面。我们很早就察觉了这一点，并利用这一点赋予我们所投资的公司强大的优势，从而为我们的客户谋福利。

第 11 章　拉姆齐·穆萨拉姆：争取世界上最大的买家——政府

托尼：

你之前提到文化就是一切。我们采访过的每一位业界翘楚，包括你在内，回答都如出一辙。如果你不介意分享，我很想了解你的成长经历，以及它是如何影响你发展人际关系的方式和你在维里塔斯所建立的公司文化的。

拉姆齐：

这对我个人乃至对公司而言都极为重要。我出生在约旦，拥有中东血统，有巴勒斯坦和黎巴嫩背景。我的父亲是家族中第一个移民到美国上大学的人，他完全依靠自己，在这里举目无亲。他从意大利乘船来到美国。在美国的第一个晚上，他住在基督教青年会，去洗了个澡，结果他所有的东西都被偷了。那时候还没有手机，所以，他在这里一个人也联系不上。但他仍然想方设法进入密苏里大学，最终获得了土木工程学位。从那以后，他做过各种各样的工作，包括曾在美国交通部和陆军工程兵团就职。

我在约旦出生的时候，他在世界各地工作。后来，我们先搬到了沙特阿拉伯的吉达，然后又去了坦桑尼亚的姆贝亚，因为我们身处乡村地区，所以我在那里接受了家庭教育。之后，我们回到了沙特阿拉伯的利雅得，我在那里上小学。我认为从几个方面来看这都非常重要。在这么小的年纪就沉浸在不同的文化中，这让我大开眼界。我在姆贝亚的乡村生活过，然后又搬去了利雅得，那时的利雅得与现在截然不同。这让我看到了别人的生活方式，并让我对全球面临的各种问题更有同理心。在那之后，我的父亲决定创业，他认为没有比美国更适合创业的地方了。于是，我们来到了美国。这让我直观地看到了一个人身上的创业精神，他说："看，我学到了很多。我已经掌握了一些技能，现在我要冒险去做一件我们所有人都梦想着要做的事，那就是创办自己的公司。"显然，为了做这件事他赌上了自己的一切。

这对我思考问题的方式和为人处世的风格产生了非常重要的影响。正如我之前提到的，我们的企业文化极具创业精神。所以，当我和我们的团队交谈时，我会说："你们每个人都是公司的主人。"你可以利用我们所有的资源、所有的知识、所有的知识产权，你有责任这样思考。要积极主动，勇于冒险。只要你仔细考虑过这些风险的各项要素，并能为公司创造机会，我完全支持冒险。

因此，我们吸引的是那些以创业思维看待问题的人。这种文化至关重要。显然，就激励机制和战略目标而言，我们在工作方式上是一致的。但重要的是，为了实现把公司做大的终极目标，我们在思考和协作方式上也是一致的。我认为这来自我早年的经历（我能够敏锐地洞察事物的早期趋势），以及我在非洲和中东的不同环境中建立业务的经历。

托尼：

你从你父亲身上或成长经历中学到了哪些应对失望或失败的经验？

拉姆齐：

我们有一批即将结束暑期实习的实习生。我告诉他们，最重要的是从失败中学习，因为如果没有经历过失败，你就不会成功。我坚信这一点。如果你没有经历过艰难困苦，你就不会明白成功意味着什么。你该如何做到这一点呢？你要从错误中学习。我们在成功的投资之后坐下来，讨论我们如何能把事情做得更好。我们哪里疏忽了？我们遗漏了什么？因为即使我们为投资者带来了成功的投资成果，我们原本也可以做得更好。

有些事情我们会疏忽。我一直在考虑优化IP，因此，我们已经整理了相关内容。重要的是，我们要将其制度化，以便将来加入维里塔斯的人了解我们的错误以及我们本可以怎样把事情做得更好。

这里有一些非常独特的东西，稍微偏离了主题，但对我们展现自己独特性这一点来说很重要。这对我们基金的投资者来说可能听起来不太正统，但首先，我优先关注的不是我们业务的财务结果，而是这些业务的战略转型情况。因此，在我们进行每项投资后的头两年中，我们都会思考这些核心技术，以及我们可以在哪些方面投资以进行额外的研发、额外的销售和市场营销，这样不仅能凭借这种能力进一步深入我们所在的核心市场，还能将它们转移到邻近领域，以提升它们在我们收购这些业务时它们尚未涉足的新市场中的影响力。我们如何使它们在生态系统中更具战略性？如何提升它们在食物链中的地位？我们会在头两年中对这种成功进行评估。

因此，当你查看我们进行的一些投资时，你会发现，很多时候，支出都在飙升。我们会针对管理团队、高管进行很多调整，引进新的人才，试图拓宽视野。因此，这方面在某些情况下会出现很大的波动。但是，你会看到这些公司在其生态系统中变得非常具有颠覆性。它们变得非常敏捷，这样一来，它们就可以真正利用这些功能、技术，并进入我们自己认定具有战略意义的目标邻近领域。这也是我们能够在25年内获得这样的回报率的一个非常重要的原因。我们近七成的退出案例都是将所投资公司出售给战略投资者，这并非偶然（而是公司精心策划、有效运营的结果）。

我总是说，检验我们的公司是否在这些生态系统中变得更重要的试金石是我们有没有让那些市场上的战略投资者眼前一亮。

克里斯托弗：

这是很常见的一个主题，我和托尼有幸从许多出色的投资者那里听到过类似的观点。它其实是将一套战术应用于特定领域、特定部门，并形成一个可重复的流程。

当你思考如今政府对技术的投资时，你看到的最大的机会是什么？

拉姆齐：

这是一个很好的问题。我们之所以关注我们所关注的领域，是有一定原因的。这对我来说也有一定的个人因素，我们正在为美国乃至全世界的公民带来改变。我想不出比我们自己的教育、我们自己的医疗保健和全球公民的安全防护更重要的3个领域了。这3个领域是我们关注的重点，我们将继续关注它们。这些都是数万亿美元规模的市场。当我们践行承诺，让我们的公司对客户来说变得更加重要时（这也是我们每一项投资的目标），就有可能找到获得超额回报的明确机会。

我给你举个例子。"9·11"恐怖袭击事件发生后不久，许多人都经历了亲友的离世。我一个大学时的好朋友，就在从波士顿飞往洛杉矶的第一架撞上世界贸易中心的飞机上。"9·11"事件改变了我们所有人的生活。当时，我们已经投资了我前面提到的那家国防技术企业，但我们也在研究很多不同的领域。说实话，这件事真的给我留下了深刻的印象，我个人也非常想要了解私营部门如何能够支持相关举措，助力保护全球人民的安全。

因此，我开始与情报机构中的许多人会面，包括高级别的人员。在与其中一些人会面后（其中一位是中央情报局和国家安全局的负责人，也是美国历史上唯一一个同时管理这两个机构的人），事情变得明朗起来。很明显，全球安全的最大弱点之一就是他们当时所称的 DPIA，即数据保护/信息保障。这种弱点在本质上具有战略性。早在 2001 年和 2002 年，我们在政府层面所从事的工作就存在一些敏感之处。但这些弱点也延伸到了私营部门和商业市场。因此，作为一名投资者，这促使我们早在任何人从私募股权的角度开始考虑网络安全问题之前，就开始思考这方面的机会。

这个市场本身意义重大，规模非常庞大。如今，时下热门的话题是 AI、ChatGPT 等。政府一直在 AI 领域的前沿。

我们从 2010 年开始投资 AI 企业。例如，我们当时的一家公司能够实时获取艾字节级别的非结构化数据和卫星图像，并向包括美国总统在内的高级别内阁成员提供分析结果，他们会根据这些分析做出重大决策。

当我们思考我们的 3 个核心领域时，我不想偏离主题。私募股权领域的一些公司所做的事情就偏离了自己最擅长的领域。当想要增长时，它们就会进入新的领域。如果你问我如何建立零售业务、消费品业务或运输公司，我毫无头绪。我的意思是，这就像对着墙壁扔飞镖一样。但是，如果你让我们在我强调的生态系统中开展业务，我们就会对什么重要、该往哪里投资以及参与哪些市场有很好的认识。因此，当展望未来时，我想不出比医疗保健、科技、教育技术，以及全球安全技术更重要的领域了。

克里斯托弗：

这很有意思，因为从技术的角度来看，显然在过去的24~36个月里，世界已经发生了如此大的变化。由于过去几年科技领域以及整个市场都存在波动性，有哪些情况的发生在你预料之中，哪些情况是你没预料到会发生的呢？

拉姆齐：

我认为波动性会带来机会，但我也认为，坦率地说，它也有助于区分出佼佼者和其他普通参与者。从这一点来看，具有挑战性的环境很重要。我们有义务为我们的投资者提供最好的回报，无论他们是养老金领取者、家族办公室，还是保险公司。这就是我们的"圣杯"，对我们来说是至关重要的。

我们经历过全球战争、经济大衰退、政府停摆、自动减支、延续性拨款决议等情况，白宫内部也出现过诸多混乱局面，无论你想怎么形容。而我们现在在更广泛的经济中所经历的，是每个人都应该根据环境（至少是我们在利率波动出现之前所经历的宏观经济环境）预料到的。因此，我再次预计，表现最好的、有明确存在理由的那些主体和其他主体之间的差距会越来越大。我想这就是大家将要看到的情况。

人们会更加关注表现优秀的主体。由于一些管理人的策略独具特色，并且能在很长一段时间内运用该策略，所以市场对那些表现优秀的管理人也有很大需求。

第11章 拉姆齐·穆萨拉姆：争取世界上最大的买家——政府

克里斯托弗：

因为你的策略非常独特，我很好奇投资者们在看待与政府有关的技术时会在哪些方面产生误解。我猜在你向他们解释之前，许多人其实根本不了解情况。

拉姆齐：

是的，我们有伤疤为证。这并不容易。这是一个非常独特的市场。但是这不是一个单一的实体。有1 000多个不同的政府机构。不过政府采购产品、货物和服务的方式与商业市场截然不同。不幸的是，虽然我非常尊重许多非常成功的私募股权公司，但有些公司试图进入这些市场，然后又退出了。除非你全身心投入，已经构建起了相关的专业IP，否则很难做好，特别是在这样的领域。IP至关重要，因为它不仅有助于你理解业务是什么，还能帮助你知道如何发展向政府机构销售的业务。你如何以两位数的速度实现有机增长？那么，你必须确保能听到客户的声音，了解如何向他们销售，并确保你能满足他们的每一个目标。而且，坦率地说，要与他们合作，考虑在未来5~10年事情将发展到什么地步，这样你才可以满足人们未来的需求。

托尼：

你提到了你的投资"圣杯"。本书的英文书名也和"圣杯"有关。这源于近10年前我与瑞·达利欧的会面。我采访了沃伦·巴菲特、瑞·达利欧等核心人物，还有很多宏观投资者。我和达利欧成了好朋友。我早期问他的问题之一是："如果你必须列出你投资中最重要的一条原则，你觉得那会是什么？"他说，投资的"圣杯"就是拥有8~12种不相关的投资。很明显，你看待事物的方式有所不同。对你和维里塔斯来说，投资的"圣杯"是什么？

拉姆齐：

我要说的是，尤其是在我们生活的这个世界中，数据从各个方向向我们涌来。我们每年查看1 000多个投资机会。而我们采用的是一种集中的投资方法。我们要决定哪些可以继续推进，而我们将采取什么行动来改变和重新定位这些公司。

这不是由公司的吸引力驱动的，也不是由价值驱动的。这取决于我们的策略是否适用于我们面前看到的机会。我们放弃了很多伟大的公司，我们放弃了那些估值合理的伟大公司。但是，如果一家公司不符合我所提到的那种战略层面的深度投入、重新定位和再布局，我们就会放弃它。我们看到了很多数据。但是，你要从你所看到的数据中，选出最重要的3个点，并深入地理解它们，搞清楚你如何将它们应用到战略投资上。这说起来容易做起来难。

这实际上是要能够简洁地辨别出3~4个最重要的点。然后，对这些点进行详述，以便在我们的投资模式下为我们创造价值，从战略上重新定位这些公司，使它们能够在食物链中向上攀升，对它们的客户而言变得更重要，并将其核心业务扩展到新的邻近领域。我们如果能做到这一点，就有很大的机会获得我们一直以来所创造出的那种回报率。

托尼：

大型投资公司显然不仅仅是依靠良好的业绩来成长的。你认为你们成功的主要原因是什么？你们取得了爆炸性的增长。那么，在你的业务中肯定有一个支点，使你们从优秀走向伟大。那个支点是什么？是什么因素导致了这种爆炸性的增长和结果？

拉姆齐：

我想第一个关键节点是 1998 年，当时我们对那家公司进行了首次投资，然后进行了整合，并决定我们需要集中精力。我们还具备连贯性。这里有些人从一开始就和我们在一起，这种连贯性非常重要。可以说，我们有能力规划我们自己的道路，去追求我们以前没办法或不会去追求的东西，这就打开了机遇之门。

就像我之前说的，最重要的一点是，我坚信，在你的一生中，你会有很多机会，你必须做好准备，要热切、急切、积极主动地抓住并利用这些机会。我认为，从市场的角度来看，这是一个明确的机会，很多人都对此感到惊讶。但我想告诉他们的是，请继续关注，因为后面还有更多机会出现。但这并不仅仅是资产管理规模（AUM）的增长。

我并不看重那个。的确，我们的资产管理规模已经从 20 亿美元增长到 450 亿美元。我们的回报率违背了私募股权的"规律"，随着基金规模的扩大，我们的回报率还在攀升。比如 2018 年推出的 6 号基金，根据 Preqin 的数据，它是表现最好的基金。我知道这听起来很简单，但当你有战略眼光时，你就能基于那些 IP 不断发展壮大。我们比去年更聪明了。我们应该变得更好。这是我们共同秉持的心态。

这是我们的期望。这也是我们文化的一部分。当和这里的人交谈时，我会谈论即将开始募集的下一只基金，它应该成为我们表现最好的基金。这就是我们的期望。

克里斯托弗：

很显然，你是在非常困难的情况下接任的。在你接任之前，你希望有人能告诉你哪些事情？

拉姆齐：

我想说的是，我的日常工作并没有什么不同。在接手前后，我和团队都一直在管理投资。说到底，没有人能预测会发生什么。我秉持的两个理念是：同情和激情。显然，要有同情心，就像我之前提到的那样。但同样，也要有激情。我喜欢创业，无论是我们自己的公司还是投资组合里的公司。你必须有这种激情，因为最终这才是真正的考验。除了这个，其他的都不重要。它们是你成功的副产品，但关键在于你真正喜欢做什么。从日常工作的角度来看，我想不出比我们投资的领域和我们在华盛顿打交道的人更有趣的了。我认为至少没有什么特别负面的、让我感到意外的事。

克里斯托弗：

回首过去，在生意上有没有什么事情是你希望当初可以采取不同的做法的？

拉姆齐：

总有些这样的事情。人才是我们的一切。我们以培养人才为荣，因为首先，我们是投资者的受托人。我们需要做到最好，因此我们的员工也需要做到最好。那么，我们能在培养人才和指导人才方面做得更好吗？我们一直在考虑这个问题。在某些情况下，你必须尽快做出比较艰难的决定。

最大的失败之一就是你挽留一个人的时间超出了合理的时长。明明已经该做出决定了，你却出于某种原因没有做出改变，无论是维里塔斯的内部人员还是高管，或其他什么人。你会从中学到东西。你想给人们充分的机会，但当你确切地知道事情没有按照应有的方式进行时，你也应该采取行动。

托尼：

在此基础上，当你考虑投资人才时，你认为将优秀的从业者和表现良好的从业者区分开来的关键特质是什么？

拉姆齐：

我们有自己的分析方法来评估这一点。但我想说，这更像是一门艺术，而不是一门科学。对我来说，一方面是能力，也就是智商，你可以很容易地对这个方面进行评估。但更重要的一方面是情商。我们做的是与人打交道的生意。我们要和企业所有者、投资者、管理团队交谈，还要在公司内部与不同的人合作。对于跨层级进行协调的能力、清晰表达并真正理解与你交谈的人的能力、倾听的能力、评估和判断的能力，你该如何进行评估？

最终，只有在他们进入公司后你才会知道。但我们会寻找有这些特质和相关经验的人，以帮助我们做出决定。因为如果你来到维里塔斯，就不会有人牵着你的手带你前行。你要利用好这个很好的平台。你将与非常成功、令人兴奋的人一起工作。但归根结底，我们寻找的是有创业思维模式的人。最重要的还是要有激情。我的意思是，这是一项艰苦的工作。人们工作时间很长。你必须理解并欣赏这一点。你必须为了正确的理由而参与其中。正确的理由就是你想要有所作为。

托尼：

工作能滋养他们的灵魂，因为正如你所说，它有更深的意义，而不仅仅是表面意义。

拉姆齐：

确实如此。

托尼：

你在那方面以身作则。

拉姆齐：

我会努力。

托尼：

我们非常钦佩你在这里所建立的一切，而且你也是一个令人愉快的人。你的父亲——我知道他已经去世了——一定非常骄傲。

拉姆齐：

他在守护着我。

第12章

维诺德·科斯拉：
伟大的颠覆者

科斯拉风险投资公司创始人

荣誉：将400万美元投资于瞻博网络，获利70亿美元；Open AI的早期投资者；慈善活动"捐赠誓约"的成员。

管理资产总额（截至2023年8月）：150亿美元。

关注领域：医疗保健、可持续发展、金融科技和AI领域的颠覆性技术。

成就：

- 于 1982 年联合创建了太阳微系统公司，该公司开发了 Java 编程语言，后来该公司被甲骨文公司以 74 亿美元的价格收购。
- 谷歌、领英、雀巢、DeepMind、Instacart、DoorDash、Impossible Foods、Affirm 等许多公司的早期投资者。
- 获得了诸多荣誉，包括被《福布斯》评为 2023 年顶级科技投资者之一，被称为"全球最环保的亿万富翁"。

托尼：

维诺德，我不知道你是否还记得，但我们曾经在 TED 大会现场见过一次，那时 TED 还在蒙特雷举办。我和那位副总裁有过一次短暂的互动，那天晚上你和一群来自凯鹏华盈的人邀请我共进晚餐，讨论当天发生的事情。至少可以说，从那以后，我就成了你的粉丝。

维诺德：

对！TED 是一个聚集了很多优秀人才的地方。虽然我不愿意承认，但从 1986 年开始，每一届 TED 的主要大会我都参加了。

托尼：

天哪。你在那段时间一定见识了很多。你太了不起了。我很想

第 12 章　维诺德·科斯拉：伟大的颠覆者

听你分享一下你的成长故事。我们都知道你最初生活在印度，对硅谷发生的一切满怀憧憬，曾被斯坦福大学多次拒绝，然后获得了 30 万美元的种子基金，并在短短几年内将太阳微系统公司打造成一家价值 10 亿美元的公司，还有那些令人惊叹的投资，比如对瞻博网络的 400 万美元投资给凯鹏华盈带来了近 70 亿美元的收益。能不能告诉我们，你是如何从印度起步，成为世界上最受尊敬、最成功的风险投资家之一的？

维诺德：

我在一个非常保守的家庭长大。我父亲 3 岁的时候就成了孤儿。他和其他的家庭一起生活，然后在十五六岁的时候被招进了英国军队。他 16 岁时就在埃及打仗了。所以，他成长过程中发生的最好的事情就是参军。他永远不用担心工作。所以，他想让我 16 岁就加入印度军队，那是他对我的期望。而我正好相反，我想冒险。

托尼：

你是生来就如此，还是有什么事情促使你这样？是什么造成了这种反差呢？

维诺德：

我确实生来就如此。我爸爸认为学工程和上大学不是个好主意。我更关注的是，我看到了什么问题，是否有创造性的方法来解决它们？顺便说一句，我以前在商业领域一个人也不认识。我们一直都住在军区，那里相当于军事基地，被称作"管制区"，只有军人居住。所以，我以前从来不认识任何商界人士或科技界人士，也从来没有遇到过这类人，但我很好奇。当我读到安迪·格鲁夫创立英特尔的故事时，我就想，创立自己的公司，做一些技术上具有挑战性的事情，那可太酷了。这就是为什么在获得生物医学工程硕士学位后，我决定来到硅谷。尽管斯坦福大学两次拒绝了我，但我还是去努力争取了。我一直跟斯坦福的招生人员说，他们犯了个错误。

托尼：

多次尝试必定会成功，太棒了。

维诺德：

嗯，真实的故事是，我一直在寻找创造性的解决方案。他们第一次拒绝了我，我很不高兴。所以，我和他们争论，他们说，你必须至少有两年的工作经验，这意味着你要先离开。所以，我在接下来的一年同时做了两份全职工作。我在一年内就有了两年的工作经验，于是我又申请了。他们再次拒绝了我，我又和他们争论。我说我有两年的经验。为了不让我再纠缠他们，他们把我从被拒名单移到了候补名单中。然后我继续不停地烦他们。直到商学院开学前三四天，他们才录取我，因为有人退学了。

话说回来，我和招生办公室里的每个人都相处得很好——除了招生主任，他简直恨透我了。开学前三四天，办公室里的一个女工作人员打电话给我，说有人退学了。我打电话给招生主任说："嘿，你有一个空额。我可以去。"那时我已经在卡内基·梅隆大学商学院就读3周了。这位招生办的女士让我住在她的客厅里，因为我无处可去。我仅仅在24小时前才离开匹兹堡，因为我觉得没理由不这么做。

第12章 维诺德·科斯拉：伟大的颠覆者

克里斯托弗：

坚持不懈是件了不起的事情。

托尼：

我们采访过的每一个人都在一路走来的历程中有一些近乎疯狂的坚持，这也是他们能够走到今天这一步的原因之一。那么你又是如何创立太阳微系统公司的呢？再给我们讲讲凯鹏华盈以及你和它的故事吧。

维诺德：

我在商学院的时候就已经决定要创业了。当时我要结婚了，却没有工作，所以我想到了创业。后来我遇到了一个人，他认识一个想创业的人，我和那个人交流了一番。我说："你可以继续在英特尔工作，我会成为我们公司的第一个全职员工，我愿意承担风险。"

干了两年后，我意识到我们正在为电气工程师打造的这个CAD（计算机辅助设计）工具需要一个平台公司。我立刻就想到，太阳微系统就是我们需要创办的那个平台公司。就这样，作为一家搭建黛西（Daisy）应用程序的平台公司，太阳微系统公司成立了。我就这样开启了自己的事业。而凯鹏华盈就是我的投资方。

托尼：

它给了你30万美元，是真的吗？而你在5年内就将太阳微系统变成了价值10亿美元的公司？

维诺德：

最初的 30 万美元来自一位曾和我一起为我的第一家公司黛西系统（Daisy Systems）筹集资金的人。当我离开黛西系统公司创立太阳微系统公司时，他直接给我开了 30 万美元的支票，因为在黛西系统的时候，我一直尽力支持他。虽然他曾被黛西系统的某位创始人欺骗过，但我们一直保持着良好的关系。在那之后，凯鹏华盈对太阳微系统公司进行了投资，约翰·杜尔加入了我的董事会。这就是我最后在凯鹏华盈工作的原因。

托尼：

你在那里取得了令人难以置信的成功。给我们讲讲你为什么选择创办科斯拉风险投资公司，以及这在现阶段对你意味着什么吧。

维诺德：

我喜欢小团队，而凯鹏华盈对我来说太大了。40 年来，我从没称自己为风险投资人。我总是说，我是风险投资助手。帮助创业者实现梦想是我喜欢做的事情。我的大多数同行都已经退休了，因为他们只是做了一份工作然后就退休了。但我是在做一件我热爱的事情。所以，除非我的健康状况不允许我继续工作下去，否则我是不会考虑退休的。

托尼：

这太美好了。谁是帮助你取得成功的最重要的人？

第 12 章 维诺德·科斯拉：伟大的颠覆者

维诺德：

我想说我从没有过真正的导师。如果说我受到谁的影响最大，那我想说这个人是约翰·杜尔，因为我和他争论得最多。我们一起工作了 20 年。我们曾一起在太阳微系统公司工作，然后在凯鹏华盈又一起工作了近 20 年。大多数人会说我们从来都意见不合。所以人们总是认为我们不会再继续合作，因为我们总是在所有事情上争论不休。但我从他那里学到了至关重要的一点。那就是，我们总是会争论什么才是真正重要的问题，在一次次激烈的争论之后，我们建立了深厚的相互尊重的关系。

托尼：

找到正确的问题（尽管你们可能对它们有不同的看法），以发现真正需要的东西。

维诺德：

我的观点是，如果你对创业者太客气，那对他们是有害的。坦率地说，如果你说了所有好话，但没有说出你担心的事情，创业者会更喜欢你。但他们并没有得到太多帮助，原因在于他们没有因为你的意见而关注自己链条中的薄弱环节。

克里斯托弗：

这很有趣，因为我从很多人那里听说，从 2019 年到 2021 年，情况发生了变化，风险投资领域的人对创业者百般讨好，创业者想听什么他们就说什么。因此，投资者并没有提出足够多的关键问题来让这些企业以更高效的方式运营。

维诺德：

资本效率已经被抛到了九霄云外，因为有很多钱可用，每个人都在说客气话。

克里斯托弗：

按你所说，作为一名风险投资助手，你认为对投资者来说，最大的机会在哪里？

维诺德：

我们关注的是能够产生巨大影响的更深入的技术。我们的观点是，如果你这样做，而不是专注于取得回报，那么回报将是打造大企业过程中的一个良好的附带成果。我想在过去的 15 年里，我们公司都没有进行过内部收益率计算。我们就是不这样做。我们可能是唯一一家从不进行内部收益率计算的投资公司。我们关注的重点是：我们能建立一些实质性的东西吗？如果你能做到这一点，那么一切都会水到渠成。这与优化交易是截然不同的理念。

克里斯托弗：

秉持着这种理念，而且已经经历了如此多的技术的不同周期，你认为今天最大的机会是 AI 吗？

维诺德：

我想我一直相信 AI 是一个改变游戏规则的因素。我只是不知

第12章 维诺德·科斯拉：伟大的颠覆者

道它什么时候会爆发。我们在四五年前投资了OpenAI，因为那是我在2012年就首次提出的观点。我写过一些很出名的博客，还因此受到了批评。但几乎每个人在10年后都同意我的观点。因此，AI无疑是这些机遇之一。但我的观点是，我总是会从相反的角度看问题，事实上，如果你假设自己到了20或25年后，再回头看看21世纪20年代初的情况，你可能会觉得，尽管那时令人难过，但地球却因俄乌冲突和新冠疫情这两件事迎来转机。为什么呢？俄乌冲突开启了一条通往能源独立的道路。德国本来是不可能说自己不会再使用俄罗斯的天然气的，德国人甚至都没有想过这是可行的。而仅仅一年半之后，他们就宣布德国已经不再使用俄罗斯的天然气了。因此，我想说的是，由于俄乌冲突，能源转型将会发生。正因为如此，所有气候技术都变得更加重要，也更有活力。美国通过了《通胀削减法案》，该法案为这些气候转型技术和基础设施技术提供了大量激励。欧洲人不得不与美国竞争，所以他们也有自己的法案，这同样令人印象深刻。所有这些确实为与气候相关的投资开辟了新时代。

然后，新冠疫情带来的影响有两方面。首先，它证明了我们研发疫苗的速度比预想中要快10倍。企业中出现了远程工作这样的新模式。其次，诞生了新的消费者娱乐方式。一系列全新的假设也应运而生。但最重要的是，各国政府、各个公司都开辟了更多元化的保持成本效益的方式。

因此，新冠疫情这条线（我称之为供应链线）、俄乌冲突这条线（我称之为能源线），以及适用于其他所有事物的AI，这3件事极大地改变了未来15年的风险投资的格局。企业应用、互联网应用和生物技术仍会不断取得进步。我们在这些领域投入颇多，而且我们觉得自己在这些领域具有独特的优势，因为我们的技术人才储备非常深厚。

克里斯托弗：

在过去的几年里，在风险投资领域，有哪些事情的发生在你预料之中，又有哪些事情是你没有预料到的？

维诺德：

我想说，我原本以为这些波动会更温和一些。人们对 AI 的狂热有些过头了。不是说它将要产生的影响，而是说它的估值，简直高得离谱。它们根本就不合理。我们几乎研究了所有估值 10 亿美元的项目，它们对我们来说毫无道理可言。你必须要有真正的收入，才能在 10 年后从初始估值为 10 亿美元的项目中获得回报。因此，我想说，我们看到 AI 领域正在经历一种"摇摆"，即新技术和应用的不断涌现，但很少有人能准确预测哪些技术或应用将具有真正的差异化优势。我开玩笑地说，今年 1 月从 Y Combinator（美国著名创业孵化器）启动的那一批公司里，大约 60% 都在做与 AI 相关的业务。其中一半在推出的 3 个月内就因为语言模型应用 ChatGPT 的出现而过时了。TikTok（抖音国际版）用了将近一年的时间才获得一亿用户。那曾是有史以来最快的。而 ChatGPT 只用了 60 天就获得了一亿用户。任何人都想不到，还有什么地方、什么业务的收入能增长得这么快。它发生得如此之快，着实令我惊讶。

托尼：

我们正在创作的这本书实际上是关于寻找"圣杯"的，也就是

第12章 维诺德·科斯拉：伟大的颠覆者

我们所采访过的每一位伟大领导者最重要的投资原则。对你来说，投资的"圣杯"是什么？

维诺德：

我会这样说，对于不同的人或者不同的投资风格，你可能会有不同的"圣杯"。你必须知道你想做什么，你擅长什么，然后坚持下去。对我来说，这是基本原则。做好风险投资有很多方法，而保守一点儿，追求2~3倍的投资回报，可以带来非常不错的内部收益率。我们更关注基本面。所以，当加密货币热潮出现时，我们只是搞不清楚它的实质是什么。我们说，区块链确实很有价值，但投机加密货币并不是一种长期可持续的策略。如果你不想持有阿根廷比索，那么利用区块链很有意义。但我们做的是投资像 Helium 这样的公司，它利用区块链来构建一个真正的通信网络。现在它正在利用区块链构建一个 5G 蜂窝网络。因此，我们始终专注于区块链的实际应用。这不是一朝一夕就能实现的。但我们的重点是：技术在哪里可以发挥重要作用，在哪里可以产生巨大的经济影响？如果得到了答案，我们就会找到合适的团队，然后建立一家公司。如果你能打造一家大公司，你就会获得很好的回报。这与优化内部收益率是截然不同的理念。我宁愿获得稳定的10年期回报，也不愿获得高额的2年期回报。

托尼：

所以，你在寻找长期目标。你追求的不是2倍或3倍的回报，而是通过构建一些具有持久价值、你认为确实会在某种程度上改变世界的东西，来获得10倍、20倍甚至100倍的回报。

维诺德：

你说得对。当拼趣（Pinterest，美国互动媒体与服务公司）上市时，《华尔街日报》发表了一篇关于史上最佳风险投资回报的文章。瞻博网络公司榜上有名，它实现了约 2 500 倍的回报。当时我在凯鹏华盈，对瞻博网络的投资额是 400 万美元左右——具体数字我忘了。我们获得的回报是 70 亿美元。简直是天文数字。但关键在于……我们相信变革一定会发生。这实际上是我一生中取得的最重要的商业成就之一。我们推动了那种变革。虽然收益有 70 亿美元，但变革的意义并不仅仅在于此。我希望全世界都用上 TCP/IP 协议（传输控制协议／互联网协议），但在当时，美国和欧洲的电信运营商都并不打算把 TCP/IP 协议用作公共网络。现在，每个电信运营商都在用 TCP/IP 协议，但在当时却没有人这么计划。你如果在 1996 年查阅高盛的所有报告，会发现它们都只谈到了 ATM（异步传输模式）是互联网的中坚力量。但我相信 TCP/IP 协议。我当时说，我不在乎客户怎么想，我们要做的是正确的事情，而只要事情正确，客户自然会来。后来的情况也正是如此。虽然这听起来有点儿奇怪，但我认为，如果不是我们推动，TCP/IP 协议不会得到普及。

克里斯托弗：

这与亨利·福特的理念是一致的。如果你问他的客户想要什么，他们会说要一匹更快的马，而不是去创造一些他们真正需要的东西。他们只是没有意识到这一点。

第12章 维诺德·科斯拉：伟大的颠覆者

维诺德：

确实如此。看看1996年的新闻，你会发现每个电信运营商的计划都是基于ATM技术的。以思科（Cisco）为例，它是TCP/IP协议领域的主导者，却在1995年收购了网络技术公司斯特拉塔康（StrataCom），因为每个客户都想要ATM技术。它的首席技术官告诉我，他们永远不会将TCP/IP协议用于公共网络。永远不会。我说，好吧，那我们就自己来做。这也是我们获得回报的原因。我们只是创建了我们认为对世界有价值的东西。这非常符合我们的风格。

在我们创建Impossible Foods公司的时候，也发生了同样的事情。我们说植物蛋白可以拯救地球，它的味道也可以比肉更好。但没有人相信我们。所以，我们从长远的角度来考虑，如今，Impossible Foods是唯一一家正在发展壮大的植物蛋白公司。

克里斯托弗：

维诺德，你显然与绝大多数创业投资界的人想法不同。在你要为科斯拉招聘新人时，你最看重他身上的哪些特质？换句话说，哪些特质能让你觉得他与众不同？

维诺德：

无论是对于我们的创业者，还是对于我们雇用的员工，最重要的因素不是他们知道什么，而是他们的学习速度。他们的学习速度有多快，这在面试时是很难判断的。但学习的速度比你知道什么或你有什么经验重要得多。

第 13 章

金秉奏：
亚洲私募股权教父

安博凯直接投资基金创始人兼董事长

荣誉：亚洲私募股权教父和韩国首富。

管理资产总额（截至 2023 年 8 月）：256 亿美元。

关注领域：中国、日本和韩国；金融服务、消费媒体和电信。

第 13 章　金秉奏：亚洲私募股权教父

成就：

- 安博凯直接投资基金（MBK Partners）是东亚最大的私募股权管理机构之一，管理资产达 256 亿美元。
- 因每只主动基金均获得前十分位的回报表现，被《机构投资者》杂志 2019 年评选为"业绩持续领先的并购基金管理人"。
- 2015 年被彭博社评为"全球 50 位最具影响力人物"之一

托尼：

据我所知，你最初想成为一名作家，但不知怎么的，你却成了"亚洲私募股权教父"和韩国首富——在经济困难时期拯救了这个国家的人。这一切都是怎么发生的？你介意和我们分享一下你的成长故事吗？

金秉奏：

我算是个偶然进入投资界的人，但我想你会发现我的很多同行也都是这样的。我在韩国首尔长大，当时以为自己会成为一名作家，或者一名教授。我去了美国读初中。当时不会说一句英语。我父亲有点儿老派。他说："你如果想学英语，就读书吧。"所以我就这么做了。我开始通过读书来学习英语。当我告诉他我需要英语口语方面的帮助时，他的回答当然是："大声朗读吧……"但读书确实是我成长教育的核心。我爱上了读书，尤其是小说，还有历史、哲学、科学方面的书。我后来在一所文科院校哈弗福德学院主修英语。毕业后，我原本打算继续读研，但看到周围那些精明的孩子都在申请进入一个叫"华尔街"的地方。我不知道那是什么，但听起来很酷，所以我也想试试看。高盛集团联席主席之一约翰·怀特黑德是哈弗福德学院的校友，虽然哈弗福德学院不是一个讲究校友关系的地方，但在这个领域里，我们这样的校友实在太少，我想他在我身上下了赌注。

于是，1986年，我开始在高盛做银行家。我疯狂工作了两年，然后又回到哈佛商学院攻读MBA（工商管理硕士）。我发誓再也不回华尔街了，当然，毕业后我还是马上回到了高盛。

托尼：

你是如何从那里回到家乡，参与应对亚洲金融危机的工作的呢？那个转变是怎样的？

金秉奏：

那是我职业生涯的一个转折点。我被高盛派到了中国香港办公室。当时我们的团队很小，却要试图覆盖占世界人口1/3的亚洲市场。我很年轻的时候就受聘为所罗门兄弟（Salomon Brothers，华尔街著名投资银行）亚洲区的首席运营官。然后在1997年，亚洲金融危机爆发了。韩国是受灾最严重的国家之一。我协助牵头进行主权救援，并不是因为我有任何主权债务重组的经验，而只是因为我当时恰好是公司里为数不多的亚洲高级职员之一。西方人可能对1997至1998年的这场危机只有模糊的记忆。但它是灾难性的。亚洲一半的国家都濒临崩溃——泰国、印度尼西亚，而局势最紧迫的就是韩国。我们主导了韩国资产负债表的重组以及主权债券的发行，为韩国注入了急需的 40 亿美元新资金。我猜想，这帮助我打响了名号。之后，我被凯雷集团的大卫·鲁宾斯坦招募，他根本不容我拒绝。因此，就像我一时兴起去了华尔街一样，我决定尝试这种叫作私募股权的东西。1999 年，我加入凯雷集团担任亚洲区总裁，常驻香港。在那里，我度过了非常有建设性且收获颇丰的 6 年半时光，然后才决定自己单干。

托尼：

是什么让你最终决定在那个阶段自己单干的？

金秉奏：

我一直有一个愿景，就是创建一个由亚洲人拥有和经营的亚洲私募股权投资集团。有些人称这是异想天开。我的观点是，当时亚洲私募股权领域的所有参与者都是全球性的私募股权公司，它们在亚洲设立了一个分部，并开展"泛亚洲"业务。但我要告诉你，泛亚洲是一个错误的概念。这是某些西方制图师对亚洲的想象。亚洲太大，其市场也太分散，不能将其视为一个单一的市场来对待，也不能试图实现规模化发展。因此，我们的理念、我们的战略洞察就是专注于一个次区域。对我们来说，就是中国、日本、韩国，这 3 个国家构成了世界上最大的经济集团之一。就 GDP（国内生产总值）而言，这 3 个国家分别排名第二、第四和第十四。这个组合的规模比欧盟大，也比美国大。重要的是，我们认为这 3 个国家是可以规模化发展的，因为它们在几千年的历史中有着共同的文化、习俗（尽管也存在冲突），如今仍保持着经济贸易往来，仍遵循一定的商业惯例。

克里斯托弗：

由于你所在公司的位置，你显然有着不同的视角。那么，你认为现在的投资者们忽略了什么？东亚的投资者们面临的最大机遇又是什么？

金秉奏：

我不认为投资者们"忽略"了亚洲。他们明白中国是块大蛋糕。他们也知道印度是一个巨大的机遇。这两个国家的人口加起来有30亿。但我认为，许多西方投资者在投资亚洲时容易陷入的陷阱是以西方为中心的视角。的确，亚洲正在"美国化"，推动亚洲市场发展的许多资金，包括另类投资，都是在美国发展起来的。但美国的方式并不是唯一的方式；美国的金融模式并不像弗朗西斯·福山在谈及美国自由民主和自由市场资本主义体系时所说的那样是"历史的终结"。这种思维方式是错误的，是不道德的，也是危险的。

你必须接受亚洲是不同的。亚洲也不是铁板一块。你需要区别对待每一个市场，至少在这个广阔地区的各个次区域是这样。美国资本是聪明的，是敏锐的，但也是内向的，认为事情应该按照美国的方式来做，认为美国的金融模式可以很好地移植过来。美国和欧洲之间有很多文化共通之处。但亚洲不是另一个欧洲。

托尼：

美国人可能忽略的最为显著的差异有哪些？

第13章 金秉奏：亚洲私募股权教父

金秉奏：

首先是大的方面——基础设施、监管环境、政策制定的必要性。政府在东亚扮演着重要的角色，你必须接受这一点。我在哈佛商学院和高盛接受过培训，所以我信奉自由放任，也就是尽可能少地对自由市场监管。对受过这种教育和培训的人来说，亚洲都会带来一种文化冲击。亚洲有很强的、活跃的（有些人会说是干涉性的）财政部或工业贸易部。你可以把这些部门的作用与儒家传统中的士大夫联系起来，他们承担了社会向导和卫士的角色。这些部门也认为自己扮演着同样的角色。我曾听某国一位政策制定者、政府官员称自己是亚当·斯密谈到的自由市场中那只看不见的手。是的，我的看法略有不同。但这就是他们所扮演的角色。如果你想在亚洲做生意，你必须与他们合作。

所以，差异从这些事情开始，还会涉及企业集团的结构。韩国和日本有这样的大型企业集团。在韩国，家族式企业集团控制了韩国80%的产业。因此，你必须学会与这些现已传承到第三代的家族式企业集团打交道。

我提到了一些小事。亚洲的商业习俗是不同的。当我参加高盛面试时，我得到的提示是坚定地与面试官握手，向他们微笑，直视他们的眼睛——这些在亚洲常被认为是不礼貌的。你要谦虚，在与你交往的人保持一定距离的同时展现你的性格。我知道这也许是一个很难传授的经验，但是你首先要明白：亚洲的事情就是不一样。如果你能保持开放的心态，那么你在与亚洲人打交道时就能更顺利。

托尼：

你与你成长过程中的领导者关系密切，并且了解东西方，那么你认为现在亚洲投资者最大的机会是什么？安博凯的重点又是什么？

金秉奏：

这两个问题的答案是一致的。因为我们践行了我们的信念，我们认为亚洲最大的机会在于另类资产。我们认为它在东亚，原因在于我之前谈到的规模，也在于人口结构。人口结构决定着未来的发展命运。如果你看看我们的市场，特别是日本和韩国，它们是当今亚洲最名副其实且规模庞大的收购市场，你会看到，那里不仅拥有经济体量庞大、具备现成收购标的环境，还有巨大的消费市场。人们往往认为日本是一个出口导向型国家。但其 2/3 以上的 GDP 来自国内消费。人们往往忘记，日本在被中国超越之前，它曾有 40 年时间仅次于美国，是世界第二富裕国家。而且它的人均 GDP 仍然远远高于其他亚洲国家。因此，这是一个拥有巨大财富的国家。

我要指出的另一个人口结构方面的主题是人口的迅速老龄化。日本是世界上人口老龄化最严重的国家。其 35% 的人口超过 65 岁。猜猜哪个国家人口老龄化程度排名第二？是韩国。令人难以置信的是，中国经过几十年的计划生育政策，老龄化的速度也在加快。因此，这种人口迅速老龄化的情况对我们的投资策略具有重要意义。我们做了很多医疗保健方面的投资。我们曾经历了一个大量投资休闲和娱乐领域的时期。我们曾拥有日本的环球影城。我们过去拥有日本最大的公共高尔夫球场连锁品牌 Accordia Golf。我们仍然拥有韩国最大的公共高尔夫球场连锁品牌，名为 GolfZon。但我们已从娱乐和休闲转向医疗保健，尤其是老年医疗保健。我们现在拥有日本最大的老年护理特许经营企业。在韩国，我们拥有一家名为 Osstem Implant 的公司，它是世界上最大的牙科植入体供应商之一。因此，我们顺应人口发展趋势，挖掘亚洲固有的增长趋势，我认为这也是亚洲最具吸引力的地方。

最后一项统计数据：中国的崛起是我们这一代人经历的经济/金融大事件。我不会列举你们可能已经很熟悉的所有统计数据，但我会给你们举几个例子。麦肯锡 3 年前估计，未来 10 年将有 10 亿中国人加入中等收入群体。因此，7 年后，我们将新增 10 亿消费者。这在人类历史上是前所未有的。你可能会惊讶地得知，中国国内消费在 GDP 中所占的比例已经超过了出口所占的比例。因此，中国本身已经成为一个国内消费巨头。

关于国内消费这一点，我们拥有中国排名第一和第二的租车运营商。我们的观点可以归结为两组统计数据：中国有 4.5 亿驾驶执照，但只有 2.7 亿车牌。随着政府试图控制排放，车牌的发放速度进一步放缓。因此，有 1.8 亿司机在寻找汽车。这是一种你从未见过的规模。对我们这样的管理者来说，这是蓬勃发展的消费机会。

托尼：

你正在迎接消费的巨大浪潮，希望改进你购买的公司，然后让它们顺势发展。这太令人激动了。

克里斯托弗：

你知道，作为一家公司的经营者，我们经常谈论要顺势投资。

那些消费机遇的力量之大，就像海啸一样猛烈！在中国市场上，发生过什么出乎你意料的事情？

金秉奏：

我亲眼见证了中国的一步步崛起。我现在已经在亚洲待了 30 年。我看到了它的发展方式。当我在 1993 年第一次来到亚洲时，中国和印度的经济发展水平大致相同。你如果看看发生了什么，就会明白中国所做的一切都不是偶然的。他们拥有最聪明、最具战略思维的领导层，这些人是 14 亿人才库中最优秀、最聪明的人。

在实时观察这一切发生的过程中，我的观点是，市场增长将持续下去，因为中国领导层在一个半世纪以来为其 14 亿人民带来了经济繁荣。但你在过去几年看到的情况表明，一个正在经历前所未有的历史实验的国家和经济体正在经历成长的烦恼。中国正在将社会主义政治制度与市场经济结合起来。没有人曾经做过这样的事情，至少没有人成功过。中国在执行这一实验方面已经成功了几十年，虽然我总是和我们的投资者说，这不会是一条线性轨迹，但我希望它能在成功之路上不断前进。

托尼：

那么真正的驱动力实际上是一个国家的消费者，也就是公民本身，只要他们生活富足就行。如果他们不富足，就会造成不稳定。这是问题的关键所在吗？

金秉奏：

完全正确。我认为你说到点子上了。

第13章 金秉奏：亚洲私募股权教父

托尼：

经济归根结底取决于人民的生活质量，对吧？

瑞·达利欧是我的亲密朋友，大约10年前我第一次采访他时，我问他，你一生中最重要的投资原则是什么？他说："托尼，我可以非常清楚地告诉你。我投资的'圣杯'是找到8~12种不相关的投资，你可以在这些投资上下注。"我知道他是一个宏观投资者。显然，私募股权是一种不同类型的投资，那么你认为你心目中的投资"圣杯"是什么？

金秉奏：

瑞·达利欧不仅是一个宏观经济方面的行家，还是一位对冲基金经理。所以，是的，我认为他看待事物的方式与我们稍有不同。这有点儿过于简单化了，但对冲基金寻求的是阿尔法收益。在私募股权中，我们创造阿尔法。我们在收购一家公司后创造阿尔法的方式是卷起袖子，努力工作，创造价值。因此，我们的"圣杯"是价值创造。在安博凯，我们收购优秀的公司，并使它们变得更好。因此，业务的基本面绝对至关重要。我认为我们领域的每位GP都会同意这一观点。美国的价值创造模式是一种蓝图。但在亚洲，你必须适应当地的条件和当地的做事方式。新加坡前总理李光耀曾有一句名言，我们亚洲人需要采取我们自己的亚洲式民主。你不能仅仅把美国的自由民主形式移植到新加坡、韩国或日本，就期望它蓬勃发展。

条件是不同的，对吗？你不能把一株植物从加利福尼亚州连根拔起，然后期望它在新加坡也能枝繁叶茂，因为新加坡有不同的土壤条件、不同的光照条件，甚至水质也不同。你必须使其适应当地条件。同样，我认为你也必须以符合亚洲本地情况的方式来实现你的价值创造。

对私募股权管理人来说，价值创造工具箱中的一个工具就是节约成本。而且有很多不同的方法可以做到这一点。我在以前的公司就是做减薪的工作。有很多公司，如果不是几乎所有的公司，都有很多冗余人员，对吧？在亚洲，裁员处处受阻，在韩国更是被禁止的，解雇员工是违法的。在日本你不能裁员，这是不鼓励的。如果你是一个管理者，而你必须解雇你的员工，那就说明你管理得不好，你的工作做得不好。因此，由于文化上的阻碍和一些法律上的限制，我们必须找到其他方法来节省成本。我们通过改进采购、整合后台办公室和与我们的姊妹投资组合公司做很多协同工作来做到这一点。虽然工作更辛苦，但我们认为这是正确的方法，因为这是亚洲人的方式。因此，有不同的方法来实现价值创造，但我认为真正的"圣杯"是在你收购企业后，为其创造价值。

托尼：

我想，更多的关注点是营收增长，而不仅仅是削减成本，对吧？

金秉奏：

当然。每个市场的情况都不同，但就中国和韩国这两个GDP高速增长的国家而言，实现收益增长要相对容易一些。日本则更像美国，甚至比美国还要具有挑战性。日本今年的GDP预计增长1.5%，这就是值得庆祝的事了。因此，虽然在日本实现收益增长不那么容易，但仍然是可行的，因为日本拥有强大的基础市场，它是仅次于美国的全球最佳中型企业聚集地。我认为，日本还拥有世界上最具才能的管理团队。当然，它还是借款人的天堂。你可以获得5~7年期的优先债务，以支持你在收购中获得股权，总成本为2.5%~3%。你如果不能用这种杠杆创造回报，就不应该投资。

托尼：

我喜欢你的回答，因为在我自己的生活中，我足够幸运，拥有111家自己的公司。我们在不同的公司中的业务总额大约为70亿美元。我们在每个行业中所做的一切都是找到一种方法，为别人做的比其他任何人都多，创造更多的价值。这就是我喜欢私募股权的地方。所以，我想，一个重要因素是在诸多考量下对公司首席执行官的任命拥有一定的控制权。对你来说是这样的吗？对你的组织来说，控制权对于创造价值有多重要？

金秉奏：

控制权不仅是有帮助的，而且根据我的经验，它对创造价值至关重要。我们可以明确一下控制在这里指的是什么。正如你所指出的，要对公司首席执行官的任命进行控制。我们必须能灵活聘请公司所在领域最好的首席执行官，我们如果错了，也要有能力替换。所以，这是对首席执行官和高层管理人员的控制。我们必须控制董事会、把控商业计划、股息政策、资本支出政策、融资以及并购决策。如果我们能控制这7个因素，那就构成了控制，这能让我们创造真正的价值。在完成投资后你必须拥有那些控制杠杆。

托尼：

如果我没理解错，你管理的资金大约有 300 亿美元。随着业务的扩大，保持你自己公司的文化活力会变得更加困难。给我们讲讲你是如何做出决策的吧。你的公司是全亚洲最大的私募股权投资公司。你被称为"亚洲私募股权教父"。这是一个了不起的称号。当你拥有这个头衔时，人们往往会主动把钱投给你。所以，对于这些资金，你是如何决定接收还是不接收的？你的团队能像你们一直以来保持的那样高效运转，你是如何做权衡的？

金秉奏：

我们希望保持适度的规模。关于你说的最后一点，我们在募资过程中总是会有意控制规模。我专注于提高回报率。现实是——没有多少管理者愿意承认这一点——你的基金规模越大，就越难真正产生超额回报。因此，我们一直专注于回报，这从长远来看对我们很有好处。

在我去高盛的第一天，参加入职培训时，有个家伙，我想他是合伙人之一，走上台告诉我们要"长期贪婪"。这句简单的话蕴含了很多道理。你不要在短期内追求一鸣惊人或赚到最多的钱。你要建立长期关系。当然，我们关注回报，也致力于为投资者创造财富。但我们是基于长期关系，从长远的角度来做这些事的。所以，我们一直在稳步增长。是的，我们是亚洲最大的独立资产管理公司，但我们在过去的 18 年里以正确的方式做到了这一点。我认为这是你打造品牌的唯一方式。

一个至关重要的点，也是实现这种稳定增长的关键因素之一，就是文化建设。我们的员工队伍一直保持着非凡的稳定性。我们的人员流动率很低。当然，我们给员工的待遇也很好。但我认为，更大一部分原因在于我们建立的文化精神。我提过我们的使命是成为由亚洲人拥有和经营的杰出亚洲 GP。我们共同的愿景是成为亚洲变革的推动者。所以，我们有一种共同的使命感。我们公司的每个人都认同这一使命。这种共同的使命感是由文化联系在一起的。文化就是一切。这是我在高盛工作多年获得的巨大收获之一。这有点儿老套，但我们有一种叫作"TIE"的精神：团队协作（teamwork）、正直（integrity）和卓越（excellence）。这3个主题将公司凝聚在一起。对我们来说，重要的是要有一体感，因为我们在3个不同的市场、3个不同的国家和3种不同的文化中运作。我认为，这种文化意识，也就是我们正在做一些特别之事并且作为一个团队齐心协力的这种感觉，正是支撑我们发展并实现基业长青的因素。

托尼：

那很棒。每个企业都有发展很顺利的阶段。企业如果真的出类拔萃，能从优秀走向卓越，就会有一些转折点。你能在自己的企业中找到这个转折点吗？是什么触发因素真正将其提升到了另一个层次？

金秉奏：

我不确定是否有一个转折点或支点。当我创立安博凯时，我已经在一家全球公司做过私募股权投资，正如我提到的。那是一次非常宝贵的试错经历。我们在亚洲尝试了各种做法、尝试了不同的产品。我在亚洲的每一个国家和市场都进行过尝试。所以，这让我很好地了解了什么是可行的，什么是不可行的。我从那段经历中获益良多，特别是不成功的部分，它帮助我调整了我们的策略。

托尼：

很有道理。

克里斯托弗：

我们于 2001 年创立公司，我常常会想，在创立公司之前，要是有人能告诉我一些经验教训就好了，这样我就不用自己去艰难摸索了。在你 2005 年创立公司之前，有没有什么事情是你希望别人提前告诉你的？

金秉奏：

对我来说，是领导力的要求。领导力需要牺牲。人们认为，如果你天生就是领导者，别人就会跟随你。但我的经历恰恰相反。人们追随的是那些照顾他人、看起来在做出牺牲的领导者。韩国人有一个叫作"情"（jeong）的概念，从字面上讲，就是给你一片心。我想说的就是这个。话语是廉价的。如果你能践行"情"的理念，并与你的员工交心，他们就会追随你。

托尼：

你认为是什么把表现最优秀的人与他们的同行区分开来的？作为这个问题的一个分支，我想回到最开始，当你甚至还不知道华尔街是什么的时候，高盛为什么会选择你？

第13章 金秉奏：亚洲私募股权教父

金秉奏：

第一个问题的答案是，当我招聘时，我寻找的是有不同视角的人，能够就如何解决问题带来全新视角的人。我们的业务就是解决问题，并始终专注于卓越。是的，高智商是先决条件。但这就是社会学家所说的必要但不充分的条件。在我们这个领域里有很多聪明人。他们中的许多人都有很强的职业道德。我认为充分的条件是愿意学习和改进。看看我们公司的高管，他们并不是作为员工时表现最出色的人。他们是那些随着时间的推移付出努力而且不断进步的人。日本人提到了一种叫作"kaizen"的概念，意思是持续创新——致力于持续进步、完善。我认为表现最优秀的人都有这种意识，万一他们忘记了，我们会通过持续的培训来提醒他们。

至于我自己，我不确定高盛的面试官在我身上看到了什么。我想他认为，尽管我不懂金融，但知识是跨学科的，它们都是相关的。他看出我的观点与众不同，也感觉到了我的学习意愿，也许还有一点儿渴望卓越的火花。我想他对我与众不同的看法是对的。在断断续续地工作了18年之后，我在2001年出版了我的小说《祭品》（*offerings*），这都要归功于我的日常工作。据我所知，市面上由华尔街内部人士写的小说凤毛麟角。

托尼：

最令我印象深刻的是你作为一个人、一名领导者所展现出的品质，以及你的价值观。其中有一点是你无法伪装的，那就是你的谦逊。我认为，很大一部分原因在于你是一个对生活充满感激的人。我知道这是你所在文化的一部分，但我认为这是一个非常令人钦佩的品质，遗憾的是，在金融领域取得巨大成功的人身上这种品质很少见。我很好奇，你是如何培养这种谦逊、这种深度关怀，以及这种感恩之心的？

金秉奏：

我确实觉得自己很幸运。我认为，你可以通过身体力行和以身作则的方式来使你的员工具有谦逊或感激的意识。我想我周围的同事每天都能在办公室里看到我的谦逊，这种谦逊来自一种感激之情，来自这样一种认识：外面有很多聪明的人，有很多努力工作的人，而我恰好在正确的时间出现在了正确的地方。你可以称之为运气，也可以称之为战略定位，但我恰好是一个在亚洲金融危机最严重的时期拥有一点儿国际金融经验的人。我碰巧是韩国人。如果所有这些事情没有同时发生，我不知道我的职业生涯会怎样。

托尼：

我们很荣幸能与你并肩作战，成为你的 GP、投资者。但能够有机会亲自见到你，听到你的整个理念，见识到你所展现的谦逊和力量，这真的是莫大的荣幸。你在这里分享了很多有价值的信息，这些信息可以帮助塑造一个人的生活质量和投资质量。我认为这两者是相辅相成的。

金秉奏：

非常同意。现在有很多关于找到工作与生活的平衡的讨论。我所追求的与其说是平衡（平衡意味着取舍），不如说是工作与生活的和谐共生。你可以让工作与个人生活相互协调，使双方互利共

第13章 金秉奏：亚洲私募股权教父

赢。在工作中获得良好、有益的经验，会提升而不是损害美好的个人生活。

托尼：

你谈到失败是投资的关键要素之一，因为没有什么能取代经验。你关于投资的那句话是怎么说的来着？

金秉奏：

投资者是天生的，而伟大的投资者是后天造就的。

第 14 章

威尔·范洛：
高耗能的未来

量子资本集团创始人兼首席执行官

荣誉：量子资本集团（Quantum Capital Group）[1]是专注于能源投资的规模最大、最成功的私募股权公司之一，其投资的项目涵盖石油、天然气、可再生能源和气候技术。

---

[1] 量子能源合伙公司是量子资本集团的子品牌。——编者注

第 14 章　威尔·范洛：高耗能的未来

管理资产总额（截至 2023 年 8 月）： 220 亿美元。
关注领域： 为现代世界提供可持续能源解决方案。

成就：

- 量子资本集团成立于 1998 年，是全球能源和气候技术行业领先且规模最大的资本提供者之一，通过其各种私募股权、结构化资本、私募信贷和风险投资平台管理的资产超过 220 亿美元。
- 量子资本集团通过将其技术、运营和数字专业知识完全融入其投资决策以及与所投资公司开展实际操作层面的增值合作，形成了自己的差异化优势。

托尼：

你的职业生涯充满了传奇色彩，至少可以说你在商界已经打拼了 25 年。在这段时间里，你取得了巨大的成功，并且一直为你的投资者保驾护航。你介意和我们分享一下你是如何建立今天这个非凡组织的吗？

威尔：

我在得克萨斯州中部的一个小镇长大，我的父母都从事着收入较低的中下层工作。在我成长的过程中，我并不知道自己家很穷，但事实上我们确实很穷。我想在大学里打橄榄球，而 20 世纪 80 年代中期，当我开始考虑上大学的时候，得克萨斯基督教大学有一个很棒的橄榄球项目。我很幸运地有机会去那里打球，但在我大一结束后的那个夏天，我受伤了。我的父亲告诉我，我唯一能留在学校的方式就是找份工作，自己支付大部分学费和生活费。所以，我在大学期间创办了三四家公司，赚了足够的钱，最后几乎无负债地从这所私立学校毕业。

我在得克萨斯基督教大学期间，参加了一门关于价值投资的有趣课程，这门课程是基于本杰明·格雷厄姆和大卫·多德关于价值投资的开创性著作《证券分析》而展开的，我由此爱上了成为投资者的想法。当我开始探索不同的职业道路时，我意识到投资者有两种类型：一种是购买上市股票的人，他们通常是那些埋头苦干、计算数字的人；另一种是购买私营公司的人，他们是那些参与所购买的公司经营并帮助它们改善业务的人。鉴于我内心深处是一名企业家，喜欢解决问题和与人互动，后者听起来更适合我。

在我大四的时候，我被邀请加入教育投资基金，这是一个有大约100万美元的资金池，专门为学生设立，旨在让他们能够在股市进行投资。我们研究股票，然后向学生领导的投资委员会提出投资建议。如果委员会批准了你的投资建议，基金会就会买入股票。这段经历进一步激发了我对投资和甄别具有竞争优势的公司的热情。我的几位教授，查克·贝克尔博士和斯坦·布洛克博士，建议我前往华尔街从事投资银行业务，以进一步提升我的投资技能。

最终，我很幸运地在美国投资银行基德尔·皮博迪（Kidder Peabody）的能源投资部门获得了一个分析师的职位，每周工作90~100个小时。几年后，我做出了一个决定，那就是我如果要如此努力地工作，不如创立一家自己的投资银行。于是，在我24岁的时候，我和我在基德尔的分析师同事托比·诺伊格鲍尔一起创立

第 14 章 威尔·范洛：高耗能的未来

了 Windrock Capital。我们真正想做的是主要投资者，但我们需要建立作为投资者的业绩记录，所以我们的策略是寻找优秀的公司，为它们筹集资金，并将自己的大部分收益重新投给这些公司。

我当时以为在华尔街投资银行工作两年就能让我成为石油和天然气以及中游企业的融资专家，事实证明我错了。我所知道的不过是如何在 Excel 中创建财务模型，如何整理项目推介书和发行备忘录，以及从我大学期间创办和销售业务的过程中学到的相当不错的销售技能。那是 20 世纪 90 年代初，当时能源行业因 20 世纪 80 年代中期的价格暴跌而遭受重创。我认为，1984 年还在营业的公司中，有 90% 在 1994 年我们创立 Windrock Capital 时已经倒闭了。而对于那些留下来的公司，它们能留下来是有原因的——它们在某个方面很出色，有某种竞争优势。我们公司的成立得益于多种因素：我们在华尔街学到的扎实基础技能、两名年轻且有抱负的企业家的勤奋，以及良好的时机。20 世纪 90 年代初被证明是一个进入能源领域的绝佳时机。仍在经营的企业家之所以存活下来，是因为他们非常擅长自己所做的事，而且当时资金并不多，而我们有能力为这些伟大的企业家找到资金。你把这些因素结合在一起，就能获得非同寻常的回报。

在接下来的 5 年里，我们一直在为公司筹集资金，并因此获得报酬，然后将我们 75%~80% 的报酬再投给我们为之筹款的公司。在我们建立了投资业绩记录后，我们找到了 A.V. 琼斯，人们亲切地说他是"传奇石油人转行风险投资家"，希望他与我们合作筹集一只私募股权基金。他拥有经验、信誉和资本，而我们拥有远见、初露锋芒的私募股权技能以及满满的热情和动力。第一年筹资进展非常缓慢，因为 LP 对投资于两个还没到 30 岁的年轻人和一位 60 多岁、没有私募股权正式经验的石油人首次筹集的基金持怀疑态度。幸运的是，我们在瑞士联合银行遇到了维克·罗姆利和艾伦·夏，他们用自己的信誉为我们背书，并把我们介绍给他们的一些能源私募资本领域的 LP 客户。他们帮助我们争取到了通用汽车的养老基金作为我们的主要投资者，几个月内，其他 6 家蓝筹机构 LP 也纷纷跟随他们的脚步，在 1998 年给了我们 1 亿美元来启动量子能源合伙公司。

托尼：

我 20 岁时遇到了我认识的第一个亿万富翁，我问他成功的秘诀是什么，他说："我服务于服务欠缺的市场。"我问："那是什么意思？"因为他卖的是螺栓、螺丝之类的不同产品之间没太大差异的东西。他说："我在非洲、在亚洲那些没人去的地方卖这些东西。如果我去纽约，我会深入医院等地方，找到那些负责采购所有无人问津的东西的人。然后我会为他们提供超值服务。"如果我没记错，你去过米德兰，去过那个时代纽约银行家不会去的地方。是这样的吗？

威尔：

完全正确。我们去的都是西南航空的航线不会直达，还要再转机一次的地方。西南航空有从达拉斯飞往休斯敦的航线，也许还有飞往新奥尔良的航线。但它不直接飞往米德兰、塔尔萨或什里夫波特。就像你说的，我们找到了服务欠缺的市场，并为它们提供了超级优秀的服务——我们去了那些难以到达的地方，华尔街的银行通常不会去那些地方。在这些市场中，我们找到了一些非常优秀的企业家，很长时间以来，没有多少银行家主动上门为他们提供资本。

第 14 章　威尔·范洛：高耗能的未来

托尼：

我很好奇，在你的一生中，谁是对你来说最重要的人，也就是说，谁真正帮助你实现了今天的商业上的成功，帮你塑造了你自己？

威尔：

很难确切地指出某一个人。我坚信要从别人的错误中学习一切你能学到的东西，所以我酷爱读书，这意味着我从很多人那里学到了很多东西。话虽如此，我最感激的两个人是我的妈妈和爸爸，是他们让我成为今天的我。我很感激他们教给我的勤奋工作的职业道德和他们灌输给我的价值观：你希望如何被对待，你就怎么对待别人，不管你多么渴望得到某样东西，你永远要把别人的利益放在自己的利益之前。

我爸爸是美国政府的一名公务员，我妈妈是一名学校教师，她曾试图成为一名企业家。但她败得很惨。我父母的积蓄很少。他们仅有的积蓄都用来给我妈妈开服装店了，这样她才能赚到足够的钱给 4 个孩子买衣服穿。这不是创业的好理由，几年后，他们耗尽了所有的积蓄，差点儿就宣告破产了。但我的家人渡过了难关，尽管服装生意失败了，但我一直钦佩我妈妈的雄心壮志和敢于对自己下赌注的勇气。她敢于冒险创业的精神激励着我，让我有信心走出去，自己尝试一些事情。

托尼：

给我们讲讲 A.V. 琼斯吧。他在你的生活中扮演了什么角色？

威尔：

A.V. 琼斯是我的导师，但他不仅仅是一个导师。他是朋友，是商业伙伴，最重要的是，他是一个鼓励者。他是我认识的最积极的人，也是我在职业生涯中遇到的少数几个你找不到一个人会说他坏话的人之一。他很谦逊，对待每个人都很和善、很尊重，尽管他也是一个取得了非凡商业成功的大人物。他用自己的名字、声誉和资本支持我们，给了我们信誉，并凭借他卓越的声誉帮助我们在这个行业中建立了宝贵的关系。

我记得 A.V. 琼斯多次告诉我："每个人都认为我是一个了不起的企业家，虽然我是一个优秀的企业家，但我真正赚钱的方式是挑选合适的人，然后尽我所能地支持他们。"这就是为什么 A.V. 琼斯从不试图告诉我们如何经营业务，或者应该投资什么，不应该投资什么，他会问一些问题，在力所能及的情况下帮忙牵线搭桥，并鼓励我们自己去解决问题。他是一个了不起的合作伙伴，他愿意支持两个有着无穷好奇心、渴望学习并从不轻易接受否定回答的年轻人。如果没有 A.V. 琼斯，量子能源合伙公司就不会有今天的成就。

托尼：

非常有趣，因为很多投资者在创业初期都会认为，我必须成为企业家。但正如你所说，如果你能找到更优秀的创业者，为他们提供资金，你就能获得巨大的回报。现在让我们转换一下话题，谈谈你认为在这场能源变革中最大的机遇在哪里。我很想知道你认为投资者最大的机遇在哪里。另外，你能告诉我们这些年来你的生意做

第 14 章 威尔·范洛：高耗能的未来

得如何吗？

威尔：

我们目前管理着超过 220 亿美元的资本，公司已经经营了 25 年。尽管在此期间大宗商品价格和资本市场出现了巨大的波动，但我们很自豪，我们募集的每一只基金都为投资者赚了钱，而且我们的回报一直都很稳定，超出了我们的预期。

我擅长识别那些可以管控的风险以及可以消除波动性的领域。能源的供需会随着时间的推移而波动，这会导致大宗商品价格波动。当你处于一个非常不稳定的行业，并把这种不稳定性与财务杠杆结合在一起时，这最终会成为一个完美的亏钱"公式"。因此，大宗商品价格波动和财务杠杆是我们积极管控的两个风险，我们会通过在期货市场积极地对冲大宗商品价格，并在我们投资创建的公司资本结构中使用适度的财务杠杆来管控风险。如果你坚持做好这两件事，你就可以真正专注于通过扩大利润空间来赚钱，这意味着降低资金成本和运营成本，增加收入，这是在任何行业赚钱的最佳方式。

所以，我们要做的是隔离和减少那些可能让我们在低迷市场中出局的变量。如果不进行对冲而且大量举债，这在市场上行时可能看起来非常明智，但价格迟早会下跌，就像那个在牌桌上逗留太久的众所周知的扑克玩家一样，你将会输掉所有的钱。油气行业的问题在于它吸引的都是非常乐观的人。你必须得很乐观，才会花费数十亿美元在地下 1 万~1.5 万英尺的地方钻井，再横向钻探 1 万~1.5 万英尺。我们知道，要在这个行业取得成功，量子能源合伙公司不仅要敢于冒险，还要能够缓释风险。

托尼：

我有幸采访过历史上最富有的 50 位投资者，包括瑞·达利欧、卡尔·伊坎、沃伦·巴菲特等等。他们的投资策略截然不同，但他们似乎都在努力追求不对称的风险回报。请给我们讲讲现在这个行业的整体情况吧。从你的角度来看，今天最大的机会是什么，又是什么促成了这个机会的出现？

威尔：

我认为当今世界规模最大的投资机会在能源行业，特别是油气领域，在能源转型领域也有一定的机会。我认为没有哪个行业能与油气相媲美。这不是最受欢迎的观点。在过去的两三年里，许多投资者出于各种合理的缘由，一直非常关注气候问题。我们需要高度关注这个问题，尽我们所能来应对气候变化，并支持实现净零排放的相关举措。但我们也必须着重确保世界拥有可靠的、价格合理且充足的能源，因为没有能源，现代世界就无法运转，贫穷国家也无法使人民摆脱贫困。

像欧洲大多数国家、美国、澳大利亚、日本、韩国等其他一些国家已经开始密切关注能源转型。克里斯托弗，你称之为能源演化，而我喜欢将其视为排放转型。能源演化或排放转型比能源转型更为贴切，因为当大多数人想到"转型"这个词时，他们会想到从一种事物转向另一种事物；然而，事实是，世界从未摒弃过任何一种形式的能源，而是开发了新的能源，并将其添加进现有的能源组合中，以满足不断增长的能源需求。不幸的是，我们在媒体上听到的大多数消息都是关于可再生能源和电动汽车将如何主宰世界，以及在不远的将来我们不再需要石油、天然气或煤炭的。这与事实相去甚远。即使在过去 10 年中对风能和太阳能进行了大量投资，世界仍然只有大约 4% 的能源来自风能和太阳能，80% 的能源依旧来自化石燃料。

托尼：

去年，石油和天然气行业是股市中回报最好的行业。标准普尔 500 指数下跌了约 20%，而石油和天然气行业却上涨了。

威尔：

确实如此。公共石油和天然气行业在 2021 年上涨了约 86%，在 2022 年上涨了 48%，与标准普尔 500 指数在相应时间段内的大约 27% 和 -20% 的回报率相比，表现非常出色。

托尼：

然而，石油和天然气行业的融资确实已经大幅减少。那么，这是机会的一部分吗？因为在接下来的二三十年里，地球上将再增加 20 亿人。如果我没理解错，到 2050 年，我们将需要比现在多 50% 的能源。

威尔：

让我们先回顾一下 2014 年的感恩节。当时，油价已经在每桶 85~100 美元之间波动了好几年，需求正在下降，但欧佩克决定不减产。随后，油价开始下跌，最终跌至每桶 20 美元左右。因此，在大约 3 年的时间里，油价从每桶 85~100 美元下跌到每桶 20 美元左右，这给石油和天然气公司的资产负债表和收益表带来了巨大的金融冲击。在此之前，投资者一直在向专注于页岩革命的石油和天然气公司投入资金。该行业每年花费数千亿美元试图研究出能够更经济地开发页岩、确定页岩的开采位置，以及钻探和完成页岩井的方式——所有这些都需要大量的实验和资金才能搞明白。在2010年至2020年的10年间，石油和天然气行业减记了约3 500亿美元的资本。具体来说，这大约占了那10年标普500指数所有减记和冲销金额的55%。公众投资者终于意识到，该行业只专注于提高产量和增加储量，并没有把重点放在盈利上。事实确实如此，但公众投资者没有意识到，寻找和开采这种大规模的页岩资源需要一波资本损耗才能搞清楚——这与几十年前互联网泡沫破裂期间发生的资本损耗没有什么不同，而那一时期诞生了像谷歌、亚马逊和脸书这样的公司。

然而，石油和天然气行业发生的大规模资本损耗也有一线希望——在21世纪初的10年间，美国的石油产量增长了约180%，天然气产量增长了约100%，这使得美国从世界上最大的石油进口国转变为石油净出口国，并成为全球最大的天然气出口国之一。美国实现了能源独立，这对美国的地缘政治和经济而言，堪称美国历史上最伟大的成功故事之一。

当这场盛宴最终结束时，许多公众投资者认为油气领域已不具备投资价值，因为油气公司不是好的资本管理者，所以他们决定卖出仓位，退出该领域。但仍然有少数公众投资者愿意考虑投资石油和天然气，他们迫使该行业采用一种新模式，这种模式大致如下：公司应将其30%~50%的现金流再投资于自身业务，并通过股票回购和股息的方式将其余的50%~70%的现金流返还给投资者；公司

第 14 章 威尔·范洛：高耗能的未来

应将其生产增长率限制在较低的个位数百分比范围内，并且公司应该降低其资产负债表的杠杆率。

同样的资本损耗也发生在私营公司中，因此 LP 开始大幅放缓其对私募股权和私募信贷基金的出资承诺。5 年前，石油和天然气领域的私募股权和私募信贷领域的闲置资金可能达到 900 亿~1 000 亿美元。如今只有 150 亿~200 亿美元。5 年前活跃在这个领域的 GP 中，有一半以上要么已经倒闭，要么因为回报率太差而无法募集新资金。银行也大幅减少了对石油和天然气行业的贷款。

总之，与几年前相比，石油和天然气领域可用的公共和私人资本数量已大幅减少。石油和天然气属于逐渐枯竭的资源，因此需要不断再投资以补充已开采的储量。过去八九年中，这项投资平均占其应有水平的 50% 左右。从现在到 2050 年，全球人口将大幅增长，进入中产阶级的人数也将大幅增长，因此对各种形式能源（包括石油和天然气）的需求也将大幅增加。未来全球对石油和天然气的需求与世界供应石油和天然气的能力之间存在巨大的差距，这种差距很可能导致未来 10 年石油和天然气价格大幅上涨。

克里斯托弗：

谈谈对于未来 3 年人们可能普遍预料不到的情况。他们应该预期会发生些什么？那么，对愿意参与能源方面投资的投资者来说，未来 10 年我们会面临怎样的情况？

威尔：

我认为很多人预计几年后我们一觉醒来就不再需要碳氢化合物

了,风能和太阳能将创造我们所需的所有能源,所有汽车都将由电池提供动力。事实远非如此。坦率地说,这是一种非常危险的思维方式,不仅因为它不可能实现,而且因为它将危及美国的能源独立。

摩根大通的首席执行官杰米·戴蒙定期来休斯敦拜访摩根大通的能源客户,其中量子能源合伙公司是它的最大信贷风险敞口客户之一。几年前,我问杰米,摩根大通在继续向石油和天然气行业提供贷款方面有多大的决心,我认为他的回答很好地总结了为什么世界需要非常小心地避免石油和天然气行业资金短缺。我转述一下,他回答说,能源价格几乎影响经济中的其他所有领域,因此如果能源价格低,那就会给大多数其他领域带来助力,如果能源价格高,那就会阻碍大多数其他领域的发展。

我坚信,未来10年石油和天然气的使用量将非常之大,可能比现在使用量还要大。我更要进一步说,即使二三十年后,我预计石油和天然气的使用量也将继续保持在接近今天的水平。因此,我们需要大量的石油和天然气来满足需求,而我们在这方面的投资还不够。

幸运的是,风能和太阳能将在整体能源结构中继续占据越来越大的份额,但世界需要认识到能源增量需要很长时间。在其投入使用的前50年里,煤炭的市场份额达到了35%,这是目前为止所有的新增能源所能达到最大市场份额。相比之下,自从在这个领域开始大规模投资以来,10多年过去了,风能和太阳能加起来只占4%的份额。我们预计,世界对风能和太阳能发电、电池存储和交通电气化领域的投资,将会超过世界历史上对任何一个领域的投资,而且很可能会超出好几倍。而这将创造令人难以置信的投资机会。

但是，每当机会以惊人的速度增加，那些之前从未涉足该领域的投资经理就会往其中投入资本，而那些之前从未管理过这些业务的管理团队则会在获得资金后开始运营这类业务，这也是一种会损耗大量资本的模式。一方面，这可能是全球有史以来在资本配置方面最大的单一投资机会；另一方面，在能源转型过程中，损耗的资本可能比资本主义历史上任何其他行业都要多。

克里斯托弗：

机会确实存在，但风险也同样存在，我们必须设法避开。近年来，有什么事情的发生是你预料之中的，又有什么事情是你没预料到会发生的呢？

威尔：

我们确实没有预料到俄乌冲突。这一事件使西方世界重新将关注点放在能源转型的事实层面，而不是情感和愿景层面。在俄乌冲突之前，我们很难让某些机构坐下来与我们谈论投资石油和天然气的问题，因为它们要么出于 ESG 的原因反对投资该行业，要么担心世界在几年内对石油和天然气的使用量将大幅减少，因此我们购买的石油和天然气资产将不再有终端价值。现在，这些机构大多都在与我们进行讨论，因为事实充分证明，石油和天然气行业拥有很长的跑道，是未来 10 年内获得丰厚投资回报的绝佳选项。我们没想到对话会如此迅速地转变。

我也没有预料到美国政府会通过一项具有里程碑意义的法案，即《通胀削减法案》，该法案专门拨出了近 4 000 亿美元的联邦资金并提供税收抵免，以刺激对能源转型的投资。该法案的影响力要比其名义金额带来的影响力更大，因为它会自动延续下去，直到达成某些目标。

《通胀削减法案》在彻底改变诸多领域的经济效益方面发挥了很大作用，不仅涉及可再生能源、电池储能、电动汽车、氢能和核能领域，而且关乎碳捕集与封存（CCS）领域。碳捕集与封存技术本质上是使碳氢化合物脱碳，这意味着在燃烧石油、天然气或煤炭产生能量时产生的二氧化碳会被捕集，然后永久储存在地下储层中。天然气涡轮机可以在几分钟内启动，这意味着它们是基本负荷能源，如果给天然气涡轮机配备碳捕集装置，它就能把许多人认为的污染能源变成基本负荷清洁能源。这与太阳能和风能有很大不同，因为太阳能和风能不是基荷能源，太阳不会一直照耀，风也不会一直吹拂。由于昼夜不同时间段的能源需求波动很大，世界必须主要使用基荷能源才能平稳运行，也就是说，世界需要能源时就要有能源，而不是在能源可用时世界才会去用能源。

托尼：

现在的核能有什么不同？你能花点儿时间分享一下这方面的信息以及可能存在的机遇吗？

威尔：

新一代核电站使用的反应堆技术与三英里岛、福岛和切尔诺贝利核电站使用的技术截然不同，后三者是曾发生事故并导致世界上许多人反对核能的三座核电站。新反应堆要安全得多，一般不会发生人们非常担心的反应堆堆芯熔毁的情况。此外，我们现在有了所谓的小型模块化反应堆，这种反应堆比公用事业规模的核电站要小得多，因此可以在工厂内建造，而不是在现场建造。所以，小型模块化反应堆的建造速度要比旧式的公用事业规模核电站快得多，成本也低得多。小型模块化反应堆的规模也要小得多，这意味着它们可以在更多的场景中得到应用。而且锦上添花的是，一些小型模块化反应堆的设计将现有核反应堆的乏燃料作为其燃料来源，这意味着它们从本质上为我们处理现有的核电站产生的核废料提供了一个解决方案。历史上，核能面临的另一个重大质疑是它的成本非常高。小型模块化反应堆可能会打破这一趋势，因为它们可以在工厂中建造。如果我们能从监管审批程序中消除官僚主义并大规模部署它们，下一代公用事业规模的核电站也可能会打破这一趋势。

托尼：

那么，从你的角度来看，目前能源领域中的大多数投资者犯了什么错误？

威尔：

大多数投资者犯的一个重大错误是，他们假设这种能源变革的速度会比实际可能的速度快得多。此外，许多投资者自认为他们可以在能源转型领域获得高回报，而事实上，许多在能源转型领域经营的公司今天并没有赚到钱，也没有很明显的盈利途径。而对今天正在赚钱的这个领域的公司来说，它们中的大多数产生的回报率也非常低。最后，许多投资者也低估了他们所承担的风险。因此，能源转型领域的许多机会对投资者来说风险调整后的回报率是非常不利的。

克里斯托弗：

如果你能引起全世界的注意，并能告诉所有人一件事，你会说什么？

威尔：

这确实是一个非常深刻的问题。如果我能吸引自由世界中10位最重要的领导者的注意，我会告诉他们——对于你们所追求的目标，务必小心谨慎。能源转型是一个至关重要且崇高的目标，人类必须为之努力。西方过去40年所取得的繁荣，主要得益于两件事：将制造业外包给生产成本最低的国家，以及将资本成本降至历史最低水平。然而，这两种趋势在未来10年内都很有可能发生逆转，这将给西方世界带来巨大的挑战。

离岸外包大趋势的一部分包括将可再生能源转型所需的重要组成部件离岸外包。从本质上讲，为了制造风力涡轮机、太阳能电池板、锂离子电池和电动汽车，你必须开采矿物（如铜、锂、钴、硅、锌、稀土和许多其他关键矿物），然后你必须提炼和加工这些矿物，之后用这些矿物来制造涡轮机、面板和电池。西方国家已将能源转型所需的大部分开采、提炼、加工和制造业务外包给其他许多国家。从这种离岸外包趋势中获得最大优势的国家是中国，因为早在10多年前中国就开始战略性地思考即将到来的可再生能源转型问题。中国对能源转型的所有关键投入要素都具备控制力——在各种关键矿产的开采方面，其市场份额为30%~60%；在各种关键矿产的提炼和加工方面，其市场份额为40%~70%；而在风能、太阳能和锂离子电池的制造产能方面,其市场份额为 60%~80%。

想想沙特阿拉伯在过去三四十年里在石油价格方面的影响力,而它只控制了世界石油供应量的 10%。欧佩克由 13 个国家组成,总共控制着全球约 30% 的石油供应量。当它们协同行动时,足以让世界屈服。俄乌冲突让西方世界认识到了能源安全的重要性,而对美国和欧洲来说,要实现能源安全,我们必须控制自己的供应链。

为开采、提炼、加工以及制造业的能源转型建立自己的供应链将需要几十年而不是几年的时间,并且需要数万亿美元的投资和大规模简化的监管环境。一方面,这代表着将高薪工作带回美国的绝佳机会;但另一方面,从经济和国家安全的角度来看,如果美国人不能齐心协力并付诸行动,这也代表着美国的最大弱点。

托尼:

在我们谈论你的业务之前,我想先回过头来谈一件事。我想真正强调一下这些投资,因为资本的稀缺,同时随着第三世界国家人口增多,对能源的需求进一步增长。美国很多人都有这样的心态:好吧,我们要拥抱 ESG。看看欧洲,欧洲国家已经将国内天然气产量减少了 30% 或 35%,而在俄乌冲突之前,所有这些缺口都是由俄罗斯来填补的。我们知道其中存在的挑战。你能否对这方面的问题再发表一些看法?为了实现可持续性,在碳氢化合物燃烧后使用碳捕集与封存技术是真正的答案吗?这样我们就可以在全世界范围内获得基本负荷电力,同时还能保护环境,对吗?你认为将业务外包给其他国家会产生什么政治影响?

威尔：

这简直就是现实版的"双城记"，或者说是"双洲记"。欧洲选择走风力发电和太阳能发电替代一切的道路，认为碳氢化合物是有害的。而我之前也提到过，美国则选择了完全相反的道路。美国从最大的能源进口国变成了最大的能源出口国之一。这样做不仅使美国实现了能源独立，而且，想想这样做带来的就业、税收和国家安全方面的好处吧。

我认为ESG带来了很多好处。在这方面，我试图以弥合党派分歧的政治家的身份，将人们团结起来，共同朝着可持续发展的方向迈进，因为我认为左派和右派都没有真正理解这个问题。许多左派人士认为可再生能源、电池和电动汽车是答案，但他们没有花时间从大局出发来看待这场巨大的变革，也没有理解要实现这一目标必须克服的艰巨挑战和障碍。他们本质上盲目相信，这一切会奇迹般地自然发生。

许多右派人士否认气候正在变化，也否认人类行为可能与这些变化存在关联。许多人还认为，ESG运动只不过是将自由派价值观强加给我们，因此他们不假思索地拒绝接受气候变化的理念和ESG运动，而没有考虑这样做的后果。而事实是，就像生活中的大多数事情一样，当你真正剥开表象、问足够多的问题时，你就会意识到真相可能介于两者之间。我认为在这件事上情况就是这样。

我们现在面临气候问题吗？是的。我们可以讨论其中有多少是由人类造成的，又有多少只是大自然的自然规律所致。这并不重要。但气候变化是我们不能忽视的风险。而且，顺便说一句，清理碳氢化合物会带来很多好处。我们的空气会更清新、更好闻。人们的身体也会更健康、更长寿。这就是我对右派朋友讲的话。

而对于左派朋友,我指出能源转型需要数十年而非几年的时间,并且我们必须要应对许多结构性挑战。如果他们真正想要的是清洁能源,那么我们可以通过一种名为碳捕集与封存的技术来提供。我还指出,我们在美国和全球范围内已经建立了一整套基础设施体系来供应、运输、储存和使用这种能源,我们要做的就是发展碳捕集与封存技术,并建立储存二氧化碳的基础设施。总而言之,天然气和煤炭结合碳捕集与封存技术,就能够提供与风能和太阳能一样清洁或更清洁的基荷电力(记住,风能和太阳能是间歇性能源),而美国的天然气和煤炭储量都非常丰富。

许多人没有意识到,在第三世界国家,每天因在家中燃烧粪便和木材做饭而吸入致癌物质导致死亡的人数,比人类历史上所有核电站事故导致的死亡人数总和还要多。许多人对核能有着非理性的恐惧,但如果我们真的想要清洁的基荷能源,核能必须是解决方案的重要组成部分。中国正在稳步推进核电产业的发展。甚至我们在中东的朋友也接受了核能。他们拥有的石油和天然气可供使用数百年,但他们仍想建造核电站,因为他们想要实现净零排放并出口另一种能源。核能将变得越来越重要,而且它并不危险。碳氢化合物可以实现脱碳,风能和太阳能也是非常好的能源形式。我们需要尽可能多地利用这些能源。为了实现能源的合理配置,我们必须兼顾所有这些能源形式。如果我们做不到这一点,那人类的未来将是黑暗且可怕的。

我还想强调一点——我的家族基金会在非洲南部做了很多工作,在那里我看到了能源贫困的可怕影响。在非洲大陆上,可能有10亿人生活在极度的能源贫困之中。他们没有能源,而想要提升经济繁荣水平又需要大量的能源。他们用木材或牛粪烧火做饭，每年因此吸入的致癌物质导致数百万人死亡。这是不公平的——这些人应该获得能源。因此，我们需要各种形式的能源，以满足现代世界维持自身运转的需求，以及发展中国家提高生活质量的需求。

托尼：

而且价格必须是人们能够负担得起的，因为在那些国家，这是一个更大的问题。所以，碳捕集与封存听起来像是最终的解决方案之一。就像你说的，我们需要所有这些形式的能源，但碳捕集与封存可以让我们以不对环境产生负面影响的方式使用碳氢化合物。让我稍微转移一下话题，谈谈你的公司，因为你的公司的规模和增长都颇具历史意义，而发展一家大型投资公司所需要的远远不只是拥有大量的投资。除了强劲的表现，你认为你的公司成功的主要原因是什么？

威尔：

我想说有两点。我们的人才和我们的文化。在任何行业、任何企业，人才都是你最宝贵的资产。人才是唯一能够促使未来发生改变的因素。他们可以提出创新的想法，可以比竞争对手更努力，还可以用前所未有的新方式做事。因此，我们一直专注于聘请各个领域的顶尖人才，以打造一家世界级的能源投资公司。

我们还注重保持强大的公司文化。不幸的是，华尔街的投资公司通常都以竞争激烈而著称，虽然能吸引非常有才华、成功的人，但很多时候，也会吸引很多个人主义至上的人。在这个行业，如果你真的很优秀，你可以赚很多钱，获得好的名声。但问题是，你可能会遇到一两个表现特别突出的团队成员占据主导地位的情况。但单靠个人是赢不了冠军的，只有团队才能做到。好的投资公司都非常注重团队协作。团队协作是我们工作的核心，因为需要很多不同领域的专家通力合作，才能把我们的业务做好。

我的背景是金融，所以当我们创立公司时，我知道我们需要出去寻找运营和技术方面的合作伙伴。25年后，我们的公司中超过1/3的投资团队成员都拥有技术、运营或数字化背景，他们都是完全融入整个投资团队的成员。我们团队的每个人都了解团队中其他成员为团队带来的独特价值或技能。我们的理念是，整个团队共同进退，一荣俱荣，一损俱损，但我们始终把团队放在第一位。我认为这使我们成了一个经久不衰的品牌。

托尼：

回顾你们公司的历史，你认为让你们从优秀走向卓越的真正转折点是什么？

威尔：

我认为对我们来说这是两件事共同作用的结果。一开始，我们拥有所有的要素，但没有规模。而没有规模，就不可能真正吸引到我们所需的一些关键技能领域的世界级人才。我们公司成立于1998年，但大约10年后，当页岩行业起飞时，我意识到世界真的变了。我们所支持的公司资本密集度实际上增加了一个零。我们过去常常开1 000万、2 000万、3 000万美元的支票，但突然间，我们需要开1亿、2亿、3亿美元的支票。这是因为钻探页岩井的成本大约比钻探传统油井的成本高出10倍。页岩井中可开采获取的碳氢化合物也比传统油井的成本高出 10~20 倍。因此，规模发生了变化。当这种情况发生时，我们筹集的资金规模增加了很多，为我们提供了收入，然后我们可以出去雇用更多世界一流的人才。这是量子能源合伙公司的转折点。

我们生活在一个动态的世界。唯一不变的就是变化。不管你觉得自己计划得多好，事情总是会变，而且往往变化很大。因此，重要的是要行动迅速，能够意识到事情已经发生了变化，然后有意愿和勇气在中途进行纠正和调整，最终到达你想要到达的地方。

克里斯托弗：

你和我有一些共同点，那就是我们都在很年轻的时候就开始了自己的事业。在你 20 多岁创业之前，有哪些事是你希望别人提前告诉你的？

威尔：

创业可能是你这辈子会做的最激动人心的事情，也是最可怕的事情。所以，要趁年轻去做。另外，不要害怕失败。你肯定会经历失败，所以尽快失败，从错误中学习，做出调整，然后再次尝试。大多数人害怕承认自己的失败，因为他们认为这会让自己看起来很软弱或很糟糕，所以他们掩盖自己的失败，或者不承认自己的失败，但还是一次又一次地做错误的事情。我称这种行为为骄傲，它是大多数人无法取得卓越成就的最大原因。你必须正确看待失败，大多数人认为失败是负面的，但我认为它是积极的。失败意味着你成功地找到了另一种不去做某事的方法，让你离找到做某事的正确方法更近了一步。

我要说的另一件事是享受其中的乐趣。生命是短暂的，我们在人世间的时间很短暂。和你喜欢的人一起做事。巴菲特说，他和他喜欢、钦佩和信任的人做生意。这也许是我听到过的最明智的建议。

克里斯托弗：

确实。当你回顾量子资本的历史时，如果让你重新来过，你会有什么不同的做法吗？

威尔：

在早期，我们可能过于保守，太害怕失败了。我想，年轻的时候，我们非常担心会犯什么大错，然后再也筹集不到资金了。大家都知道，老话说，裁缝大师量三次才动一次剪刀。我们可能在裁剪前量了八九次。我们可能做出了最完美的西装，但当我们完成时，着装者的身体尺寸已经改变了。所以回想起来，我希望我能更愿意接受我现在给出的关于适当接受失败的建议。

克里斯托弗：

你认为为什么有些公司能够扩大规模，而有些公司却不能，其中最大的区别因素是什么？

威尔：

这归根结底取决于你组织里的人。当你扩大规模，做更大的交易时，复杂性就会增加，对这些业务和运营的管理难度也会增加，这就需要不同的技能组合。因此，你必须雇用那些有好奇心、高度诚信、有强烈的职业道德和不断学习的渴望的人。他们可能非常擅长他们今天所做的事情，但他们还想要不断进步，并致力于成为终身学习者。

我寻找的是那些智力超群、渴望成功、有很强职业道德并且诚实的人。当我发现具备这 3 点的人时，我就知道我们可以教会这类人他们所需要知道的一切。

我看到很多投资公司的创始人和高级合伙人常犯的一大错误就是他们为自己攫取了太多的经济利益。而这恰恰是确保你最优秀的人才流向其他地方的最好方法。在量子资本，我们有一个计划，就是公司里的每一个员工都可以直接或通过员工池参与我们作为基金 GP 所获得的附带权益。因此，每个人都会像所有者一样思考。而你能培养这种心态的唯一方法就是给予你的团队合理报酬，善待他们。

托尼：

智力有层次之分，知识也有不同的类型，对吗？如音乐知识、书本知识、街头生存知识。是什么把那些表现最出色的人与其同行区分开来的呢？有什么是我们没提到的吗？

威尔：

自我意识、谦逊和出色的沟通能力是将那些表现最出色的人与其同行区分开来的 3 个特征。我们生来就是要与其他人互动的。相处融洽、建立关系和沟通是成为一名伟大的私募股权或私募信贷投资者所必需的技能。我认为，要做好这些事情，你必须有自我意识且为人谦逊。你还必须有相当高的情商。因此，我们非常注重这一点。对一个成功的投资者来说，情商往往比智力上的优势要重要得多。我们所建立的关系以及我们所触及和影响的人的生活，在我们离开后会继续有效地留存下去。当你与拥有这些技能的人一起建立一个组织时，你不仅会拥有令人惊叹的企业文化，还会为你的投资者带来丰厚的回报。

托尼：

是的。当我采访沃伦·巴菲特时，我问他迄今为止做过的最好的投资是什么。我以为他会说是可口可乐或盖可保险（Geico）。他说是戴尔·卡内基（的课程），因为如果他没有学会沟通，那么其他的一切都不会发生。

第 15 章

伊恩·查尔斯：
用职业体育所有权放手一搏

阿克托斯体育合伙公司创始人

荣誉：私募股权二级市场领域的先驱者，成功地创建了该行业的首个卖方顾问服务。

管理总资产（截至 2023 年 8 月）：60 亿美元。

关注领域：职业体育（MLB、NBA、MLS、NHL、英超联赛）。

第 15 章　伊恩·查尔斯：用职业体育所有权放手一搏

成就

- 于 2002 年联合创立了科金特合伙公司（Cogent Partners），这是第一家私募股权二级市场卖方顾问公司，后来以近 1 亿美元的价格被出售。科金特因提供机构级顾问服务的同时还提供前所未有的交易流量，从而改变了私募股权二级市场，受到广泛认可。
- 联合创立了阿克托斯体育合伙公司，这是第一个推行全球、多联盟、多特许经营体育投资战略的机构平台。
- 阿克托斯是第一家被批准在所有符合条件的美国体育联盟中购买多个特许经营权的公司，而其在 2020 年对芬威体育集团的股权投资标志着私募股权公司首次对职业运动队进行基金投资。
- 阿克托斯的首只基金是有史以来募集规模最大的首只私募股权基金，接近 29 亿美元，该公司被列入 2023 年《体育画报》影响力榜单，该榜单评选出了体育界最有影响力的 50 个人 / 机构。

托尼：

伊恩，你所建立的成就令人惊叹。我知道你并不是一个体育迷，然而你却成就了我在体育界见过的最了不起的事业。那么，你能给我们简单介绍一下这一切是如何实现的吗？

伊恩：

如果让我追溯这一切的起点，我会说，首先，我自十三四岁起就一直是一名企业家。我也是个书呆子，我的第一份工作碰巧是在一家私募股权母基金公司，在一个很高的层面上学习资产类别，进行一级基金投资和股权联合投资。那时的私募股权和现在相比，流动性要差得多。如果你投资于私募股权基金，你可能会被套牢 10~15 年。如果你需要或想退出，世界上只有四五家公司会选择收购你的份额，而它们会先从你身上狠狠地大赚一笔，然后才会为你提供流动性。交易私募股权基金二手份额的市场被称为二级市场。

私募股权二级市场的折扣曾经很大。那时我和我的几个同事都很年轻，我想我们也都有点儿天真。我们认为我们可以帮助这些卖家，我们的想法是在二级市场上开创该行业的第一个顾问机构，帮助机构投资者出售他们的基金。这项业务取得了巨大成功，真正改变了全球私募股权的流动性，并创建了推动全球二级市场发展的所有基础设施。帮助创办那家公司真正开启了我作为一名专注于非流动性资产的创业者的职业生涯。

从那以后，我加入了二级市场上最早的一家买家公司，在 15 年的时间里，我帮助他们打造竞争优势、完善战略，并创造其他产品来释放其他非流动性市场的流动性。我花了一些时间研究的市场之一是北美的职业体育市场。

北美体育资产，如 MLB 和 NBA，是一个规模庞大且不断增长的市场，拥有大量少数股权，但无法获得机构资本。体育市场看起来很像 20 年前的私募股权市场。但是，当开始研究体育产业时，我们意识到北美体育联盟都不允许机构资本进入。联盟禁止这样做，它们实际上是监管机构。体育是一种非常有趣的资产类别，因为从数学上来说，很难复制北美主要体育项目的风险/回报特征。这些都是非常独特的生意。但是，如果监管机构不允许你投资，你就不能投资。2019年，机构资本禁令发生了变化。MLB是第一个开放其所有权架构以接受机构投资的北美体育联盟，但仅限于一种非常特殊的基金，这种基金需要有独特的架构、通过烦琐的审批过程，而且任何新进入者都必须处理一堆投资冲突问题。但我们发现了在这个领域成为先行者的机会。我对这个市场有足够的了解，知道一群金融极客仅靠自己不可能成功。你真的需要与这个行业认可的、在这个行业有很高的声誉并且有体育运营经验的人合作。因此，我们的创始团队拥有多元化的背景，他们有的和我背景相似，或者和我的搭档戴维·奥康纳［每个人都叫他多克（Doc）］背景相似，他们在体育和现场娱乐生态系统的重要部分有着数十年的建设、运营和领导经验。我们与创始同事们一起，建立了第一家旨在为北美球队和所有权团体提供增值资本和流动性解决方案的公司。这是一次令人难以置信的经历。但是，对我来说，真正的源头要追溯到25年前，当时我在其他非流动性市场帮助创造流动性解决方案，并了解非流动性投资和另类资产业务建设中出现的可重复模式。当把多克作为体育和现场娱乐运营商和企业家的经验结合起来时，我们就有机会建立一些非常特别的东西，自从我们成立以来，我们一直在努力不浪费这个机会。

托尼：

你们带来的不仅仅是资本，你们真的为这些现在已经成为媒体公司的体育实体带来了巨大的附加值。也许你可以稍微介绍一下投资它们的好处，以及你们是如何为它们服务的。

伊恩：

真正有趣的是，当我们成立这家公司时，如果你问我这个问题，我会说，说实话，我不知道。我不知道我们将被允许在那个领域做什么。因为联盟还没有真正制定规则。我们不知道联盟会允许什么，成员们会接受什么，或者他们希望或需要什么样的帮助。在过去的3年里，随着我们公司声誉、规模、资产组合和数据的增长，我们继续投资于我们自身的能力、团队和数据系统，建立了一个专有的数据科学和应用研究业务，我们称之为"阿克托斯洞见"，还打造了一个价值创造计划，我们称之为"阿克托斯运营平台"。我们所做的是围绕数据、分析和增值建立了一整套服务。我保证，如果你在6个月后问我这个问题，答案会有点儿不同。要是一年后再问，答案会有很大不同。我们不断评估客户的需求。因为我们有两类客户，一类是与我们合作的老板，另一类是信任我们并把资金托付给我们的投资者。我们与球队老板、体育联盟和俱乐部高管的反馈循环是我们工作流程中持续存在的一部分。因此，今天我们会在购买其他特许经营权、房地产、现场娱乐综合设施、技术投资和改善场地等方面为他们提供帮助。我们正在数字交互、数据科学和机器学习等领域为他们提供帮助。我们拥有庞大的数据资源，还建立了一个应用研究业务，为投资组合中的球队老板提供非常重要的业务内容和分析。国际扩张对球队老板来说是一个非常重要的话题，因为他们希望将这些品牌推向全球受众和粉丝群体。他们中的一些人根本不知道该怎么做。我们刚刚开设了伦敦办事处，因为我们的团队希望实现国际化发展。我们希望在当地配备人员、拥有资源，并制订一套行动方案，以加速业务增长，并在国际上提升品牌影响力。

所以，这是一个不断进化的、深层次的能力体系，而这个行业此前确实没有机会与我们这样的机构资源合作。因此，有很多触手可及的机会，也有很多可重复的模式。一个球队所需要的，可能同一个联盟中的其他 15 支球队也需要。我们能够在这些能力上进行集中投资，因为我们知道我们可以将这项投资的成本分摊到 6、7 个，有时甚至 20 个平台上。

托尼：

彼得·古贝尔是我最亲密的朋友之一，我知道你和他之间达成了多项合作，最出名的就是关于金州勇士队和洛杉矶道奇队的交易。但是那些投资者本身情况如何呢？他们有什么优势吗？关于这种合法垄断的概念、对通货膨胀的影响，以及这些球队（比如 NBA 球队）能分得总收入的 1/30 的事实，我想说，投资者们对这些事情大多是一无所知的。

伊恩：

彼得非常了不起。他比我们其他人更早地看到了几乎所有的事情，但你说得对。你所触及的是北美体育资产一个非常独特的特点。在欧洲足球或其他类型的体育生态系统中并非如此。每一支北美球队都在其所属全球商业联盟中拥有等额的份额，而联盟本身就是一项全球 IP 和一种品牌管理业务。联盟在美国国内和国际层面出售媒体版权、数据版权和赞助权。联盟有自己的管理费和成本结构，但是它们会产生股息，并且它们每年会向所有者按相同比例支付股息。因此，无论你处在最小的市场还是最大的市场，你获得的股息分配都是相同的。同样，无论你是最后一名还是第一名，你得到的支付款项都是一样的。在联盟中的所有权股份以及长期、多元化合同（合同包含年度付款递增条款）带来的总收入，为联盟中的每一方创造了真正稳定、持久的资产。

联盟和球队老板不喜欢将当地的特许经营许可称为垄断，但它的运作方式却和垄断类似。体育特许经营权的所有者拥有受保护的地理区域，就像连锁餐厅的特许经营者一样，没有人可以与你所在地理区域内就该项体育运动收入与你进行竞争。这些品牌的粉丝群体并不局限于某一代人，对某支球队的喜爱可能跨越世代传承下去，它们是其所在社区中的重要资产，因此你的客户获取成本实质上为零。这些业务是公共性的，是跨世代、跨政党的共同体验——它们是当今唯一具有这些特征的资产。然后，所有者可以利用这一特许经营权将业务扩展到房地产市场，并打造现场娱乐综合设施，建立数字分销渠道，并直接向消费者进行营销。我们发现本地平台的活动很有趣。如果你操作得当，这个平台会让你成为公民领袖，同时也会以一种低杠杆、低地缘政治风险、无货币风险的方式增加你的财富。当你把在联盟的所有权股份与当地的特许经营权结合起来时，一家北美俱乐部就能产生很好的"投资组合效应"，具备所有这些极为独特、很难找到且难以复制的属性。对我们的基金来说，因为我们为希望退出的少数股东提供流动性，并为有远大愿景的股东提供增长资本，所以我们能够与优质市场上拥有令人惊叹的品牌和想法的优秀老板建立合作关系，并在非常有吸引力的切入点上展开合作。

第15章 伊恩·查尔斯：用职业体育所有权放手一搏

托尼：

你已经做了这么多增值的事情。然后，你利用房地产和定价权对冲了通货膨胀，因为正如你所说，这些人是狂热分子，他们在这方面是久经考验的。再跟我们讲讲你自己吧。在你的生活中，谁是最重要的人，或者说哪些人对塑造你的成长、成功、职业或生活起到了重要作用？

伊恩：

这听起来可能有些肉麻，克里斯托弗以后可能会取笑我，但这是真的。我总是告诉别人，我 13 岁的时候就遇到了我的妻子。直到我大概 16 岁的时候，她才知道我的存在！她当时太酷了，太漂亮了，根本没注意到我！我们在同一个小镇长大。我们彼此信赖、相互支持。尽管我们双方的父母都禁止我们一起上大学，但我们还是略施小计，最后一起上了大学。如果不是我的妻子杰米，我可能永远不会冒第一次创业的风险，创办这家二级市场咨询公司。她当时是一名特殊教育老师，而我在一家私募股权母基金公司担任分析师。如果不是依靠她的薪水，她对我的信任和鼓励，我不可能有勇气辞掉工作去创业。

托尼：

哇。

伊恩：

快进到近 20 年后，她知道我在职业方面有些不同的渴望。她知道我又想开始创业了。我想我们可能都把自己的职业看得太重，把它与自我价值和个人身份紧密地联系在一起。我知道我确实有很多次这样的想法。想到要离开一份好工作和一个重要的职位，你会有点儿身份危机，对吧？这很可怕。但杰米比我更了解我自己。她知道我有这种驱动力去尝试和建立一些东西。她还知道，如果我真的迈出了那一步，我想用"阿克托斯"（Arctos，大小熊星座的统称）这个名字，这个名字与我们在阿拉斯加的文化根源有关，也与熊有关。她知道这些事情。2018年，杰米送给我的圣诞礼物是一只水晶熊和一张便条，上面写着："我觉得是时候了。"5个月后，MLB改变了它的所有权规则。她一直相信我，总是鼓励我。当我还不知道自己需要支持的时候，她就已经在支持我、鼓励我了。所以，毫无疑问，她就是那个问题的答案。

克里斯托弗：

对我们男人来说，令人惊讶的是，很多时候，如果我们更多地按照妻子的想法去做事，我们会过得好得多，也会快乐得多。

伊恩：

我们会更快乐。毫无疑问。

克里斯托弗：

让我们谈谈体育。很显然，我们谈到了体育资产的属性，它与大多数其他投资非常不同。如你所知，但为了让其他人也能明白，在我们达成合作前，我们花了大约18个月的时间来深入沟通，了解体育投资的商业模式。而且，坦率地说，我自己花了很长时间才弄清楚。当你考虑体育投资领域的机会时，你觉得机会在哪里呢？对投资者来说，在职业体育或整个体育领域有哪些真正有意思的机会？

伊恩：

我们专注于帮助北美体育资产所有者释放他们眼前所有资产的潜力。有时就这么简单。有时你眼前的东西非常特别，它有很多增长节点和有待挖掘的机会，最好的办法就是集中于此并努力帮助他们。因此，在未来3~4年里，关键在于现场娱乐、改善球迷体验，媒体版权将随着你从线性播放系统转向流媒体系统而变得更加有价值。重点还在于帮助这些品牌进行国际拓展、打造与客户的直接联系。

举个例子，如果你是休斯敦太空人队的季票持有者，但你不能去看比赛，你可能会决定在一个票务平台上出售这张票。假设我买了，但杰米（我的妻子）提醒我我们有日程冲突（这种情况经常发生）。然后我可以选择把票放到另一个交易平台上，托尼可能会从我这里把票买走。

现在，球队不知道我是谁（第一个买这张票的人），也不知道托尼是谁（这张票的下一个买家），尽管托尼带他的家人去看了比赛。但很快，球队就能准确知道在整个交易链中这张票的历任所有者是谁了。球队将能够直接面向我们3个人进行营销，以促进未来的票务销售。而在这笔特定的交易中，球队也能够从中分一杯羹。所以，如果你的票面价值是200美元，但托尼花了600美元购买它，虽然现在球队只能得到200美元，但很快它就能从这条交易链上获得一部分利润。这一简单的变化就能使票务收入增加30%~50%。

有很多短期机会可以帮助投资者将这些不可思议的本土品牌变现并发展壮大，改善粉丝体验，拥有未来20年最重要的内容类型之一。这就是我们高度关注的重点所在。

克里斯托弗：

当我们对整个体育领域进行尽职调查时，最终让我下定决心并让我信服的是收入的韧性。我认为大多数投资者并没有充分认识到这些收入流的可预测性和一致性。所以，当你回顾已经发生的事情时，你对于职业体育领域将发生什么的预测一直都很准确。但是在过去的几年里，发生了一些出乎我们意料的事情。首先，哪些事的发生在你的预料之中呢？其次，在过去几年里，发生了哪些你根本没预料到的事情？

伊恩：

哦，伙计，这是个好问题。当我们开始做这件事，并在2020年3月和4月与人交谈时，根本没有比赛。我完全不知道什么时候会再有比赛。

托尼：

那在当时购买时你有拿到折扣吗？

伊恩：

这确实让我很焦虑。但我们知道体育赛事会重新开启，并且我们坚信，体育产业作为一个有着创新历史的行业，很可能会成为率先复苏的行业之一。我们不知道复苏会是什么样子，也不知道需求

第15章 伊恩·查尔斯：用职业体育所有权放手一搏

曲线会有多强劲。它似乎具有非常强的地域性。然而，反弹的势头远超我们最初的设想。举个例子，NBA常规赛两周前刚刚结束——这是历史上总观众人数最多的赛季。因此，这种复苏的速度和力度让我感到惊讶。

克里斯托弗：

这就引出了下一个问题。有很多投资者对体育的理解是错误的，他们并不了解体育。你听到最多的人们对体育行业的误解是什么呢？

伊恩：

我想他们不了解这些业务的估值框架。在收入方面，你已经注意到了北美地区体育收入流的稳定性、可预测性和持久性真的不同寻常。它们更类似于基础设施资产——体育场冠名权有长达15年的合同，美国全国性媒体转播权有5~10年的合同，地方性区域体育转播权有7~20年的合同。这种可预测性并不为大众所熟知，但在一个充满不确定性的世界里，它真的非常有价值。

体育的估值环境在过去15年里也一直非常稳定。还记得我之前说过的话吗？机构资本此前从未被允许进入这个领域。

北美的体育联盟还极力保护着另一点，那就是它们不允许你在这些交易中使用太多的杠杆。几乎在我的整个职业生涯中，资本成本每年都在不断降低。当我们创办阿克托斯时，大约有18万亿美元的主权债务收益率为负数。如果你是机构投资者，那么各类资产的风险重新定价会让你很难实现你的精算回报或个人回报目标。因此，你不得不走出风险曲线来实现你的回报目标，或者只是把钱闲置在那里，不赚任何回报，希望情况能有所改善。对大多数投资者来说，持有现金真的很难，因为存在业绩基准比较和职业风险。因此，大多数投资者不得不把更多的钱投入风险越来越大的投资项目。当前所未有的流动资本在全球范围内寻找投资机会时，如果它试图投资北美体育，联盟就会禁止这种投资，流动性浪潮就会被弹开，转而寻找其他的机会。联盟的债务限制使得利用大量廉价杠杆收购球队几乎成为不可能，而机构也不能用资本横扫市场。它们不被允许这样做。

因此，在过去10多年里许多行业都出现过估值扩张的情况，而这种情况并没有在体育领域发生。事实上，体育和油气行业是我们发现的唯二的在2011年至2021年间市盈率（价格与收益之比）倍数压缩的行业，因为体育领域的收益增长和营收增长高于估值增长。所以，在过去的18个月里，在这场大规模的市场调整和风险重估过程中，那些曾经依靠廉价债务和低资金成本推高估值指标的行业都出现了估值收缩的情况，这也影响了投资回报。

托尼：

在你投资的这4个核心体育机构或组织中，回报率不是一直都高于标准普尔指数和罗素2 000指数的回报率吗？

伊恩：

有趣的是，答案是肯定的，但更重要的是，这是在不同的市场环境中实现的。因此，我职业生涯中最容易获得收益的10年是2011年至2021年。如果你做的是风险投资或投资的是杠杆收购基金，你在这10年内获得的回报率将在17%~20%之间。这太神奇

第15章 伊恩·查尔斯：用职业体育所有权放手一搏

了。公共市场给你的回报率为10%~11%，这在历史上也是非常有吸引力的。体育给了你18%的回报率，不需要任何技能，只需以不打折的价格投资整个市场。但那是一个相当容易的市场环境，对吧？几乎所有投资都能有收益。当资金成本每年都在下降时，只要持有你的资产，它们就会变得更值钱。但在一个完全不同的环境中，20世纪60年代中期到80年代中期，环境发生了很大的变化，波动性非常大，通货膨胀持续居高不下，每个投资者都依赖的60/40投资组合都不管用了。

在20年（20世纪60年代中期到80年代中期）的时间里，标准普尔500指数的复合收益率约为4%，而通货膨胀率平均为7%。因此，如果你长期持有股票，你在这20年里的财富实际上是缩水的。在同一时期，即20世纪60年代中期到80年代中期，北美体育产业的复合回报率为16%。其表现一直非常出色。它（体育行业）的波动性很小，这背后有很多非常深奥的数学原因。它与其他资产类别的负相关性较低。而且，体育行业不会使用太多杠杆。因此，它不会像其他行业那样受到全球流动性的冲击，因而出现估值反复无常的情况。具备这些特点的资产真的非常难找。

托尼：

这和我们下一个问题有关。你知道，瑞·达利欧是我的好朋友，我问他最重要的投资原则是什么，也就是他所说的"圣杯"是什么。我们写的这本书的英文标题也与此相关。显然，我们与你在这方面合作的原因之一就是，这是一项非相关性投资，除此之外，还有你刚才谈到的所有因素。但从你的角度来看，你会说投资的"圣杯"是什么呢？

伊恩：

大约一年前，我和达利欧谈过我们的策略。那是一次非常有趣的讨论——他直接谈到了非相关性。他实际上把它变成了一个稍微不同的数学结构，我们开始谈论持有成本，因为过去持有球队的成本是每年通过经营亏损和资金要求计算的。但在过去的 15 年里，这种现金流的特性已经发生了变化。持有成本已经出现了逆转，这给北美体育行业的估值带来了根本性的变化。

在我的整个职业生涯中，我一直在向非流动性市场中成功而明智的从业者寻求建议和指导。对我来说，强大的基本面价值投资理念的"圣杯"就是内在价值套利。霍华德·马克斯和其他价值投资者称之为安全边际。投资于那些不明显的东西（这意味着它们涉及的竞争可能没那么激烈），并且以颇具吸引力的安全边际去投资，同时与你信任的管理团队及所有者合作——如果你在构建一个多元化投资组合时做到了上述这些，你将因为那个安全边际和你支持的人的出色表现而跑赢市场。

托尼：

还有一个问题我也问了其他我们采访的人：如果你能吸引全世界 5 分钟的注意力，你想告诉所有人什么？

伊恩：

哦，天哪。如果我能吸引世界 5 分钟的注意力，我会告诉所有人什么？我可能会告诉他们一切都会好起来的。

第 15 章　伊恩·查尔斯：用职业体育所有权放手一搏

托尼：

那太好了。我同意你的看法。但能不能告诉我为什么？

伊恩：

我觉得现在很多人都很害怕，没有安全感。我认为很多人都很孤独。我觉得人们并没有建立起有意义的人际关系，也没有我们每个人所需要的那么多的有意义的互动。我会告诉人们，特别是男性，要主动联系他们尊敬的人，并告诉他们，他们的工作做得很出色，你很欣赏他们。如果你和某人是朋友，并且对方是个好父亲，那就赞扬他是位好父亲。或者如果你觉得他是很好的伴侣/配偶，那就直接告诉他。告诉他，他是个很棒的朋友，以及你有多么感激他。我想告诉人们，一切都会好起来的。

克里斯托弗：

那真是一件美好的事。

托尼：

太好了。让我们谈谈投资业务本身。你知道，发展一家大型投资公司可远远不止于拥有大量投资。你认为你在事业上取得成功的主要原因是什么？

伊恩：

我想，在我们建立这个体系的 3 年里，我们拥有的优势就是这里的人才。我们对谁能和我们一起踏上这段旅程非常挑剔，我们在这个过程中设置了一些实实在在的标准和筛选条件。我们有 6 个对我们非常重要的核心价值观。我们作为一个创始团队经常谈论的一件事是，如果我们有幸取得成功，那么在这个过程中会有很多"诱人的东西"。要知道我们什么时候该停下来捡起这些东西，什么时候该继续奔跑、不受干扰，这真的很重要。所以，我们有了这些明确的术语——我们的热情和我们的专长，它们来自吉诺·威克曼的《掌控力》一书——它们让我们保持专注。至于核心价值观……关于多样性的价值，有很多讨论。我们在多样性上是不妥协的，我们在价值观上绝对不容许多样性的存在。如果你与我们的价值观不一致，那么这里就不适合你。

托尼：

你介意和我们分享那 6 个价值观吗？我很想听听。

伊恩：

仆人式领导、信任、团队合作、洞察力、品格和卓越。在我们的创始团队在一起共事很久，开始建立业务之后，我们实际上按下了暂停键，给大家放了一天假，布置了一项家庭作业。这项家庭作业是，当我们明天回到这里时，你必须说出这里每个人身上你喜欢的两点。

托尼：

听起来很棒。

伊恩：

8 个创始人——这意味着你将从 7 个人那里得到反馈。会有一些重叠和冗余的内容，所以你会得到关于每个人的 8~10 件事。我们浏览了这个清单，进行了删减和整合，在这个过程中，我们发现了我们共同的"DNA"。因此，我们的 6 个核心价值观是我们创始团队的共同核心属性，我们都喜欢彼此，也激励着彼此变得更像对方。

托尼：

那很棒。真的很棒。谢谢你分享这些。这是任何组织都可以借鉴并付诸实践的东西。你认为在你的业务中，真正让你们实现了从优秀到卓越的飞跃的支点是什么？

伊恩：

所以，大约一年后，环顾四周，会很容易感叹，天哪，这太不可思议了。但实际上我们却有相反的感觉。我们当时想，天哪，我们要搞砸了。我们如何确保不把这个搞砸？我们总是有这种冒充者综合征的焦虑。我知道的一件事是，一年后，我们的流程将不会像现在这样。我们为所有者提供的服务将会有所不同。我们使用数据的方式也会有所不同。我们收集和分析的数据类型也会有所不同。我们必须确保我们的员工敢于挑战我们的思维方式。我们必须不断再投资和再评估，同时完全可以接受撕毁某些东西并说："这在两年前效果很好，但别再提了，因为明天它就不重要了。"所以，我认为，重要的是，大约一年后，当退后一步审视时，我们可以说我们有机会在这里做些特别的事情。我们该如何界定自己的制胜之道呢？

最优秀的公司擅长什么？它们的优势体现在哪些方面？何塞和贝达德在清湖资本（Clearlake）做了什么？罗伯特·史密斯在维斯塔做了什么？罗伯特很早就在他的领域占据了主导地位，但后来他加倍努力，建立了维斯塔的战略体系。他和他的团队不断再投资于这个看似无法逾越的知识产权体系。我们必须在体育领域也这样做。所以，我们做的事情之一就是退后一步，看看所有我们敬佩的这些公司。这样的公司有很多。它们做了什么让自己变得特别？我们可以做些什么来复制这些特点呢？

克里斯托弗：

回过头来看，对于哪些事情，你希望自己能在当初创立公司时采取不同的做法？

伊恩：

我希望我能招到一些机器学习工程师，因为当我们在3年前创立公司时，大多数人甚至不知道"AI"的全称怎么拼。从一开始，数据科学就是我们商业计划的重要组成部分，但我希望我们当时能更深入地研究那个领域。我知道我们在那个领域处于领先地位。我知道我们正在创新，我们正在以大多数管理者甚至还没有开始思考的方式运用数据科学。但我希望我们当初能更早地加倍投入。

克里斯托弗：

为什么大多数投资公司和绝大多数私募资产管理公司无法扩大规模？

伊恩：

首先，有些资产管理公司本就不应该扩大规模。它们擅长的事情可能无法扩大规模。它们如果尝试这样做，就会偏离它们的能力圈，离开它们有获胜优势的市场地位。我认为，公司真正擅长的领域都有很好的实践验证：你可以成为行业专家或专注于特定国家的专家。你可以在宏观层面或特定能力方面占据主导地位，如信贷或基础设施。你也可以在组织管理层面表现出色，比如企业文化、人才管理……实际上，在我们的行业中，一个真正容易获胜的方法就是人性化地对待员工，理解这里可能不是他们整个职业生涯中唯一的工作场所。要对他们宽容，对他们的成长进行投资。你可以在组织健康和人才密度方面建立优势，也可以在组织管理和人员培养方面获胜。如果你拥有专有的交易流（一个机构或公司所拥有的独特、专有的交易机会或交易渠道），真正的专有交易流，你就可以像猎人或采集者一样挑选机会。能够在交易机会丰富的时节去收获成果，那真的非常难得。以不同的方式发掘项目，对风险进行不同的定价，以不同的方式管理风险，以不同的方式管理投资组合的流动性。这些都是你可以建立核心竞争力和差异化的领域。大多数伟大的公司都非常擅长其中的 4~5 项。但你必须知道在哪里、为什么以及如何才能获得制胜的优势。你必须有信心和谦逊的态度，定期对这些结论进行测试。

克里斯托弗：

你所描述的这一切都非常有趣，不仅要使创始团队拥有这些关键特质（这很困难），而且要保证这些特质能够随着时间的推移代代相传。有些人做得非常好，有些人显然没有这种意识。

伊恩：

我认为，在私募市场中，最大的风险就是那种代际传承问题。

投资者不知道如何对其进行评估。很多时候，他们不敢问及此事。这些问题很难开口，但它们却是最重要的问题。你必须对每家公司是如何运作的保持好奇，要弄清楚"它们凭什么获胜"这个问题，这是运作的核心。你必须鼓起勇气深入探讨这些问题，因为如果三四年后你支持的人不在了，你的这个特许经营权就会面临真正的风险。

托尼：

我喜欢你对"制胜权"的表述和思考过程。你通过做这些事情来赢得制胜权。这与大多数人看待事物的方式非常不同，伊恩。说到投资人才，你认为在你的心目中，把表现最出色的人与其同行区分开来的关键特征是什么？

伊恩：

嗯，我要说明一下，"制胜权"是我的朋友休·麦克阿瑟教给我的。长期以来，他一直在帮助私募股权公司的执行合伙人了解他们的制胜权。那么把表现最出色的人与其同行区分开来的关键特征是什么呢？实际上，我认为这很简单。有一个令人信服、经过复杂机构投资者审查和支持的策略和理论，能够吸引资本，同时言行一致，用真正有才华的优秀人才去做你承诺要做的事，并且不断投资于这些人才和你的业务流程，我认为这就是表现最出色的公司所做的事。它们识别、捍卫并扩大他们的制胜权。

第 16 章

戴维·萨克斯：
"贝宝帮"的原始成员

匠心创投风险投资公司联合创始人

荣誉：《全力以赴》播客联合主持人，与埃隆·马斯克、彼得·蒂尔同为"贝宝帮"的原始成员。

管理资产总额（截至 2023 年 8 月）：30 亿美元。

关注领域：企业和消费技术。

成就：

- 投资了 20 多家独角兽公司，包括 Affirm、爱彼迎、Eventbrite、脸书、Houzz、Lyft、Palantir、Postmates、Slack、SpaceX、推特和优步。
- 职业生涯始于贝宝，在贝宝担任创始首席运营官和产品负责人，之后创立了 Yammer 并担任首席执行官，后来以 12 亿美元的价格将其卖给了微软。
- 于 2017 年创立了匠心创投，现在拥有 300 亿美元的资产管理规模，分布于 6 只基金中。投资组合中的公司包括 SpaceX、社交新闻站点 Reddit、马斯克创立的基础设施和隧道建设公司 Boring Company、软件服务公司 ClickUp、专注于反欺诈的技术公司 SentiLink、科技公司 OpenPhone、云计算公司 Vanta、神经技术公司 Neuralink、在线编程平台公司 Replit 和代码开源企业 Sourcegraph。

托尼：

从在贝宝工作到成为脸书、爱彼迎和 SpaceX 的早期投资者，你在生活中所取得的成就令人难以置信，你至今仍然充满影响力，不仅在科技和投资领域，还在很大程度上影响了政治。我们是你的播客的忠实粉丝。给我们讲讲你的成长故事吧。这一切是怎么开始的呢？

第16章 戴维·萨克斯："贝宝帮"的原始成员

戴维：

我5岁时随家人从南非搬到美国，10岁时成为美国公民，主要在田纳西州的孟菲斯长大。我1994年毕业于斯坦福大学。那个时期大约是硅谷互联网的诞生时期。1995年是重要的一年——网景公司（Netscape）在这一年首次公开募股。网景浏览器是互联网上第一个商业浏览器。遗憾的是，我前一年就毕业了，然后去读了法学院。直到1999年，我才回到硅谷。我在斯坦福大学的一个朋友，彼得·蒂尔，正在创办一家公司。我们就他正在做的事谈了很多，我最终决定加入他。那家公司最终变成了贝宝。就这样，我进入了科技行业。从那时起，我主要参与科技初创公司的创立和投资。

托尼：

你投资过不少初创公司，其中有些公司已成为行业巨头。你发现这些机会的秘诀是什么？

戴维：

我会留意几个方面，其中一个我称之为"产品钩子"。在你产品的核心，用户会想要一遍又一遍地做的、简单、可重复的交易或互动是什么？对贝宝来说，就是输入某人的电子邮件地址和金额，然后非常轻松地给对方汇款。对优步来说，就是你在地图上设定一个目的地，然后就会有车来接。谷歌的"产品钩子"是最简单的。它只是一个搜索框——一个非常简单的、用户会想要一遍又一遍地进行的交互操作。我认为很多公司都会错过这一点，因为它们认为，它们如果不断地增加功能和复杂性，就可以解决产品与市场契合的问题。但是，如果你不能让用户做一些简单的事情，那么让他们做一些复杂的事情是非常困难的。你要从用户乐于接受的一些简单的事情开始，然后再在其基础上增加复杂性。

我看中的另一个重要方面是在推广渠道上要有某种创新。我称之为"推广诀窍"，这是公司为了寻找用户或买家而做的一些独特的事情。在贝宝，我们发明了很多这样的诀窍。用户甚至可以给还不是用户的人发电子邮件汇款。我们将贝宝的支付按钮嵌入易贝的拍卖页面中，利用它们的平台进一步发展。我们为用户提供注册和推荐奖励。贝宝开创了许多这样的技巧，使产品迅速传播。如果你看看其他爆炸性增长的公司，它们通常都在推广方面进行了创新，这就是说，以新的方式触达用户。这之所以重要，是因为市场竞争太过激烈，仅仅制造出一个好产品并不能保证你会脱颖而出。我们希望它能成功，但互联网如此之大，你需要找到一种经济、高效的方式来触达你的用户，否则无论你的产品有多好，他们都可能永远发现不了你。

托尼：

你有一群了不起的朋友，他们中有些人是世界上最有影响力的科技界人士。谁对你影响最大？他们是如何以积极的方式帮助塑造你的？

戴维：

在我的职业生涯中，我非常幸运地能与两位伟大的创始人合作创办我的第一家公司：彼得·蒂尔和埃隆·马斯克。我曾分别以产品负责人或首席运营官的身份为两位首席执行官工作。能与他们两人共事，对我来说是很好的学习经历。他们作为首席执行官的风格截然不同。马斯克事必躬亲，会深入参与公司的每一部分业务，尤其是产品方面的业务。而彼得则更偏向于授权他人，专注于重大的战略问题。显然，这两种风格各有优点，也都行得通。在离开贝宝后创办 Yammer 时，我觉得我能够运用我从他们身上学到的技巧。

托尼：

你会说你的风格介于他们二人的风格之间吗？或者你会根据情况有选择地使用其中一种风格？

戴维：

我介于两者之间。马斯克会深入参与业务的每一个方面。你如果看他的组织结构图，会发现他有很多下属，因为他保持结构的扁平化。而我的组织结构图更为传统。我喜欢通过我的高管们来开展工作，但有两个方面我会亲力亲为。一个是产品方面。你如果是个有产品愿景的人，就不能完全放权。另一个方面是，当某个职能部门运行良好时，我会给我的高管们更大的自由度；但如果它运行得不好，我就会紧盯着他们，直到把问题解决。例如，如果销售达到了业绩目标，我基本上不会管他们；但如果没有达到目标，他们就会真切地感受到我的存在，而且会面临更多的检查。当你认为自己拥有特殊优势或技能时，或者当出现问题时，你就需要亲力亲为。但是，当高管们已经证明他们能够独立地把工作做好时，你就可以信任他们，让他们更独立地开展工作。

克里斯托弗：

这需要一个很好的平衡。当你审视今天的技术时，你会发现它正在发生很大的变化。对投资者来说，最大的机会是什么？

戴维：

硅谷的伟大之处在于，大约每10年就会发生一次平台变革。如果你一直追溯到20世纪80年代，那时，个人计算机取代了大型计算机。然后在90年代，互联网诞生了，计算从本地转移到了云端，或者从桌面转移到了云端。然后在21世纪初，我们推出了社交网络。在21世纪00年代末，我们迎来了移动技术的诞生。现在，重大的平台变革在于向AI领域转变。这似乎总是每10年发生一次。说AI是大浪潮有点儿像陈词滥调了，但我认为确实如此，而且我们正处于这个周期的起点。对新公司和现有公司来说，都将有大量的机会。

托尼：

你如果现在看AI，会发现它和互联网早期的情况非常相似。有无数公司在涌现，其中很多不会存在很久。当你具体看AI公司时，哪些公司会引起你的注意？

戴维：

我们会着重关注几个方面。首先，创始人要具备远见、韧劲儿和创造力。要真正了解这个领域，因为AI的技术性相当强，所以能够将技术才能与对未来发展的远见结合起来的创始人成功的概率会更高。在这个超早期阶段，对人的押注甚至更为重要。

另外，我们还要看想法是否符合市场的发展趋势或需求。我们认为，在广义上被称为专业人士的"副驾驶"领域，存在着市场机遇。我们认为将来会有医生的"副驾驶"、律师的"副驾驶"。几乎你能想到的每一个职业，每一个工作职能，都将有一个AI"副驾驶"来帮助从业者完成工作。我们认为，这将为那些能够在特定领域深入研究的创始人创造很多机会，他们了解工作要求，也了解AI，能够将这两者结合在一起。

克里斯托弗：

在过去的几年里，哪些事的发生在你预料之中，哪些事的发生出乎你意料？

戴维：

硅谷现在正在经历一次巨大的重置。自2000年互联网泡沫破裂以来，我们经历了最大的资产泡沫破裂。回想起来，美联储自2008年以来一直实行的零利率政策，其影响远大于人们愿意承认的程度。它对进入该行业的资本数量产生了巨大影响。所有这些寻找回报的闲散资金都在四处流动。

一二十年前，关于风投的传统观点是，这不是一个可以轻易扩张的业务。它不像公共市场投资那样，你可以很容易地投资数十亿甚至数百亿美元。在很大程度上，风投是与创始人携手合作的业务。风投从未成为一种可以投入大量资金的资产类别。这是传统的理解。但现实情况是，在这个零利率时期，大量新资金进入了这个行业。

很多公共市场的投资者是这样想的：我们已经看到了这些初创公司在上市时的出色表现，所以我们只要在它们上市前的最后一轮私募中投资就可以了。他们看了这些数字，发现其中存在套利空间。于是他们开始在最后一轮私募中投资。然后他们意识到：等等，投资倒数第二轮私募的人正通过我们的投资抬高估值，所以那里也有套利空间。他们开始使用这种逻辑，并且一路向下投资，而他们并不一定具备评估初创公司的专业知识。你可以想象这样做的结果。资金大量涌入初创公司，推动估值飙升。但随着利率的上升，流动性下降，这个泡沫已经破裂了。因此，该行业目前正在经历一次大调整。

资本市场行为传导至初创公司行为的表现是，很多创始人认为资金总是会有的，他们总可以在更高的估值下筹集新一轮资金。钱就像长在树上一样容易得到，创始人们在花钱上也开始变得大手大脚。我认为创始人们忽视了实现盈利这一目标，他们只关注营收。整个心态就是要增长，而不顾这种增长有多低效，也不管是否盈利。创始人们觉得他们必须参与场上的游戏。这个游戏就是，如果你不展现出最多的营收增长，而你的竞争对手做到了，他们就会筹集到所有的资金，并能够买断剩下的市场。在优步与 Lyft 之间的竞争中，你就能看到这种动态，它们都筹集了大量资金，但资金利用效率低下，它们觉得自己陷入了囚徒困境——只要有投资者愿意为对方提供资金，你就必须参与这场游戏。这种动态使这些公司的效率非常低。

现在资金不像以前那么充裕了，创始人和初创公司必须提高效率。我们的情况已经从只关注增长转变为更加平衡的关注。创始人必须考虑增长的效率，这反映在烧钱率、利润率和单位经济效益等指标上。这对该行业来说是一个巨大的变化，因为这些不良行为在大约 15 年的时间里不断累积。俗话说，市场上行时是自动扶梯，下行时是升降电梯，而我们刚刚乘升降电梯下来。这对许多风投和创始人来说是一次残酷的觉醒。

克里斯托弗：

那么，当投资者在考虑技术，特别是增长和风险资本时，他们今天会犯什么样的错误呢？他们会忽略哪些本应看到的东西呢？

戴维：

这很难说。我们正处于这场大调整之中，人们开始意识到资本远不如过去那么充裕了。过去的大约 10 年是一个非常不寻常的时期。我认为，未来我们将处于一个资本更加受限的环境中。每个人都必须相应地调整自己的行为。

克里斯托弗：

你认为估值调整已经完全开始了吗，还是说还有很长的路要走？

戴维：

这是一个好问题。我想说，估值调整在某种程度上是不均匀的。在很多领域，调整已经发生，这是合理的。但是，每当风险投资领域的某个板块变得炙手可热时，估值就会变得疯狂。例如，尽管我们对 AI 感到兴奋，但我们也有点儿担心，不知道一些估值会疯狂到什么地步。我们开始看到一些没有收入的公司估值达数亿美元。我们甚至看到了一些还没有任何收入却有和独角兽公司一样的估值的企业。对于热门的 AI 公司，市场对它们的估值甚至达到了其年度经常性收入的百倍以上。从这个意义上说，风险投资家们似乎从来没有吸取过教训。或者当一个领域变热时，他们就把教训抛到脑后了。

我非常相信 AI，相信它将创造很多机会。问题是，在一些风投圈，现在仍然有点儿狂热情绪，所以很难找到既有前景又估值合理的 AI 公司。这两方面都是我们看重的。

托尼：

十几年前，我遇到了瑞·达利欧，我们成了朋友。我曾问他："指导你的最重要的投资原则是什么？"我们要写的这本书讲的就是关于投资"圣杯"的内容。达利欧当时告诉我，找到 8~12 种不相关的投资，因为这样可以降低 80% 的风险，并增加你的收益。这是一个非常简单的原则。对你来说，投资的"圣杯"是什么？

戴维：

嗯，这很有趣。我做的投资类型和他正好相反。他是一个宏观投资者，而我是你能找到的最微观的投资者。我不仅投资于私营公司，还投资于私营公司的最早阶段。我投资的是那些刚刚起步的公司，其中许多是从统计数据上看不会成功的公司。我们期望有一两家公司能成功，并能回报整个基金，甚至能回报更多。在我的业务中，我总是在寻找那家符合幂次法则的公司。幂次法则表明，在任何给定的投资组合中，最有价值的那项投资将为该投资组合创造大部分回报。所以，这几乎与达利欧的投资策略相反。

我不建议普通投资者这么做。对普通投资者来说，这不是构建

第 16 章 戴维·萨克斯:"贝宝帮"的原始成员

投资组合的好方法。这只是一组平衡的投资组合中的一种资产类别。也许你的投资组合中有几个百分点的比例投在私营企业上,然后在这个范围内,你有这种符合幂次法则的公司。我们总是在寻找这样的公司。从我们今天所谈论的内容中,你可以看出,当涉及产品时,我非常注重细节。产品是如何推广的?它是如何上市的?创始人的愿景是什么?创始人拥有哪些无形的品质可以使这家公司成为一家出类拔萃的公司?这是非常微观的。就初创公司的投资而言,最重要的是你能否找到一家正在迅速发展的公司。这才是真正的诀窍——找到正处于曲棍球棒曲线拐点的东西。

我们已经对软件初创公司的重要指标有了自己的理解。我们不仅会关注它们的年度经常性收入和增长率,还会关注它们的客户获取成本。我们有各种资本效率指标。我们会亲自与客户交谈。我们也会努力确保产品受到客户的喜爱,并被客户推荐给他人。我们一直在寻找这家公司正在腾飞的信号。

托尼:

如果你能在正确的时间找到这些信号,你就可以利用你几十年的经验来帮助它们成长。对你来说,下面这个问题听起来有点儿愚蠢,因为你在很多方面都吸引了全世界的注意,但是,如果你能在 5 分钟内吸引全世界的注意,你希望告诉人们什么?

戴维:

我在播客上不断提到的一个主题是,现在正在形成的世界是一个多极化世界。这与 1990 年左右柏林墙倒塌、苏联解体时的世界不同。当时美国是剩下的唯一的超级大国。如今,大约 30 年过去了，许多国家正通过技术变得强大并不断创新。当我在 20 世纪 90 年代末到达硅谷时，世界上真的只有一个硅谷，一个技术的中心，这种情况持续了很长时间。现在你会发现技术中心已经在世界各地如雨后春笋般涌现。

创新是艰难的。你常常需要天才来实现突破。但是一旦有了突破，任何人都可以复制它。追赶比开拓新领域要容易得多。世界上有很多地方正在赶超美国。我认为这将需要我们以不同的方式思考世界。

我相信美国例外论，但对我来说，这意味着我们应该努力树立一个好榜样，而不是把我们的价值观强加给其他人。如果我们做得很好，创造了一个有吸引力的模式，其他人就会想要模仿我们。但是，强硬的做法将在世界各地遭到激烈的抵制。我们必须调整我们的思维，允许其他国家的崛起，否则将引发大量的冲突。

托尼：

要把匠心创投打造成一家伟大的公司，需要的不仅仅是好的投资。除了业绩强劲，你成功的主要原因是什么？如果有，你业务的支点是什么？也就是说，使你的公司从优秀跃升到卓越的是什么？

戴维：

对我们来说，问题是：为什么创始人会想在股权结构表上看到匠心创投？当瑞·达利欧或沃伦·巴菲特决定购买苹果时，他们不需要苹果公司的许可。他们可以直接去公共市场购买。苹果并不真正知道或在意我是否持有它的股票。对于这个问题，它无所谓。但是创始人真正在意的是哪些人在他们的股权结构表上，他们对此非

第16章 戴维·萨克斯："贝宝帮"的原始成员

常关心。因此，我们必须为他们创造价值主张，就像他们必须为他们的客户创造价值主张一样。

我们花了很多时间研究如何帮助初创公司。显然，这是因为我以前也经历过这些。我创建过公司，我在匠心创投的合作伙伴也都有运营和/或创业经验，他们知道这段旅程是什么样的。通过专注于 SaaS，我们可以培养和分享很多与 SaaS 创始人相关的专业知识和最佳实践经验。我们创建了一个名为 SaaS 仪表盘的工具，向创始人展示他们应该关注的所有关键业务指标，他们只需要连接数据源，图表和仪表盘就会自动出现。最后，我们还有我们的平台团队，他们是公司运营的合作伙伴；在大多数初创公司需要专业知识但还无力聘请专业人士的领域，比如招聘、市场营销、公关、信息安全、法律、政府关系等，他们是专家。每当我们投资组合中的公司需要帮助时，就会有拥有数十年经验的专家来帮助它们。我们非常关注这个问题：我们将如何为我们的创始人增加价值？

托尼：

而且，正如你所说，你不是一个从外往里看的人。你自己也曾身处其中。这太棒了。

戴维：

我们正在努力打造一家风险投资公司，希望它就像我们当初创业时期望遇到的公司一样。

克里斯托弗：

考虑到这一点，有哪些事是你希望你当初在创办公司之前就知道的，或者希望在那之前就有人能告诉你？

戴维：

我希望我能早点儿知道美联储政策会对我们的世界产生多大的影响！也许在一个完全运转良好的经济体中，你不需要那么担心这个问题。但我们生活在一个充满扭曲现象的时代。美联储政策非常迅速地从零利率政策转向了有史以来最快的加息周期——利率一年内从零上升到 5.5%。你绝对不能低估它的滴流效应。它不仅减少了资本的可获得性，拉低了估值，还造成了软件行业的衰退。科技公司正在裁员，随着它们裁减员工，它们购买的软件也减少了，因为软件通常是按用户数量销售的。这个循环会不断自我强化。我认为我们可能已经触底，现在我们看到了 AI 带来的新机遇，但在过去的一两年里，软件行业确实出现了严重的衰退。

克里斯托弗：

目前市场上最大的担忧之一是长期的高通胀。你认为市场的调整已经足够到位，人们可以安心回到业务开拓上了吗？还是说你认为高通胀会继续蔓延？

戴维：

目前市场似乎认为通胀在很大程度上已经得到解决，到年底时，通胀率将在 2.5%~3% 的范围内，而且明年我们很有可能会降息。市场正开始为这种情形定价，因此，如果通胀反弹而我们没有降息，那么当前价格水平就存在下行风险。这将波及私募市场，因为公共市场是我们的退出参照物。

这就是我们在 2022 年看到的情况。当美联储提高利率时，公共市场崩盘，尤其是成长股，然后影响到私募市场，私募市场就会效仿公共市场的情况。但现在，人们认为我们已经触底，这些问题正在逐步得到解决，尽管情况不会回到实行零利率政策的那段令人兴奋的日子了。

克里斯托弗：

我很希望听到你对此的反馈，随着 AI 在整个商业领域中越来越普遍，它会冲击甚至淘汰一些机构和职位，而在这一过程中，感觉它也会使许可证的数量减少，这将对软件产生影响。这种情况是否会因为 AI 的长期趋势而不断增加呢？还是更具周期性，与经济疲软有关？

托尼：

或者这种情况的出现只是因为某种 AI 软件取代了原先的传统软件？

戴维：

我认为我们离能够完全取代人类工作职能的 AI 还有一段距离。目前最有前景的类别是那些智能助手，也就是协助人类工作的 AI。我认为这是正确的看待方式。人类与 AI 合作，可以提高生产力，或者以更快或更高质量的方式完成工作。人类通过生产力工具来提升工作效能。这会导致大量的工作岗位消失吗？对此我表示怀疑。首先，我们将会有很多新的软件公司创造新的产品。这些产品必须被销售，它们必须被推向市场。因此，为了创造我们所说的 AI 工具,我们将迎来公司创建的爆炸式增长。这是其中的一个方面。

另一个方面是,使用这些 AI 软件的客户现在可以完成更多的工作。它们降低了创始人创建公司的启动成本。我们有一个著名的故事,马克·扎克伯格在哈佛大学的宿舍里创建了脸书的第一个版本。他有能力自己编写第一个版本。但很多创始人或准创始人没有这种能力。但是,现在多亏了 AI 工具,他们将能够自己完成更多的工作。因此,会有更多的人能够开始创建更多的公司。

创新的历史表明,随着人类生产力的提高,创新会使我们这一物种变得更富有。它不会让人们失业。我们总是会找到新的事情做。我认为只要人们能够适应并愿意不断学习,创新就将会是有益的。

创新的历史表明,随着人类生产力的提高,创新会使我们这一物种变得更富有。它不会让人们失业。我们总会找到新的事情做。

托尼:

很多人对未来的看法非常悲观。显然,挑战总是存在,但每当我看到年轻人谈论不要孩子,因为他们认为整个世界将在 12 年内走向终结时,我就感到很困扰,我们都知道事实并非如此。挑战确实很多,但我很好奇:你认为世界将走向何方?

戴维:

我之所以热衷于科技,原因之一是我认为一直以来,科技为人们带来了最大的进步。即使我们的政治变得越来越功能失灵或分裂,社会的许多部分也都不尽如人意,但科技进步仍在继续,并仍在为人们打造更美好的未来。

我在职业生涯中看到了这一点。在过去的 30 年里,我看到科

第 16 章　戴维·萨克斯："贝宝帮"的原始成员

技在我们的经济和行事方式中占据了越来越大的比重。它创造的产品让我们的生活变得更美好、更方便，帮助治疗疾病，帮助我们获取所需要的信息和学习材料。真正的关键是让科技进步的成果惠及更多人，让尽可能多的人从中受益。这又回到了我们之前讨论的学习问题：人们需要把学习看作一个贯穿一生的过程，而不仅仅是获得了一纸学位就万事大吉了。

克里斯托弗：

这恰好引出了我们下面要问的，这个问题我们也问了我们采访的所有人。当你寻找加入你的团队的人时，哪些关键特征会让他们脱颖而出？

戴维：

对一个投资者来说，你需要的是有拼搏精神并能发现机遇的人。我们有一个有趣的词来形容这样的人，那就是"松露猪"——那些被训练去寻找松露的猪。我不知道它们是怎么做到的，但这些猪在泥土里到处乱拱，不知怎么地就挖出了那些珍贵的松露。好的投资者就是这样。

第 17 章

迈克尔·里斯：
掌控私募资产管理的未来

迪亚尔资本联合创始人、蓝猫头鹰资本联合创始人及联合总裁

荣誉：GP 股权领域的市场领导者。
管理资产总额（截至 2023 年 8 月）：1 500 亿美元。
关注领域：GP 股权。

第 17 章　迈克尔·里斯：掌控私募资产管理的未来

成就：

- GP 股权领域的最大投资者，过去 12 年中，在 GP 股权所募集的资金方面，他的公司的市场份额约为 60%。
- 在投资规模超过 6 亿美元的 GP 股权交易中，他的公司的市场份额接近 90%。
- 蓝猫头鹰资本（Blue Owls）的联合创始人和联合总裁，该公司管理着 1 500 亿美元，成立于 2021 年，由他创立的迪亚尔资本（Dyal Capital）与猫头鹰岩资本（Owl Rock Capital）合并而成。

克里斯托弗：

作为开场，能否和我们讲讲你的成长故事，分享一下你是如何走到现在的位置的？

迈克尔：

我的金融服务职业生涯开始于雷曼兄弟，机缘巧合之下，我成了第四个加入战略团队的成员。如果按业绩表现对雷曼的主要部门进行排序，那么固定收益部门将排在第一位，然后是股票部门，接着是投资银行部门，最后是投资管理部门。因此，第一个被聘用到该团队的人可以选择加入固定收益部门。而名单上的最后一位则只能无奈地加入那个刚刚起步的、可以说是白纸一张的投资管理部门了。所以我猜我就是那个被安排到这个部门的人。我似乎挺吃亏的。这是一个全新的项目，目标是让雷曼兄弟迅速打造出一个能够与高盛或美林（Merrill Lynch）相媲美的投资管理部门。

当时，对冲基金是街头巷尾都在议论的热门话题。那是2000年、2001年，那段时间的对冲基金业绩表现相当强劲，大型对冲基金业务正在兴起。问题是，我们是否应该购买其中一家呢？我们坐下来讨论了一下，最终我们决定不买的部分原因是，没有一家脱离华尔街的对冲基金想再回来成为大公司的一部分。此外，我们认为，创建这些对冲基金业务的投资者都具有高度创业精神，我们希望他们能按照自己的方式经营其业务，而不是被一个两万人规模的组织所管控。我们问自己，买下他们百分之百的业务是否会削弱他们的动力？

因此，我们想出了一个疯狂的主意（至少在当时看来很疯狂）：我们不买下一家公司百分之百的股权，而是只买几家对冲基金各20%的股权。剩下的事就如你所见了。自从我们坐下来制定了这个策略，22年来，我做了近90笔少数股权投资交易。你知道，我的生活印证了一句谚语：手里拿着锤子的人，看什么都像钉子。对于我每天看到的一切，考虑的每一家企业，我都会问自己："我们能买下它20%的股权吗？这是一家由聪明人经营的优质公司吗？我与他们结盟是明智之举吗？"这就是一切的开端，而且从一开始，就进展得很顺利。

然后，随着时间的推移，我真正爱上了这个领域，我想组建自己的团队——纽伯格伯曼（Neuberger Berman）公司就是一个适合做这件事的好地方。我们在雷曼破产后将投资管理业务剥离出来，并开始在纽伯格伯曼建立这个少数股权投资业务。从一开始，这家公司就拥有多产品平台，每个团队都有自己的投资权限，每个团队都因成功建立自己的业务而获得经济收益。我们成功地说服了投资者，让他们相信投资另类公司的少数股权是一件值得做的事。这标志着迪亚尔资本的业务在纽伯格伯曼内部的起步。我们发展得相当迅速。现在，我们拥有少数股权投资领域所募集的全部投资资本约 60% 的市场份额。而当你只看规模较大的交易时，你会发现我们在 6 亿美元以上的交易中的市场份额接近 90%。所以这个故事要追溯到我加入雷曼兄弟时感觉自己挺吃亏的那段经历。拥有这段经历是我的幸运。

克里斯托弗：

这是一个很好的例子，说明对那些能够抓住机会并奋力拼搏的人来说，生活是自己创造的，而不是被动接受的。这 15~20 年是一段精彩的历程。在你的生活中，谁是最重要的人，换句话说，谁塑造了你的成功，他又是如何塑造你的成功的呢？

迈克尔：

我的答案可能有点儿陈词滥调，但就是我的父亲和母亲。我和我兄弟已经合作 20 年了。我们做事一直秉持着一种家庭式的理念。我们来自匹兹堡，那是一个蓝领聚居的城市，我父亲是推销员，我母亲是护士。他们从我们小时候就灌输给我们的理念是，这个世界讲究的是努力工作，与人交往时要直视他人的眼睛，握手时要坚定有力。金融服务行业和"华尔街"有各式各样的人，很多人都很自负。而我经常听到，也让我真正感到自豪的是，我自己、我的兄弟，以及团队中的其他成员，都拥有那种谦逊、和蔼可亲的匹兹堡式行事方式。这是一种基于信任的方式，我们的承诺就是维系关系的纽带。我们是那种你想长期合作的商业伙伴。

克里斯托弗：

当我们考虑少数股权，也就是众所周知的 GP 股权时，你认为投资者现在最大的机会在哪里？

迈克尔：

我们仍然坚信私募资产和整个市场。我们仍然看到很多增量资金配置到另类投资上。我们确实看到了私募另类投资（收购、成长型投资、私募信贷、房地产）不断上涨的潮流和长期趋势。虽然这条发展路线并非直线，但你如果观察一下全球养老金、主权财富基金以及个人对这些策略的配置情况，会发现有很大的上升空间。但我想你的问题应该是：哪里的机会最显著，哪里才是真正有趣的地方？

我们相信行业的整合趋势。在我们研究过的几乎每一个行业中，都发生过这样的情况。这里我们以软饮料市场为例，它有两家主要生产商。随着时间的推移，行业会进行整合，因为规模能带来力量。我认为，我们正处于一个长期趋势中，这一趋势有利于该行业中规模较大的企业的发展。从 2015 年到 2021 年，这股温和的助力一直在为规模较大的公司带来好处。

但是，2022 年和 2023 年着实把这股温和的助力变成了一股强劲的助力。因此，我们现在关注的是有规模的参与者，它们在全球具有影响力，能够吸引中东、亚洲等地的投资者，甚至还有零售端的影响力，拥有像你们这样的人脉网络。因此，我们认为品牌知名度很重要，稳定性很重要，我们认为这类投资者更偏好安全可靠的投资对象。所有这些因素通常都有利于那些长期以来一直在建设业务、拥有强大基石和品牌知名度的老牌企业。我们的口号是"强者愈强，大者愈大"，这是我们8年来一直坚信的理念。而过去的18个月切实强化了这一信念。

克里斯托弗：

你认为未来3年的前景与未来10年的前景会大不相同吗，还是说你认为它们大体上是相同的？

迈克尔：

私募市场的行动缓慢，几乎像冰川移动一样迟缓。我认为私募市场有很多好处，其中之一就是你有时间，你可以熬过公募股权和固定收益市场的急剧波动。因此，3年在私募市场只是眨眼之间。所以，我认为情况大体上是相同的，头部企业会继续整合，继续增长。

我认为未来10年私募市场将会极为强劲。但我没看到什么急剧的会在3~10年内发生巨大变化的趋势。

克里斯托弗：

在GP股权领域，最近发生了哪些你预料之中的事，哪些事的发生出乎你的意料？

迈克尔：

我不知道过去几年里是否有很多出乎我们意料的事情发生。从基金的角度来看，我们所投资的都是我们认为长期、稳定的业务，我们没有看到基金管理者的业绩有什么剧烈的波动。你知道，你总能听到关于软件投资的议论，也总能听到人们讨论关键任务软件有多出色，因为能签订 3~5 年的合同，这些合同的净留存率接近百分之百。这些都是好事，软件会推动经济发展。话虽如此，我认为私募股权和私募市场甚至更好。私募市场公司的 GP 股权是一项了不起的业务，你会看到像软件那样的层层叠叠的收入流。这是常见的模式。随着你一层层地投资基金，增长态势会相当不错。

我确实很看好软件行业，许多我们的合作伙伴也都在投资软件。但对我来说，我更加偏爱私募股权业务和私募市场业务。我认为那些高质量、顶尖的私募公司，在这种时候（无论是新冠疫情、银行业危机，还是过去两年我们所经历的通胀和利率上升的环境）更有优势。这些公司和它们采用的策略都是为了应对这些挑战并保持自身的稳定。

克里斯托弗：

在过去的 8 年里，你与许多投资者谈论过 GP 股权问题，特别是在迪亚尔资本增长如此迅猛的情况下。当投资者在评估 GP 股权及其提供的机会时，你觉得他们通常会在哪些地方犯错，或者会遗漏什么？

迈克尔：

最让我困扰的、我想我永远也摆脱不了的一个词，就是"套现"。人们总是以为我们投资 GP 的钱会直接进入股东集团的口袋。然后，他们如果再进一步臆想，就会认为这些钱会被用来买豪华游艇或豪车。真正激发 GP 股权行业发展并创造如此强劲增长的原因是，当你观察一家私募市场公司，特别是一家成功的公司时，你会发现它在消耗资本。在公司成长阶段的某个时间窗口内，它需

第17章 迈克尔·里斯：掌控私募资产管理的未来

要额外的资本。因此，我们投资在 GP 股权中的大部分资本与"套现"无关，这些资本完全是为了支持这些一流公司的增长。我们假设会发生的一种独特情况是，想要达成交易的公司往往是业绩表现最好的（事实证明也确实如此）。一些投资者说："你会遇到逆向选择。只有那些紧张且业绩表现不佳的公司才会联系你，它们会试图向你推销些什么。"但我们从实际经验来看，情况恰恰相反。那些表现最好、看到前方有最大潜力和机会的公司，才是需要成长资本的公司。如果你没有在发展壮大，你就不需要成长资本。

克里斯托弗：

这很有趣，因为很多人确实认为这是一种退出策略，但实际上，作为促成这些交易的主要动机，这是一种增长引擎。

迈克尔：

是的。每个投资者都知道，一家正在发展业务的科技公司需要经历 A 轮、B 轮、C 轮、D 轮融资。这就是风险投资和成长市场的全部内容。让我惊讶的是，长期以来需要花费很大的力气说服外界投资者，才能让他们相信私募市场业务和成功的 GP 情况是完全相同的。他们需要资金来支持他们的成长。我很高兴能为这些真正优秀的公司提供 C 轮、D 轮和 E 轮融资。

克里斯托弗：

这是一种非常不同的对话方式，因为每个想要成长的企业在某个时候都会消耗资本。它们可以在不同的地方得到它。但是，如果资本不仅可用，而且具有战略性并能为它们增加价值，那绝对是它们可以获得的最好的成长资本了。所以，如果你能让全世界关注你5分钟，你最想告诉全世界的事会是什么？

迈克尔：

当这场银行业风波发生时，我有点儿像少数派，认为它还没有结束，甚至可能还没有真正开始。我知道从时间的角度来看，这算是划了一条界线，所以之后我们就能够判断我是对还是错了。但我非常清楚地记得我在雷曼兄弟的经历。"贝尔斯登时刻"发生在6个月前，你知道，我们在2007年和2008年看到的情况在12~18个月的时间里逐渐演变。我非常希望这次的情况并非如此。但我认为，由于利率迅速上升、政府在新冠疫情期间向市场注入了前所未有的流动性，而且很有可能出现许多中型银行资产负债表上的负债和资金错配等因素引发的更多问题。但愿我是错的，但如果我能让全世界，至少是政策制定者关注我5分钟，我会告诉所有人，要迅速、有力和令人信服地采取行动，因为没有比由信心问题引发的金融危机更糟糕的了。

克里斯托弗：

我们经历了最初的大地震，引起了所有人的注意。余震如果没有得到妥善处理，也可能造成很大的麻烦。提到大型投资公司的发展，能否和我们讲讲迪亚尔成功的主要原因是什么？

迈克尔：

每当我与一家私募市场公司或任何投资公司会面时，最让我恼火的一句话就是："我只关注高回报，我公司的其他一切事务都会自行解决。"令人惊讶的是，在过去的20年里，我听过这句话数百次。而且这种情况并没有减少。我认为这大错特错。这种思维方式忽略了让一家公司变得优秀和伟大的所有其他方面。投资（并做好投资）当然是基础。但对一家成功的公司来说，还有很多重要因素。

要做到每次都万无一失是很难的。你不可能一直都对。对迪亚尔和蓝猫头鹰来说，重要的是关注整个业务。在需要关注的事项列表中，客户服务和客户关系排在首位，要确保你不是每隔几年就来要钱，确保你正在努力帮助投资者解决他们的问题，也许是以推出一款新产品的形式，也许是凭借你在整个行业中看到的情况给出一些建议。对我来说，投资业绩表现非常重要。但如何经营其他业务，如何与客户互动，都是建立资金管理业务的关键部分。我们都看到了20世纪90年代末发生的事情，当时大多数对冲基金除投资外，没有其他业务。它们只是收益的创造者，报告做得很差，客户互动很糟糕，运营情况也不太好。这确实随着时间的推移引发了不少问题。我们看到的是，在过去20年里，很多更好的公司都决定把自己的公司变成一家真正的企业。它们已经决定关注业务的各个方面，并努力在寻找和实践最有效、合理的做事方式和标准。

克里斯托弗：

当你想到迪亚尔的成长时，它的支点是什么？那个所谓的"开创性的事件"是什么？

迈克尔：

我们有意将中型对冲基金作为我们前两只基金的目标。这些基金至今依旧表现良好。但是，当我们设立第三只基金时，我们决定推出一只更大规模的基金，不再专注于中型私募市场公司，而是专注于规模更大的业内顶尖品牌企业。当你在市场上推销一个故事时，有些投资者愿意相信这个故事，但更多的投资者想要看到实实在在的证据。我们凭借对维斯塔、恩凯普、喜达屋和银湖资本（Silver Lake）等公司的投资来为我们的私募市场基金募集资金，能与这些优秀的合作伙伴携手开启征程，这真的为我们奠定了良好的基础，也使我们处于一个极为有利的位置。这对我们来说无疑是一个转折点。它向市场和投资者群体表明，你可以与真正高质量、一流的公司合作（这在当时是令人怀疑的），而这些投资理应会带来优于平均水平的成长型投资收益。

克里斯托弗：

回过头来看，在你创办公司之前，有哪些事你希望有人能提前告诉你？

迈克尔：

我想再怎么强调创业不易也不为过。我想如果它有朝一日变得非常容易，你就该知道肯定是哪里出了问题。你真的必须一个月又一个月、一只基金又一只基金地提高你的管理水平，无论面对何种情况都是如此。你必须不断赢得投资者的信任。这可能是每个人都应该写在其办公室某个地方的一句话。事情并不会变得更容易，但它会变得更令人愉快。而拥有一支长期共事、协同合作的团队真是太棒了。

克里斯托弗：

现在回头去看，你觉得你本可以在业务中的哪些方面采取不同的做法？或者说对于别人，你会建议他们采取哪些不同的做法？

第17章 迈克尔·里斯：掌控私募资产管理的未来

迈克尔：

我认为，尽管我们成长得非常迅速，并在这个领域占据了领导地位，但我们确实是以一种非常有条不紊的方式成长的。在我们有足够的收入来支付第二个人的工资之前，我们并没有雇用新员工。而我们锁定的基金规模刚好足以执行我们的策略。从一开始，我们就对增长采取了非常谨慎的态度。谢天谢地我们能够稍微领先于竞争对手。我们仍然对自己的竞争地位感到非常满意。

但你在科技和风险投资领域所听到和看到的情况是，许多创新的增长都来自那些二十几岁的、无所畏惧、全力以赴（不光付出百分之百的努力，甚至付出百分之一千的努力）的年轻人。所以，也许在早期阶段，我们投入了百分之百的精力来推动这个想法，并以非常有条理、始终如一的方式实践它。如果我们更加努力地工作，更快地扩展机会集，谁知道我们会达到什么样的高度。

我确实认为，在我们这个行业里，最难的事情之一就是在像我这个年纪的专业人群中寻找创新。因为这个群体更关注下行风险，而也许更多的创新来自那些"年轻且无知"（我当年肯定也是这样的）的20多岁或30岁出头的人，他们无所畏惧。这可能是更应该被赞赏的一个特质。

克里斯托弗：

你认为大多数投资公司无法扩大规模的主要原因是什么？

迈克尔：

从核心上讲，进入投资领域的门槛非常低，这也适用于另类资产管理行业。你可以找人支持你的第一笔交易，甚至是你的第一只基金。因此，我们的行业金字塔基础总是非常宽泛，有大量新进入者。然而，这是一个在前 5 年窗口期内成功概率非常低的行业。我确实认为，如果你能跨过那道坎……达到拥有一批高素质的核心投资者，并具有一定一致性和经验的阶段，那么你的"投资护城河"就会开始变得越来越深、越来越宽。

我们其实不太关注一家公司将第一只 1 亿美元的基金扩大到 3 亿美元的过程中会发生什么。那不是我的专业领域，但那是分水岭出现的地方。我认为，大型公司通常都能度过市场低迷期，但对小型公司来说，渡过难关可能需要 10 年、15 年。这是一个会迅速淘汰你的行业，它会把你嚼碎然后吐出来。但如果你能突破那道障碍并建立一个好的基础，这会是一个相当包容且稳定的行业。

克里斯托弗：

在这方面，它是独一无二的。当你招聘人才时——显然，这些年来你雇用了很多人，而迪亚尔和蓝猫头鹰也有了相当大的增长，你寻找的关键特质是什么，换句话说，哪些特质能将出色的从业者与其他同行区别开来？

迈克尔：

我认为这取决于公司的类型和公司的核心目标。我试图问的问题是：目标是什么，以及什么样的人才最合适这个组织？有些公司想要招聘的都是沃顿、哈佛、耶鲁和斯坦福的毕业生。我们公司恰好也汇集了来自美国十大名校和常春藤名校的毕业生。这只是一种不同的招聘和团队组建方式。我们发现，团队成员的成功实际上来

第17章 迈克尔·里斯：掌控私募资产管理的未来

自他们与投资者、我们的 GP 股权合作伙伴建立合作伙伴关系和信任的能力。关键不在于成为房间里最聪明的人，而在于成为谈判桌对面那个人的好合作伙伴。当然，你必须聪明并且非常有自驱力，但毕业院校并不能决定我们是否会取得成功。

克里斯托弗：

这真是一个很好的观察角度。基于业务和与该业务相关的人员的性格特性，以及在特定业务中茁壮成长并实现自我价值的人员情况来选拔人才是非常独特的方式。

托尼：

迈克尔，你知道我们正在写一本书，英文书名起得很大胆，意思是"投资的'圣杯'"。这是瑞·达利欧向我描述他最重要的投资原则时所用的话。你多年来所取得的成就令人惊叹，我们很荣幸也很兴奋能与你一起合作探讨 GP 股权投资。当涉及投资时，你会说你最重要的原则，也就是你投资的"圣杯"，是什么？

迈克尔：

在人力资本公司做私募投资，实际上就是找优秀的人合作。我知道这听起来可能微不足道，甚至有些肤浅，但当你希望建立一种无法摆脱的关系，并真正将你的投资视为永久性的投入时，你就没有闲心去争吵、打斗和"闹掰"了。所以，在我们所投的 58 个不同的项目中，有 55 个是与优秀的人合作的。而我们 90% 的时间都花在了应对剩下那 3 个更具挑战性的合作对象上了。

这个"圣杯"不仅仅关乎我们与他们的关系。这也意味着，当他们在自己的领域做交易时，他们也会以我们所寻求的同样的友善态度和合作精神对待其他参与者。因此，我们当然会从这种点对点的关系中受益，但它也会渗透到他们所有的基础投资中。令我惊讶的是，我们已经看到了这一现象，我们交易的成功与否与合作伙伴的"优秀"程度密切相关，而且从一开始在 GP 股权这项业务中二者就呈现出几乎完美的相关性，这是事实。

托尼：

我们都知道，合适的人可以让一家糟糕的公司变得强大。你是如何做出这些选择的？你会依据哪些标准来判断一家公司是否会成为合适的合作伙伴？

迈克尔：

了解一个组织的过程可能会很长。了解一家公司并帮助它完成这个过程可能需要长则七八年，短则四五个月的时间。但当你深入谈判的细节时，你真的会有一种感觉，那就是对方是把一切都看成一场零和博弈，只想尽可能多地赢取利益，还是愿意从谈判双方的角度来看待问题。这是最容易看穿的一点。如果一个合作伙伴愿意坐下来说"我理解为什么这 3 件事对你很重要，我也希望你能理解为什么另外 3 件事对我很重要"，那么，这种对话真的非常有效，也预示着未来 10 年或 20 年的合作行为。

在大多数情况下，一家成功达到我们所关注规模和水平的公司，其内部都会拥有这种类型的人力资本。不过，偶尔也会出现这样的情况，你已经与对方在合作之路上走了很远，然后意识到这个人在每一个细枝末节上都要斤斤计较。如果你把条款清单谈判作为预测未来的依据，那么这确实是一块很好的试金石，可以让你真正了解你们合作的未来会是什么样子。

托尼：

尽管这很简单，但非常有帮助。如果有人试图让每一美元的利益最大化，那么他们就不会与任何人进行长期合作，更不用说与你了。这完全有道理。

克里斯托弗：

关于迪亚尔，真正有趣的是它的多元化。你是如何看待私募股权、收购、私募信贷、房地产、科技等领域的投资组合的？

迈克尔：

我们很幸运能够投资在一个伟大的行业。那些能够进入更高端市场的公司已经建立了非常不错的业务。我们的目标就是努力与那些真正专注于自己所做事情的公司合作。它们在某个细分领域是最好的。我们认为，业务泛化其实是一场通往平庸的竞赛。我并不认为我们能判断出一家上游能源管理公司会比一家技术管理公司表现更好，但我们希望与各个领域的佼佼者合作。当然，拥有这种多元化确实有所帮助。在 GP 股权投资中，存在一种"赢家的诅咒"，这意味着通常情况下，公司做得越好，增长就越快，因此越有可能需要资金来支持这种增长。

所以，我们很幸运，我们没有接到很多来自平庸企业的电话。我们似乎只会接到来自优秀企业的电话。我们可以努力了解和确定哪些企业在其经营领域中是真正出色的。确实有一些真正优秀的综合性企业，但我们认为，真正高质量、具有长寿特征的企业，是那些真正做到了差异化和专业化的企业。这在很多行业中都很明显。

托尼：

为了写这本书，我们采访了一些业内人士，其中许多都是通过你结识的合作伙伴。比如维斯塔公司的罗伯特。你可以看到罗伯特在 SaaS 领域的专业化程度。这令人难以置信。当审视我们现在所处的世界时，你认为在经历了 45 年的利率缓慢下降之后，上升的利率会如何影响私募股权？这会对它产生重大影响吗？这会影响你的合作伙伴吗？

迈克尔：

托尼，你提到了 45 这个数字，这很有趣。我本打算在我的回应中提出这一点。有少数私募股权公司已经存在了 45~50 年，它们在不同的利率环境下为投资者创造了巨大的回报，也为所有者创造了巨大的财富。这跨越了 20 世纪 70 年代、80 年代和 90 年代。而且，如果我们在这个时间段内衡量，我们现在的总体利率仍然处于历史低位。在利率较低的时候，我们进行了许多投资，但利率上升得相当快。因此，这可能会给近期的投资带来一些压力。但如果从更长远的角度来看，我们的利率仍然比较宽松，而且还有很多增长机会。

一般来说，根据你愿意支付的市盈率倍数和你如何考量你的终端价值，你可以在今天这样的利率下赚钱。这只需要一种不同类型的价值创造方法，当然也需要一种不同的估值范式。要获得良好的回报，并不一定要处于一个资金近乎免费的时代。从 2009 年到

2020年左右，只是随意尝试一下，很多事情都很容易实现。我认为在接下来的阶段，我们肯定会看到高质量公司与其他公司的分化。

另一方面，私募信贷正在缓慢蚕食银行在贷款方面的市场份额。有诸多原因可以说明，与了解你企业需求且愿意与你同甘共苦的私募贷款机构合作更好。这并不意味着它们总是会给你优惠，但它们希望看到你成功。私募直接贷款机构为收购领域带来的这种灵活性将使其继续获得市场份额。在过去的一二十年里，我们见过很多真正有才华的人离开了银行，他们中的很多人最终在私募信贷管理机构从事直接贷款业务。我认为他们只是创建了一个更好的盈利模式。当然，蓝猫头鹰很荣幸能拥有最好的盈利模式之一。总的来说，我们的市场份额在行业中只有9%～10%。因此，私募信贷还有很大的增长空间，它也是我们投资中很重要的一部分。

托尼：

最后一个问题，在现阶段的生活中，什么最让你感到满足？我很好奇。

迈克尔：

哦，伙计。这都是关于团队的，克里斯托弗很幸运地认识了蓝猫头鹰团队中的许多人。每个发薪季，我都会收到这里绝大多数团队成员的反馈，我为此感到荣幸，他们对我们共同创造的财富表示感激，同时也认识到他们中的大多数人即使没有报酬，也愿意参与进来。当你听到人们愿意一直努力工作，都是因为他们喜欢这种团队情谊，热爱这项事业时，作为一个商业领袖，这是你能拥有的最好的感觉。所以，这就是我每天都会来与蓝猫头鹰的同事，克里斯托弗和 CAZ 的团队，还有我们的很多优秀的利益相关者等出色的伙伴一起工作的原因。

托尼：

既然你正好聊到这个话题了，那我就再问你一个问题。你是如何打造这种文化的呢？这是否又回到了投资的第一原则——找到合适的人？

迈克尔：

没有很好的答案，但这就像你在面试时进行的传统的"匹兹堡机场测试"一样。你要了解一个你将要花很多时间在一起合作的人，而且你们在一起的时间不会都是埋头于看电子表格，你们会有大量的一起在机场和车里的时间，你们必须能感受到彼此之间的联系和信任。这就是我们所看重的。我认为我们组建的这个团队成员间互动的方式以及我们成为的朋友类型都很特别。

第 18 章

比尔·福特：
从家族办公室到全球投资巨头

美国泛大西洋投资集团的首席执行官

荣誉： 美国对外关系委员会成员、麦肯锡咨询委员会成员。
管理资产总额（截至 2023 年 8 月）： 770 亿美元。
关注领域： 消费、金融服务、生命科学和医疗保健。

成就：

- 截至 2023 年 7 月，泛大西洋投资集团已在 500 多家公司的多个增长阶段投资了超过 550 亿美元，目前管理着 215 家以上的现有投资组合公司的 770 亿美元的资产，每年配置 80 亿~90 亿美元的资本，其中约 60% 投资在美国以外。
- 泛大西洋投资集团现在活跃于全球 6 个领域和 5 个主要地区，拥有 272 名投资专业人员，分布在全球 16 个地点。
- 泛大西洋投资集团目前在《国际私募股权》杂志评选的全球 300 家最大的私募股权公司排名中位列第九，这很大程度上归功于福特的领导。

托尼：

我们正在写一本新书，这是我写的系列中的第三本。我们一直在采访世界上最出色的投资者，而从你们过往的业绩来看，你们肯定名列前茅。你们在泛大西洋投资集团所做的一切简直令人难以置信。首先能否与我们分享一下你的成长故事，讲讲你是如何走到这个位置的，以及你加入之后这些年泛大西洋投资集团的发展和扩张？

比尔：

谢谢你，托尼。2023 年是我们成立的第四十三年。我们于 1980 年以家族办公室的身份开始，在第一个 10 年里，我们主要为一位名叫查克·费尼的人管理资本，他是一位来自新泽西州的白手

第18章 比尔·福特：从家族办公室到全球投资巨头

起家的企业家。

托尼：

就是那个把所有的钱都捐出去的查克·费尼吗？我采访过他。他非常了不起。

比尔：

是的，托尼，他被认为是"捐赠誓约"之父。沃伦·巴菲特和比尔·盖茨都会这么说，因为查克首创了生前捐赠的理念，他非常专注于回馈社会，并最终将其作为毕生的事业。当我们在1980年创立泛大西洋投资集团时，查克已经积累了大量财富，并从免税购物业务中获得了大量的现金流。这时，查克从麦肯锡聘请了两个人——我们的创始人史蒂夫·丹宁和另一位名叫埃德·科恩的专业人士。这两个人创办了我们这家公司，10年来，我们只有一位投资者：查克·费尼。他为自己积累财富的同时也为后来的大西洋慈善总会积累财富。

然后，大约在1990年，查克经历了一件人生大事，决定完全离开公司——退出运营，退出领导层——并在余生中全身心投入慈善事业。他决定把所有的钱都投入大西洋慈善总会，然后在有生之年把自己的钱都捐出去。所以，查克鼓励泛大西洋投资集团走出去寻找其他投资者。那是1990年的事，我于1991年加入集团。

然后，我们开启了一个让公司变得更加制度化的过程，先是增加其他客户，从富裕的家庭开始，然后拓展到捐赠基金和基金会，接着进入拥有大量资金池的机构，如保险公司、主权财富基金和养老基金。但是，如前所述，我们的起点是查克，他在1997年以37

亿美元的价格将免税购物业务卖给了路易威登。加上我们为他创造的财富，他最终在有生之年捐出了大约100亿美元。因此，查克践行了他生前捐赠的理念，这段旅程也塑造了我们的投资风格和公司的文化。查克关心两件事。其一是慈善事业，确切地说，是让他的资本实现增值，以便他能捐赠更多。其二是他对企业家的坚定信念。他深信企业家会让世界变得更好。因此，公司的建立理念就是支持企业家，并帮助他们为创立的新公司增添价值，开展更多慈善活动。

我们至今仍然秉持着这些理念。今天，我们在继续支持企业家的同时，也致力于回馈社会。我们在全球许多领域进行投资，而不仅仅是在美国的技术领域。但我们投资项目的驱动力是一种称为成长型股权投资的战略，它本质上就是试图找出那些已经度过了风险投资阶段并需要助力以实现快速成长的公司。通过找出合适的企业家和公司，并参与其成长，你可以为你的投资者带来丰厚的回报。

在过去的30多年里，泛大西洋投资集团已经真正实现了全球化布局。我们在美国、欧洲、印度、中国、东南亚和拉丁美洲都有业务，其中约60%的投资组合在美国以外。就我个人而言，最大的收获之一就是能够在全球范围内工作和建立关系。我们一直在预见创新趋势方面领先一步，并构建了我们的人力资本以充分利用这些创新机遇。因此，现在我们拥有近560名员工，分布在5个地区的16个全球办事处，每年在成长型股权上的投资为80亿~90亿美元。

托尼：

在你的人生成功道路上，谁是对你影响最大的人？你从他们身上学到了什么或受到了什么影响？

第18章　比尔·福特：从家族办公室到全球投资巨头

比尔：

这是个好问题，托尼。史蒂夫·丹宁和查克·费尼对我影响巨大。如前所述，史蒂夫是泛大西洋投资集团的创始人，也是他雇用了我。我们公司的许多核心价值观都直接来自他，因为史蒂夫是一个以价值观为导向的人。在我接任公司首席执行官之后，史蒂夫继续担任斯坦福大学董事会主席，并在那里任职了10年。他是一位很好的导师，我从他那里学到了很多东西。

查克也影响了我，因为他是个了不起的人，做了别人做不到的事，不是吗？当时，查克是世界上最富有的人之一。他开创了一个行业，即旅游零售业，他拥有一家成功的公司，是一个才华横溢的企业家。在55岁时，他从公司完全抽身，全身心投入慈善事业，最终捐出了他所有的钱，这是非常了不起的。你不会遇到很多这样的人。他非常有影响力。

最后，对我影响深远的还有所有与我合作过的企业家们——像你们这样的人。企业家是世界上最有趣的人。他们看待世界的方式与众不同。他们的想法被否定过大约50次了，但他们不知怎么就坚持了下来。他们是你天生就可以学习的人。回想这些年来，我合作过的企业家，很多人浮现在脑海中。例如，拉里·芬克、杰米·戴蒙和詹姆斯·戈尔曼，我把这3个人归类为导师和我深为钦佩的领导者，他们帮助我成长，引领我获得成功。

克里斯托弗：

从很多方面来说，能和这样一群人有关联是非常棒的。让我们稍微转换一下话题，来谈谈投资吧。你们的公司现在涉足的领域比其他许多公司都要多，但所有这些都归于成长型股权这个范畴。在当前我们正处于的这个经济周期中，在成长型股权领域，你认为哪里还存在人们没有给予足够关注的巨大机会？

比尔：

我认为在未来几十年里，三大主题将塑造投资环境，并为我们创造一系列机遇。第一大主题是我所说的全球数字经济的持续扩张。多年来，我们一直在见证这一进程，越来越多的行业、经济领域和地区从根本上受到了科技的影响。在我的职业生涯中，我见证了计算机领域的第四次浪潮。当我刚开始工作时，我们处于20世纪80年代的主机或集中式计算时代。后来，我们见证了个人计算机的兴起。现在，我们正处于AI兴起的阶段。这将重塑计算机领域、科技领域的格局，并为投资开辟许多可能性。

第二大主题是生命科学。基于我们对基因组和细胞生物学的了解，我们正处于生物学和生命科学创新的黄金时期。AI为药物研发带来了巨大助力，从而推动了所有这些创新。你将看到人类治疗学领域的真正加速。我们知道，医疗服务的可及性是一个大问题，尤其是在新兴市场，但我们需要重新思考我们的医疗保健系统，以提高效率、提升可及性并改善治疗效果。因此，尽管生命科学领域存在投资机会，但它也是一个需要颠覆、变革和创新的庞大行业。在这方面，AI可以发挥重要作用。

第三大主题是能源转型。我看到，全世界每天要消耗1.1亿桶石油，而这个数字最终将增加到每天1.8亿桶。首先，在未来二三十年里，仅靠碳基能源无法满足全世界的能源需求。其次，我们需要从每天消耗1.1亿桶的水平逐步降下来，转而使用更清洁的能源。要实现这一目标，将需要大量的创新和投资。它可能是气候技术，也可能是绿色能源发电技术，还有可能是碳捕集技术。不管是什么，我们都需要思考将能源基础从碳基转向非碳基以及应对气候问题的办法。

托尼：

你说这些是几十年的主题，而不是几年的主题。

比尔：

是的，几十年。这些主题可以实现非凡增长，能够创造出卓越的投资回报。

克里斯托弗：

我们称之为"顺风"，与"逆风"相对。

比尔：

我们需要顺风，而这些顺风将为新进入市场的参与者创造价值、创造机会。我们如果有人力资本专注于此，应该能够找到好的机会。

克里斯托弗：

在过去 18~24 个月内，哪些事的发生在你预料之内，哪些是你没有预料到的？

比尔：

在环境方面，最大的变化必须是中美关系。我们所处的世界里，中国一直是一股顺风，对全球增长产生了净积极影响。现在，我们正处于一个中美关系将面临更多挑战的世界，这会导致投资环境发生根本性转变。这对全球贸易、创新以及全球投资者都有影响。

克里斯托弗：

与此相关的是，你认为投资者今天犯了哪些错误？换句话说，他们的投资布局有哪些不合理之处？

比尔：

我认为许多投资者低估了即将到来的来自技术、生命科学和医疗保健领域的创新。人们很容易低估即将到来的潜在创新的数量，以及这些趋势会持续的时长——我认为生命科学和科技领域就是最好的例子。一年前，没有人会想到 AI 将会变得如此有影响力，以及它会以多快的速度发展。我认为我们低估了它对投资环境和投资机会的影响。

克里斯托弗：

这又回到那句老话：人们高估了 2 年内能完成的事情，却低估了 10 年内能完成的事情。

比尔：

说得太对了。另一点是，我们很容易量化这项技术变革可能会使哪些工作消失，但很难准确指出将会产生哪些新的工作。我相信，现在许多人并没有充分认识到这些发展将带来哪些积极的影响。

从消极的一面来看，作为投资者，我们正在从一个相对于需求而言供应过剩的世界，即低通胀的世界，进入一个需求超过供应的世界。我们可能会在一段时间内出现基础性通胀，或者至少我们已经没有了通缩的能力。我认为这是投资环境的一种变化，它将持续一段时间，投资者必须重新调整。在某种程度上，我们这20年轻松赚钱的时代即将结束。我们回到了一个拥有实际利率的世界。我们有了一个相当高的名义利率。我们有了一个以前没有的未来现金流的实际贴现率。这些是重大阻力和重大变化，它们使创新变得更有价值，因为创新就意味着增长，而增长可以冲破其中的一些阻力。

托尼：

瑞·达利欧显然是一位宏观投资者，他和你们的投资方式不一样。他曾和我们谈起他的"圣杯"，也就是他在你所描述的环境中使用的终极原则。当你打算投资公司、寻找伟大的企业家时，你的投资"圣杯"是什么？

比尔：

我想回到你刚才说的内容上，托尼。我们是在宏观背景下开展业务的微观投资者。我们会考虑这家公司试图服务的市场有多大，以及它的增长速度有多快。但我们也会考虑其结构，以及最终是否会形成一个有吸引力的利润池。我们十分关注微观层面的情况。那么，什么是我们的"圣杯"呢？它实际上可以归结为3点。第一点，我刚刚已经谈到了，是市场。第二点，它的回报够大吗？它是不是一个可以随着时间的推移产生高水平盈利能力的商业模式？有时你可以在一个大市场里做生意，但从根本上来说这个商业模式所在的行业的毛利率只有 20%，利润率为 1% 或 2%。你可以创建这样的生意，但你不会获得非常大的利润。我们实际上会和我们的团队一起进行商业模式方面的培训，了解哪些模式从根本上是有吸引力的，哪些从根本上是没有吸引力的。第三点是人员和管理。我们称之为管理，但实际上是企业家的素质。他是不是那种能真正有所作为、克服逆境并吸引追随者、组建团队的个人或领导者？每次我们寻找微观层面的机会时，我们都会深入考量这 3 个变量。

托尼：

你说你会训练你的员工去审视这些商业模式。有些商业模式很有吸引力，有些则不那么吸引人。除了这个领域的利润率，你还会看哪些标准？在人员方面，你怎么判断一个人是不是合适的领导者或企业家？

比尔：

我们会看定价权、资本密集度和高毛利率。资本密集度与根本性的投资风险有关。高密集度的资本会稀释你的股本。这通常是一笔无法管理的固定成本，所以我们往往更喜欢资本密集度较低的业务。再说说定价权。如果你拥有定价权，那么它通常与较高的毛利率和较高的营业利润率紧密相关。最糟糕的情况是处于一个没有定价权且资本密集度高的商品业务中。所以，我们喜欢这两点：定价权与低资本密集度相结合，带来高毛利率、高准入门槛，最终带来高利润率。

第18章 比尔·福特：从家族办公室到全球投资巨头

在人员方面，我们要做很多事情。我们会与其他公司一起进行正式的管理评估。我们会投入精力去了解他们何以到达如今的位置，是什么激励着他们完成他们想要完成的事情，以及他们过去的哪些成就预示着他们能够应对未来的挑战。然后还有内在特质方面的考量。这些年来，我听到的一句话总是让我产生共鸣，最优秀的人才关注公司的成功和发展，而不是过分追求个人的名利和地位。

托尼：

我很喜欢这句话。

比尔：

也就是说，你永远不应该把自我因素排除在外——你需要它。有些人做事情是为了自己，为了能从中得到什么，无论是财富、权力还是名声。而另一些人的野心则是真正解决一个难题。对我来说，这意味着他们一心为公司着想，这就是激励他们的动力所在。他们不会让太多东西阻挡他们达成目标。

托尼：

这太简单，也太清楚了。这些标准太棒了。

克里斯托弗：

让我们再谈谈你的业务方面。发展一家大型投资公司需要的不仅仅是做出出色的投资。那么，除了强劲的业绩表现，你的公司成功的主要原因是什么？它真正的支点是什么，也就是说，使你的公司能够从优秀跃升到卓越的是什么？

比尔：

促使我们成功的3个因素包括我们对人才、文化和流程的关注。首先，归根结底，我们必须有优秀的人才。如果我们不坚决致力于成为一个由人才驱动的组织，我们就会失败。因此，我们坚持不懈地关注人才和人力资本，并尽我们所能培养我们的人才。

其次是文化。文化很难培育和建立，而且很容易失去。因此，拥有人才并致力于维护一种文化——不仅仅是谈论它，还要践行它——是至关重要的。

最后，正如我所说的，没有流程就无法成长。无论是投资委员会流程还是投资组合委员会流程，你都必须注意实施正确的流程，以使组织保持高效并履行其职能。

另外一点是，如果不大方地分享成果，你就无法获得人才和文化。如果高级专业人员保留太多的成果，他们将无法吸引和留住下一代优秀人才。令人瞩目的是，有很多组织没有大方分享自己的成果，结果就是它们将在人才和文化上迷失方向。

我的前任史蒂夫·丹宁总是秉持着少拿多给的理念，这让我们能够吸引优秀的人才。人们想留下来，他们想在这里成就一番事业。

克里斯托弗：

你在组织中成长，然后接手了组织的领导权。回过头去看，在你担任现在这个职位之前，有哪些事是你希望有人能提前告诉你的？

比尔：

我擅长处理数字和财务方面的业务。我认为我在战略上做得很不错，同时擅长销售和交流。然后，你很快就会意识到成功与否最终取决于人。工作的所有乐趣都与人有关，所有的挑战也都与人有关。没有人明确地告诉过我这一点，我不得不从经验中学习。如果你是一个有同理心、有爱心的人，那么处理与人相关的事很难。它永远不应该让人感觉容易，而且它实际上也不容易。

克里斯托弗：

你知道，我很有兴趣观察为什么有些公司会扩大规模并变得像泛大西洋投资集团一样大，而有些公司却不能。作为用很长一段时间建立和发展一家公司的人，你认为为什么有些公司能够扩大规模，而有些公司却不能？

比尔：

我认为这与经济利益的分享有关，但还有其他重要的因素需要考虑。这还关乎分担责任与共同决策。有些最优秀的投资者是出类拔萃的个人投资者，但他们想要控制决策。如果你围绕这一点来建立一家公司，让一小群优秀的投资者掌控决策权，那么很显然，你的公司规模将局限于他们的能力范围。我可以想到许多公司，它们在一群人或一个人的带领下，有10年或20年的辉煌发展历程，但最终开始逐渐衰落，因为它们无法超越那个群体、扩大规模。这可能是因为经济利益，但也许还有其他更多的原因。

托尼：

你之前也提到了你对于人才的坚定关注，下个问题也与此相关。我想更深入地探讨这个话题。当你考虑选择人才时，你认为哪些关键特质可以将那些顶尖人才与他们的同行区分开来？

比尔：

这很难说，托尼。这是最难的事情，也是为什么你需要时间让人们成长和发展。最终，是智商和情商的美妙结合造就了伟大的人才。人必须聪明且有强烈的动力才能成功。你也必须有一点儿不安全感，但优秀的人才将能够以一种恰当的方式管控自我，他们能够整合这些信息、善于倾听，并做出好的决策。让我试着说得更具体一些。举个例子，有人说："我真的想进行这笔投资，因为我内心深信这将带来3倍的收益。我对此深信不疑，并且我之所以深信不疑也是出于正确的理由。"

某些人会将他们的自我放在一边，运用他们的智慧，实现其目标，他们会说："我有能力将这些信息和所有不确定性整合在一起，仍然保持坚定的信念，并说服投资委员会也相信这一点。"对我来说，很难弄清楚谁会具备这样的能力，但随着时间的流逝你会逐渐发现这样的人。

托尼：

这实际上也反映了你是如何看待创业者的，对吧？你在寻找的是他们的价值观：他们是否只关注自己的利益？还是说他们全身心地投入到了比他们自身更大的事业中？这与你们公司从创始人那里开始一脉相承的整体文化是一致的，所以这真的非常好。还有最后一个问题，我很好奇，当你环顾四周，看到那些已经进入这个行业的人，他们有的有着绝对的使命感，而有的人却没有时，你认为这种差异是怎么产生的？我知道每个人的情况都不一样，但在这一切背后，你有没有看到某种模式？

比尔：

这很难，因为你总要在不确定的情况下做决定。你永远不会掌握所有信息。如果你来这里说"我想做这个，因为我想变得非常富有，我想成为一名出色的私募股权高管"，你可能会一直失败。但如果你喜欢竞争，表示"我真的想找到很好的投资，想钻研业务，并真正精通它"，如果你求知欲很强，那么与人交流、学习新事物、了解新市场都会激励你，让你充满动力。如果你是这种人，那么这是世界上最有趣的生意，因为它总是在变化。它从来不是静止的，从来不是千篇一律的。它涉及不同的人，你总能学习一些东西。

当我们刚起步时，私募股权是个冷门领域。没人知道它是什么。我们甚至都没给它起个名字。人们之所以加入进来，是因为他们喜欢投资，拿我们为例，喜欢公司建设，喜欢与企业家合作。我们所在的行业规模已达 11 万亿美元，我担心人们进来后会说，这是一门稳赚不赔的生意。这实际上让我作为一个招聘者感到害怕。我希望人们说："我想做这份工作，因为我喜欢这个。"这样我就知道他们可以满怀激情地去做这件事，并掌握相应的技能。

第 19 章

托尼·弗洛伦斯：
风险投资先驱

恩颐投资联合总裁

荣誉：恩颐投资（NEA）成立于 40 多年前，是硅谷最早的风险投资公司之一，在早期阶段对 Slack、爱彼迎和 Stripe 进行了大量投资。

管理资产总额（截至 2023 年 8 月）：250 亿美元。

关注领域：技术和医疗保健。

第 19 章　托尼·弗洛伦斯：风险投资先驱

成就：

- 在过去 10 年中，恩颐投资管理的资产增加了一倍多，截至 2023 年 3 月 31 日，总额超过 250 亿美元。
- 恩颐投资对技术和医疗保健领域的投资促成了 270 多次首次公开募股（IPO）和 450 多次并购交易。
- 恩颐投资帮助建立了 100 多家估值达到或超过 10 亿美元的公司。
- 恩颐投资的投资组合中的公司累计创造了超过 5 500 亿美元的市值。

托尼·罗宾斯：

你在恩颐投资有着长达 17 年的传奇职业生涯，你基本上把这个技术部门提升到了一个新的水平。你推动了一些大公司上市，也促成了一些公司的出售。你是如何走到今天这个位置的——成为所有这些风险投资公司的先驱？

托尼·弗洛伦斯：

我的经历可以追溯到宾夕法尼亚州的匹兹堡。我现在专注的事背后很多理念都源于当时的生活。我对几件事情产生了兴趣，但其中之一肯定是，要以长远的眼光去看待人，并认识到人们可以在很多方面发生改变。这其实与创业精神和我们在这里所做工作的核心理念息息相关。我们大多数人都有其他人帮助我们创造的一些好运,然后我们用这些好运创造了自己的好运。

当我在摩根士丹利负责科技银行业务时,我有幸与恩颐投资合作了很长时间,摩根士丹利对我来说是为我的职业生涯奠定基础的一个地方。起初,我真的很想和年轻的公司合作,在它们长达 10 年、20 年甚至 30 年的漫长发展过程中帮助它们,尽我的微薄之力帮助它们实现愿景和梦想,并在由此产生的网络效应方面发挥一点儿作用。所以,我很早之前就开启了这段旅程,就像你和克里斯托弗所做的那样,就这样日复一日地坚持了下去。

托尼·罗宾斯:

给我们讲讲像床垫品牌卡斯珀(Casper)或者在线零售平台捷特(Jet.com)这样的公司吧,我知道你们把捷特卖给了沃尔玛。能和我们讲讲你一开始在这类公司身上看到了什么吗?你是如何看待这样的公司的?你又是如何决定投资它们的?我很想听听你考量公司的一些标准。

托尼·弗洛伦斯:

当然,捷特就是个很好的例子。这一切都始于一个名叫马克·洛尔的创始人。马克是我在 2009 年回到恩颐投资后的第一个投资对象。对我来说,这段经历看似平平无奇却非常有价值,是我工作中最有趣也最有收获的部分。我会一直和马克合作,直到我不再工作为止。我现在在和马克合作做第三家公司。我最开始和马克投资了婴儿用品电商 Diapers.com,后来它变成了母婴电商品牌 Quidsi,我们把那家公司卖给了亚马逊。我亲眼见证了一位创始人如何从在自家车库里倒卖尿布开始打造出一家企业。这位创始人是一位父亲，他去 CVS（美国一家连锁便利店）买尿布却总碰上缺货的情况，这让他很懊恼。

当我见到马克时，他告诉了我他创立公司的初衷，我就知道，公司不取得成功他是不会罢休的。无论面前有什么阻碍，都无所谓。所以，我们在寻找投资对象时，考察的关键因素之一就是看对方有没有那种程度的忍耐力和专注力，但这种坚韧和痴迷既不是为了金钱，也不是为了得到认可。就马克而言，这一切都源于他作为顾客时的激情和执着，以及他妻子的沮丧，但后来，这变成了：我该如何帮助全国的妈妈呢？

我记得，我结束了和马克的第一次会面后，就给我的搭档打了电话。我说："我已经找到了我的第一个投资项目。你们可能会讨厌他，但我要告诉你们，这个家伙会赢。他在网上销售毛利率只有10%的产品，但他会打败亚马逊。"6年后，杰夫·贝佐斯打电话给他，前一分钟还在威胁他，下一分钟就甜言蜜语地诱使他加入亚马逊。然后沃尔玛的董事会也给我打电话说："嘿，你们为什么不把公司卖给我们呢？"于是，我意识到，这个来自新泽西的家伙从在自家车库里萌生在线销售尿布的想法开始，开创出了对美国两大零售商亚马逊和沃尔玛都颇具影响力的一番事业。

这个小小的想法最终创造了5亿美元的销售额，雇用了数百名员工，拥有数十万名热爱这项服务的客户。妈妈们再也不用去商店了，东西第二天就能送到。我从马克那里学到了很多关于高频客户关系的力量的知识。如果你赢得了这种关系，剩下的就简单了。每来两位妈妈，就会有一位再也不来了，而另一位会再来26次。我们以35亿美元的价格卖掉了这家公司。这个故事中有很多细节，但马克是核心人物，也是关键所在。我现在正在和马克创办第三家公司，它叫 Wonder，我认为 10 年后它将成为马克创办的规模最大的公司。

所以，如果我的职业生涯中能遇到这样一家公司，那就已经很有意思了，更不用说几家了。我认为作为投资者、创始人和企业家，最好的事情之一就是你必须很好地管理风险和机会。所以，我合作过的许多其他创始人和马克一样，敢于冒险，也会听取数据、市场、他人意见和反馈，他们很乐意在此过程中改变他们的想法和所做的事情。

托尼·罗宾斯：

你在电子商务领域见识过很多。我读了一篇文章，你在里面描述了两种不同类型的人：一种是像马克那样专注于解决问题的人，另一种是注重流程精简和效率最大化的人。卡斯珀属于哪一类呢？我对这个例子很好奇。另外，我想知道在一路走来的过程中谁对你的影响最大？

托尼·弗洛伦斯：

我认为卡斯珀是一个与众不同的例子。这是一个关于效率的故事，它精简了分销链，然后去掉了中间商，这归根结底是互联网的力量所在。它的分销渠道更简洁，而且它刚好有一点儿营销的小技巧，又碰上了好运气。把床垫装在盒子里，然后拍摄了一个病毒式传播的视频，床垫一下子火了起来，也让它脱颖而出。

其中有一定的运气成分，一点儿巧思，还有我们能比其他人做得更好一点儿的信念。但我认为这个商业模式很吸引我，因为每个人都要买床垫，这是每个人都会考虑的问题，也是每个人有相关体验的商品,但从没有人想过购买床垫会是一种好的体验。因此,至少你有一个每个人都了解的市场,知晓一种每个人都无感或不喜欢的体验。

所以,几个年轻人,确切地说是一个来自得克萨斯大学的年轻人和他一路上结识的几个伙伴,有了这样一个想法:精简整个供应链和分销链,使其变得更高效。而且,床垫可以直接装在盒子里送到你家里,而不是像以前那样放在车顶上运回家。他们围绕这个点子发展出了一个品牌。就这样,他们创办了一家互联网公司,利用营销手段有效地做大了业务。

我们尽力帮助他们实现这一愿景。希望个愿景能逐渐清晰起来,我们也在沿途以各种小的方式帮助他们实现愿景。这些人想要打造一些独特的东西,他们也确实做到了。

托尼·罗宾斯:

这一路上,谁对你的影响最大?你从那个人身上学到了什么?我相信在你的人生中肯定不止一个这样的人,但谁最让你印象深刻?

托尼·弗洛伦斯:

我想,没有我的祖母和母亲,我就无法做到这一切。所以,对我来说,就是她们两个。我是由我的母亲和祖母抚养长大的,后来得到了我妻子的爱和支持。所以,我想我之所以能取得今天这样超出预期的成就,正是因为她们的支持和坚定。我也很幸运,在恩颐投资内外都有很多良师益友。我每天都能从与之共事的那些创始人那里汲取灵感。

今天早上我和他们中的一个聊了聊，这真的让我充满活力，非常兴奋。我想："好吧，让我们去解决这个问题。"所以，在某种程度上，在这个行业中，每天都会有让人充满干劲的事。在我生命的这个阶段，我会在日常点滴中寻找灵感，而不会去追求什么戏剧性的东西。我从家人那里得到了很好的支持，这就是支撑我的东西。其他的一切在这一点上都只是锦上添花。

克里斯托弗：

恩颐投资既被称为风险投资公司，也被称为成长型公司。显然，你现在有资金可以投资。你认为最大的机会是什么？

托尼·弗洛伦斯：

毫无疑问，当我们代表我们的 LP 充分发挥潜力时，我们有一件事情做得非常好。那就是很早就进入一家公司，我们可以在 10 年或 20 年的时间里帮助它。我们的一些市值 500 亿美元的最优秀的公司一开始并不是这样的。它们最初只有 500 万美元的投资和几个员工。因此，这确实是我们能够参与的创造最大价值的地方，我们已经进行了自我规划，以便在整个过程的各个阶段都能以 10 年前初次投资一家公司时同样的热情去应对风险和把握机会。这就是恩颐投资承诺的含义。

在周日，当我接到电话时，即使我已经与这家公司合作了 10 年，我也会像一开始那样全力以赴，仿佛其他一切都不重要。今天，我们很幸运，能够在一家公司的发展过程中挑选时机，利用相关的优势。因此，在最早阶段，我们看到了 AI 和软件开发方面的巨大机遇。所以，我们在早期和中期阶段大力投资。然后，到了成长阶段，我们正在等待真正加速发展的机会，但我们开始看到处于成长阶段的公司的真正价值。

这些公司已经站稳脚跟，它们的风险已经从商业模式中消除，它们只是需要资金来成长。而我们一直处于年轻公司很难获得资本的环境中，现在我们刚刚开始看到定价动态变得对它们更加有利。

克里斯托弗：

在你 1 月来我们的主题活动时，我们有机会在早餐时讨论 2022 年世界上发生的事情。回顾从新冠疫情至今的情况，在风险投资和成长型投资领域，有哪些事情是你着实没有预料到的？又有哪些事情在你的预料之中？

托尼·弗洛伦斯：

首先跃入我脑海的是，我们在科技领域遇到了硅谷银行的信贷危机，这是谁也没有预料到的。幸运的是，我们在问题出现之前将资金从硅谷银行撤出了。但我认为，像这样一家大型上市公司如此迅速地崩溃可能是这一年最让我们感到意外的事了。这似乎是很久以前的事了。另一件有趣的事是市场很快恢复了，这也很令人惊讶。

公共市场恢复得如此之快，尤其是那些大型科技公司。我们本以为我们会处于一个在更长时间内萎靡不振的环境中，而且我们面临的利率环境会更加困难。而经济比我们预期的要强劲一些，也更有活力。

克里斯托弗：

这就引出了下一个问题。如今的投资者在看待风险投资和成长型投资时，会犯什么样的错误？其中有哪些风险和机会，他们还没有充分认识到？

托尼·弗洛伦斯：

我认为，危机能创造机会，因此出现了流动性、资本市场和利率危机。所以，当下正是你应该关注二级市场和非传统投资领域的时候。当我们在考虑二级市场和信贷等其他领域的业务时，我们也在努力这样做。我要说的另一点是，创新永不停歇。如今创立公司的人，他们并不像我们3个那样担心美联储和经济衰退。

因此，你必须在风险投资和早期阶段投资中进行时间分散化操作，尤其是要把握正确的投资期限。去年、今年和明年都会有新公司创立，10年后，我们回头再看时会说："哇，那时候是进行风险投资的好时机。"因此，我认为，在我们的业务中发生的情况是，它变得比原本应有的更具周期性，因为这些都是长期资产。创建一家公司需要很长的时间，你无法预料下一个带着绝妙创意的马克·洛尔何时会出现，而那个创意需要8年时间才能落地实现。但是，当他做到这一点时，这将为你的LP带来惊人的成果。

因此，你必须结合大环境进行管理。我们在2月募集了一只大额基金。我们相信，现在是一个好时机，一个健康的时机，要负责任但也要投资。我认为，有时LP很难理解这一点，因为，当外面风雨交加、令人害怕时，可能恰恰是秉持长远眼光的最佳时机。

克里斯托弗：

如果有人给你一桶钱，并说："我20、25、30年都不要求返还。"你会对此感到兴奋吗？你会害怕吗？你谈到过创建这些业务需要多长时间，但是，典型的 LP 必须返还资本的结构，是我们所处行业的固有特性。然而，在风投和成长型投资领域，永久性资本似乎是一个更好的解决方案。

托尼·弗洛伦斯：

毫无疑问，我认为对许多投资公司而言，拥有更多的永久性资本就像是"圣杯"一样。这就是为什么很多公司要上市。我们一直在寻找长期合作伙伴。我们已经有了一些这样的合作伙伴。只是因为我们有着传统的结构，所以还没有充分利用好这一点。但是，我们绝对在尝试思考怎样达到恰当的平衡。

同样，对于我们所募集的每一美元，我们都是带着极高的责任心去对待的，因此你必须对此抱有正确的期望。我认为，随着时间的流逝，这个行业将继续成熟。对于风投和成长型投资，我也秉持着同样的看法。

我们的基金期限为 12 年，这比传统基金要长得多。通常，这些基金的期限为 8 年，或者 10 年，因此，我们的基金期限算是比较长的了。但好消息是，这并没有阻止我们努力为 LP 实现价值最大化。

托尼·罗宾斯：

你提到了"圣杯"。我们这本书的英文标题意思就是投资的"圣杯"。瑞·达利欧是我的好朋友，我在采访他、深入挖掘他的想法时，曾问他："在指导你做决策的投资原则中，哪一个是最重要的？"他所说的"圣杯"就是，拥有 8~12 种不相关的投资。我很好奇，在你看来，你投资的"圣杯"是什么？

托尼·弗洛伦斯：

瑞·达利欧所说的"圣杯"对我来说既是我重要的投资原则，也不是，托尼。在我们这个行业里，任何人如果没有读过瑞·达利欧写过的所有东西，或者没有读过别人写的关于他的东西，那很可能会错失很多有价值的东西，让自己处于不利境地。我们很幸运能读到这些东西。我们的公司 45 年前成立时，就有百年的愿景。它总是有一些关键的东西。一个是它一直会涉足技术和医疗保健领域。所以，从定义上讲，我们本质上就有不相关的投资活动。我们的多元化可能更类似于达利欧所说的情况。我们还会根据环境在基金结构内动态地分配资本，这是他提出的另一个原则。我们可能会对某些领域过度分配资金，而对其他领域分配不足，我们的灵活性就体现在我们所做的事情中。然后，我们还有时间上的分散化安排。

我们所做的事情的好处是，我今天会进行一项投资，但在接下来的 7~8 年里，我都要针对我投资的那家公司做出投资决策。因此，我有很多时间进行分散化安排，以便观察技术周期是如何演变的。我们最初投资时看重的那个创意、最初的产品或技术，到今天依然适用吗？我们会再进行探究。

最后一点，我想说，鉴于我们的规模，我们会进行一些小规模的、互不相关的、更具前瞻性的投资，这些投资可能不是现在经典的社交媒体、电子商务或 AI，而可能是一家机器人或自动化公司，这与我们 95% 的投资组合毫无关系，但如果成功了，可能会非常特别。或者我们会在 CRISPR 技术这样的生命科学领域进行小规模投资。我们当年投资 CRISPR 技术时，那看起来简直太疯狂了，与

第 19 章 托尼·弗洛伦斯：风险投资先驱

生命科学领域之前所做的一切都背道而驰。因此，我们有能力进行这些小实验，只是小规模投资，不会冒很大的资本风险，但能提供你所谈论的很好的多元化效果。

托尼·罗宾斯：

这些年来，你与这么多企业家合作过。如果你必须提出 1~3 个你认为能让所有企业家都成功的原则，你会突出什么？

托尼·弗洛伦斯：

我不想老生常谈，但我想说的有 3 点。第一，他们痴迷于自己正在做的事情。他们痴迷于机会，也痴迷于风险。这两个方面都很重要。第二，他们对自己有一个非常清晰的愿景，可以围绕这个愿景去打造事业和招聘人才。这一点非常重要，而且他们能够很好地传达自己的愿景。第三，他们内心有某种东西，你知道他们一天 24 小时都在为此努力。这不仅仅是痴迷，更是一种信念，坚信这件事必须做成。他们的成功是有原因的。

昨天我和马克谈论他的新公司时，他传达的信息就像是："托尼，有数百万人需要这个。"他内心真的相信自己正在做的事情是一件重要的事情，而且这与功名利禄无关。

托尼·罗宾斯：

发展一家大型投资公司所需要的远远不止是进行大量投资或拥有良好业绩。你认为你们公司在过去 45 年里取得成功的主要原因是什么？在你的职业生涯中，是否存在一个让公司真正腾飞的支点？

托尼·弗洛伦斯：

我认为，首先，归根结底，我们是一个人力资本组织。所以，一切都与人和团队有关。如果你看看恩颐投资，你会发现大多数加入这里的人最终都会在这里退休。我们的大多数合伙人已经在这里工作了15~20年。我们有一种基于团队合作、信任和卓越的紧密联结的文化，我们每天都在努力践行这些理念。我们对此非常着迷。我们所做的一切都必须加强我们文化中的团队合作、信任和卓越。当我们看到与这些理念不符的事情时，无论是人还是行为，我们都会迅速加以纠正。我们努力构建我们的工作方式、工作方法、认可人的方式以及激励方式，以强化这些文化的关键部分。

其次，我们有一个共享成果的理念。说到底，我们只是公司发展历程和创始人创业过程中的一小部分，但我们有一个完整的团队。因此，平均而言，恩颐投资有8~10个人会参与接触一家公司，这非常重要。如果你与我们投资的某家公司的创始人交谈，他们可能会说一些关于某个合伙人的好话，但我们真正希望他们谈论的是恩颐投资。我们真心希望他们能谈谈恩颐投资的所有人如何热爱自己的工作，如何在工作中全身心投入并充满激情。这种共享成果的理念至关重要。

最后一点是，我们长期关注人际关系。因此，我们的一些LP已经与我们合作了30年。

托尼·罗宾斯：

哇。

第19章 托尼·弗洛伦斯：风险投资先驱

托尼·弗洛伦斯：

当你能够坐在那里与某人合作 10、20、30 年时，那真的是一件值得珍惜和自豪的事情。因此，我们对创始人也秉持这样的态度。这种着眼长远的人际关系的方法很重要。

克里斯托弗：

回首过往，在你执掌大权之前，有哪些事是你希望别人能提前告诉你的？

托尼·弗洛伦斯：

我觉得没人会提前告诉我那些事，但我感到非常荣幸，能做我现在做的事情，已经远超我的预期了。我与很棒的人共事。这是个很难做好的行业，每天都要做很多决策，这些决策累积起来会影响长期的发展。因此，我们讨论最多的就是我们的决策带来的长期后果。在我们的工作中，做出迅速的决策是非常容易的。真正难的是在我们不在的时候，这些决策可能意味着什么。

因此，你希望别人替你考虑的那些基本原则就是我们管理公司的思路。我们都是积极进取的人，都是 A 型人格，都很有竞争力，但有时候你必须在做出真正的决策时保持谨慎和深思熟虑，这些决策在当时可能看起来很小，很容易做出，但具有长期的影响。这是我们花了很多时间去琢磨的事情，在一开始我可能对此并没有足够的重视。

克里斯托弗：

这又回到了你之前说的，公司是在 45 年前创立的，有 100 年的发展愿景。这是多么美好的展望方式。回过头来看，如果可以，你会在原来发展业务的过程中采取哪些不同的举措？

托尼·弗洛伦斯：

我来自匹兹堡一个没什么背景的家庭，在摩根士丹利工作时则处于保守的环境，所以我痴迷于不亏钱。这就是问题所在，作为一个投资者，你不想亏钱，但你又必须冒险。在我们的业务中，我想说在某些时候我们本可以承担更多的风险。所以，如果我能回到2008年和2009年，我希望我们当时能冒更大的风险，就像我们现在这样处于优势地位时一样。我会说，就在新冠疫情之后，形势变化得很快，但有那么一段时间，也就是6~12个月的时间，出现了大量的机会。

回想起来，我们并没有犯很多错误，也没有栽过大跟头。但是，有很多项目我在当时就知道是很好的投资机会，而我只是觉得当时还不是踩油门加速的合适时机，因为你不确定合适时机究竟在哪儿。事后说起来很容易，但我真希望我们能抓住其中的一些机会。

克里斯托弗：

我们会根据当时所能获得的信息做出我们能做出的最好的决定。你们已经建立了一个非常与众不同的业务，这是一项持续了很长时间、规模巨大的风险投资和成长型投资。你认为为什么大多数投资公司无法扩大规模，或者没有迈出那一步，走向长期业务？

托尼·弗洛伦斯：

这很有趣，两周前我在纽约与十一二个私募股权和对冲基金负责人或首席执行官共进晚餐。我们都稍微谈论了一下这个问题。我认为，归根结底，金融企业家的行为涉及很多心理学因素。投资公司通常由金融企业家经营，而且很难让各方都达成一致。你会遇到性格各异的人，人的生活会发生变化。我们实际上一直在追踪那些处于有利地位但没有生存下来的公司，因为我们想借此谦逊地提醒自己，1996年、1997年、1998年和1999年的某家公司是我们行业中最好的公司，但现在它们已经销声匿迹了。

为什么会这样？

通常是因为合伙人相处不来，他们意见不一致，他们没有正确的长期目标，而且坦率地说，我认为他们真的不想为了扩大规模而做出牺牲。你必须对未来10年、15年、20年有一个真正的愿景，而他们更多的是活在当下。就像建立一家公司一样，你必须有关于规模方面的愿景，你必须能够把各个部分整合到位，并愿意在情况还不明朗时继续这样做。很多风险投资公司都回避扩大规模。4个人围坐在桌子旁，这是一门很舒服的生意，他们不想引入合作伙伴，也不想因为做决策和承担责任而面对这些复杂情况。你必须真心愿意为公司和团队付出比你得到的更多的东西，这是底线。

托尼·罗宾斯：

托尼，对于众多的投资人才，你认为是哪些关键特质使表现最出色的人与他们的同行区别开来？因为业务的发展最终还是要靠人，对吧？

托尼·弗洛伦斯：

你必须有一支优秀的投资团队，而且你必须不断充实后备力量。在我们的业务中，我们十分看重业绩表现，所以我们每年都非常认真地对待它，并努力确保我们招聘到的人才比现有的更好，不断推动自己前进。我认为你必须在愿意给予员工充分的自主权方面找到平衡。你必须始终平衡好这一点，给员工足够的成长空间。因为我们一直是一家不断成长的公司，所以我们总是能为员工提供足够的机会，而创造这样的机会对于吸引一些最优秀的人才真的非常重要。

托尼·罗宾斯：

所以，你在寻找那些有自己的愿景、能建立同样信任关系、能平衡风险与机遇的人，也就是符合你早些时候谈到的那些基本要点的人，对吗，托尼？

托尼·弗洛伦斯：

是的，完全正确。我认为，当你招聘人才时，你希望能招到那些能让你变得更好，能让公司变得更好，并能带来一些增值的人。这样的人可能有不同的背景、不同的思维方式、不同的抱负。这些都是有益的，你必须愿意在用人方面承担一些个人风险，因为这对于保持活力和新鲜感是很重要的。

第 20 章

鲍勃·佐里奇：
石油、天然气和可再生能源的未来

恩凯普投资公司联合创始人

荣誉：恩凯普是美国十大能源投资机构之一。佐里奇是美国独立石油协会的成员，同时也在包括"信仰工作纽带"和"希望与治愈中心"在内的几家休斯敦慈善机构的董事会任职。

管理资产总额（截至 2023 年 8 月）：400 亿美元。

关注领域：为独立能源公司提供增长资本。

成就：

- 和合作伙伴成功募集并管理了 400 亿美元的资金，横跨 24 只基金，获得了来自全球 350 多家机构投资者的信任和支持。
- 恩凯普始终坚定不移地致力于发掘和培养人才，在其发展历程中已支持了超过 275 家初创能源公司。
- 这些团队利用他们的经验和专注为投资者创造了数十亿美元的价值，并成为页岩革命的关键推动者。

克里斯托弗：

首先，请和我们讲讲你的创业故事吧，你是如何走到今天的，你的业务情况大致是怎样的。

鲍勃：

我在旧金山的湾区长大，那里后来变成了硅谷。我在那里出生并长大成人。史蒂夫·乔布斯比我晚 5 年进入同一所高中，沃兹尼亚克则比我晚 1 年。我爸爸不是工程师，但其他人的爸爸很多都是。所以，这是一个充满竞争的环境，我从中受益匪浅。我在加州大学圣巴巴拉分校读的大学，获得了经济学学士学位，还遇到并娶了我现在的妻子，如今我们已携手度过了 51 年。我们搬到了菲尼克斯，在那里我在雷鸟全球管理学院获得了硕士学位，然后我们搬到了达拉斯，1974 年我加入了达拉斯共和国民银行的能源部门。这么算来，我已经在这一行干了大约 50 年了。尽管我以前对

第 20 章 鲍勃·佐里奇：石油、天然气和可再生能源的未来

能源一窍不通，但它确实是银行内部的一块核心业务。我们没有参与源自纽约的贷款业务，而是成了能源融资领域的领军者之一。我很快就了解到石油和天然气的一个特点，那就是外行人很难理解这个行业。这是一个非常微妙的领域。工程师可以给一处油气资产定价，但如果你不知道这些价值数字是基于什么假设得出来的，你就无法理解该定价在定性方面的重要性。

此后我前往伦敦，与银行进行了一些合作——北海地区的大型融资项目，在这个过程中我对自己以及自己与聪明人竞争的能力有了一些信心。在我前往伦敦后，我也了解到，为自己打拼，每天起床后有机会去做一些能改变我人生的事情是非常有趣的。这虽然有时会很痛苦，但确实也很有乐趣。正是这段经历使我在20世纪80年代初选择抓住机会、离开银行。1981年，我在共和银行的一位挚友和我一起离开了银行，我们共同创立了一家初创石油公司。

20世纪80年代初，我们这样做了五六年，在此期间，石油价格一直在下跌。但我们得以更多地了解石油和天然气，也知晓了更多有助于评估风险和价值的技术和运营细节。如果你还记得，1986年石油市场崩盘，我们卖掉了公司。我们当时发行了五级优先股，所以我们学到了很多关于资本化、资本结构、风险、银行债务等方面的知识。至此，我已经有了近15年的投资和管理石油、天然气风险的经验。后来，我搬到了休斯敦，为一家管理养老基金的资产管理公司工作。它有一种与石油和天然气相关的夹层债务产品。在危机期间，我开始为它工作。到了1988年，在我看来，它过于关注高成本的债务了。我跟我的老板提到了这一点，而我的老板说，他坚持要专注于夹层融资产品。尽管很感激这次机会，但我想跟随

自己的直觉，考虑做一些别的事情。我和我以前在石油公司的合作伙伴讨论了向机构投资者群体推出石油和天然气金融产品的机会，我们决定和另外两位石油和天然气领域的共和银行高层朋友讨论这个想法，恩凯普的概念就这样诞生了。所以这种合作关系已经持续了35年。克里斯托弗，其实这个理念很简单，就是利用我们的经验和人脉，向机构提供高质量的石油和天然气投资产品。这就是我们做的事。

克里斯托弗：

这很有趣，因为人们在和恩凯普合作时，会发现你们是非常精通金融的石油和天然气领域的人，而不是认为自己擅长石油和天然气领域的金融从业者。我认为这是恩凯普长期以来在行业竞争中所具备的真正优势。回到刚才的话题，谁是对你成功影响最大的人，他们是如何影响你的？

鲍勃：

你知道，我花了一些时间思考这个问题。我真的把我的成功归功于我的合作伙伴和我们共同的品质。你知道，努力工作，积极表现，己所不欲，勿施于人，做正确的事，这些理念一直激励着我们所有人。也许最终应该归功于养育我们的父母。另外，我的妻子显然也功不可没，她一直在背后支持我，帮助恩凯普取得成功。没有我的合作伙伴，我不会这么成功。所以，我认为，在性格方面，一旦你决定要走某条道路，你就会希望和其他也想走这条道路的人一起工作。回首过去35年，我感谢命运让我们走到了一起。

第 20 章 鲍勃·佐里奇：石油、天然气和可再生能源的未来

克里斯托弗：

对投资者来说，在看待能源问题时，从 2023 年及以后的时间来看，最大的机遇是什么？

鲍勃：

现在，有这样一种背景——全球的政策制定者认定，有一种气候模型表明，空气中过多的二氧化碳最终会使地球过热。至少这是其总结性论点。有证据表明，6 亿年前，大气中有很多二氧化碳，地球非常温暖。当然，在过去的 6 亿年里发生了很多事情。我读过很多关于建模的资料，因为模型相对于现实世界而言变量有限，它们往往会忽略某些变量，这可能导致结果与实际情况大相径庭。计量经济学和气候模型就是两个有趣但不可靠的例子。因此，基于不完美的模型来做决策、制定政策为今天创造了机遇。简而言之，相对于产生影响的能源产出，我们的投资效率并不高。如果你把能源想象成食物，而你正试图为全世界提供能量，那么你需要投资高热量食物，这样才是最有效率的。一磅蛋白质的热量等于很多磅的羽衣甘蓝的热量。在能源方面也是同样的道理，石油、天然气、煤炭和核能相当于富含蛋白质的高热量食物。而木材、太阳能和风能则相当于低热量的羽衣甘蓝。我们的政策正在将我们的资本引向低密度的答案，而远离高密度的解决方案。其结果将是一场灾难，因为我们会发现自己缺乏满足全球所需的能源。这使得当下这一时期变得很独特，当决策者意识到需要高密度的能源解决方案时，低风险、高回报的不同寻常的投资机会就会出现。

克里斯托弗：

我想说，大概 99% 的人都不会想到，如今的能源投资者不会涉足勘探领域，而会专注于工程方面。在这个时代，正如你所说的，我们只需要弄明白如何达成目标。因此，其中的风险和回报与绝大多数人在实际资本配置中所意识到的截然不同。所以，当想到你所说的那场灾难时，即对化石燃料的潜在投资不足，对可再生能源的过度投资，从可再生能源中获得的收益不足以抵消化石燃料中不可避免的衰退，你觉得这是一个 3 年就能显现的问题吗？还是说 10 年后人们才会普遍察觉？

鲍勃：

我认为这种情况显而易见。我甚至不觉得这是什么谜团。但社交媒体、传统媒体、一厢情愿的想法、无知的决策者等结合在一起，共同造成了我们正在经历的这种糟糕局面。这是显而易见的。西方国家什么时候会意识到这一点？希望是 3 年内，但也许是 10 年后？

这场灾难对每个国家的影响都会不同。拥有能源资源的国家——美国、加拿大、澳大利亚、俄罗斯——将处于更有利的地位；而没有能源资源的国家——部分欧洲、非洲国家——将处于不利地位。其他非能源问题也将使情况变得复杂，也许能源会成为彻底改变全球格局的催化剂。

托尼：

所以，当你回想过去的 5、6、7 年时，能源世界已经发生了很大的变化。哪些事情的发生在你的预料之内？哪些事情的发生出乎你的意料？

鲍勃：

我没想到欧洲的实验这么快就失败了，这令我感到惊讶。你们都知道，欧洲做出的各种决策都失败了，不论是关停所有核电站，依赖俄罗斯天然气，还是在北欧建造风力发电机，建设太阳能发电设施。我在北欧住了3年半，我敢打赌，我们一年到头只能见到3个星期左右的太阳。这样的事情总是让我很惊讶。而世界各地的政策制定者并没有从这些错误中吸取教训，这也同样让人惊讶。我们行业里的大多数人都会对此摇头，认为这是显而易见的。密苏里州有个人在运营一家能源合作社，他说了大实话：你不能把可再生能源作为你基本负荷容量的一部分。因为可能没刮风、没出太阳。所以，如果你的民众需要全天候供电，或者需要部分供电保障，你就不能依赖可再生能源。如果你负责这一事务，你被要求首先使用可再生能源，那么逻辑就会颠倒。很不幸，所有一切都本末倒置了。

克里斯托弗：

你显然已经在这个行业待了很久很久了。哪些事情的发生在你预料之中？

鲍勃：

页岩气的成功是很容易预测的。我们生活在一个有趣的世界，因为总是有人对于一切事情都发表负面言论。然而，当你了解你的领域时，你就会相信，你所做的事是合理的。尽管石油行业因做了大量不良投资而受到谴责，但事实是，它们做了很多总体上非常好的投资。不好的地方是定价的稳定性和成本结构。但当价格上涨时，成本结构最终也会上涨，这会削减那些购买租赁权的公司最初预计会获得的很大一部分利润。

就我们而言，我们在支付土地价格方面尽量谨慎，并且只是适度地在与生产相关的现金流基础上使用杠杆。但我们也并非完美无缺。简单来说，这个行业大体上并不是不负责任的，但是当我们用不断变化的眼光去看待过去时，很多行业都会显得有些脆弱，尤其是那些大量使用债务的行业。

克里斯托弗：

在你看来，那些正在观察能源行业并考虑在该行业投资的人可能会犯什么错误？

鲍勃：

说实话，他们中很少有人犯错。我认为很多人会因为他们的董事会或委员会而远离化石燃料。他们中的一些人已经回归，并继续投资那些合理的项目。恩凯普是我们许多投资者投资组合中表现最好的基金，因为我们返还了大量现金，他们可以看到这一点。但由于政治原因，他们的老板不能带着化石燃料投资进入委员会。但我相信这种情况最终会改变。

克里斯托弗：

那么，稍微转换一下话题。如果你有 5 分钟时间可以吸引全世界的注意力，关于不在传统能源和可再生或绿色能源方面进行适当投资的后果，你会跟所有人说些什么呢？

鲍勃：

我认为我要传达的信息将涉及基本事实，以及相信你自己依据这些基本事实所做出的对于未来情况的判断。能源解决方案中能源密度的重要性就是这些基本事实之一。能源对于人类繁荣的重要性也是如此。我们需要制定一些政策，既能促进能源发展以推动人类进步，又能让人们尊重我们所处的环境。这是一个全球性问题，而不只是西方问题。全球有70亿人不是西方人，他们同样需要能源和相应的解决方案，而且他们还面临资金有限的问题。

克里斯托弗：

除了你们显而易见的出色业绩，你认为恩凯普成功的主要原因是什么？

鲍勃：

我想说我们适应能力很强。我不认为我们4个人中的任何一个能仅靠自己就取得我们现在的成就。我认为，我们4人拧成一股绳的力量就是我们成功的原因。在过去那段时间里，我们团结一心，没有拖对方的后腿，这对我们所有人以及恩凯普的成功都大有裨益。

托尼：

让你们的企业从优秀企业跃升为卓越企业，并真正实现加速增长的支点是什么？

鲍勃：

没有过往的业绩，你在这个行业就站不住脚。所以，我们在早年就打造了安全、稳定、可靠的业绩回报记录。这很重要。但同样重要的是，我们始终专注于自己的核心领域。包括页岩革命在内的外部事件，以及我们对新经济形势和机遇的快速适应能力，是一个关键的支点。另一些企业则因为在做决策时技术驱动性没那么强，所以适应得较慢。这一支点让我们在那段时间取得了巨大成功，实现了大幅增长。

克里斯托弗：

回顾过往，在你创立公司之前，你希望有人能提前告诉你哪些事情？

鲍勃：

说实话，没有什么事情是我希望别人提前告诉我的，因为那可能会剥夺我们发现的乐趣。我认为人需要经受犯错的考验，从错误中学习并拥抱它们。因此，我很高兴我们的合作伙伴能在机会出现时不断探寻最佳实践方法。也许，因为我们有在信贷或金融方面的相似背景、经验，所以在整个过程中，我们更容易在决策上达成一致。

克里斯托弗：

我们谁都不喜欢成长之路上所经历的那些坎坷，但当我们回首往事时，通常我们都会说："我很高兴我经历了这些，因为这使我变得更强大、更聪明，使我领悟到不同的事情。"现在看来，如果能回到过去，对于哪些事你会采取不同的做法？

鲍勃：

我觉得既然目标是最终取得成功，那么我对现有的事情发展感到挺满意的。有没有办法赚更多钱呢？当然有，但这些方法会不会以牺牲家庭生活或合伙人之间的关系为代价？这很难说。你知道，当整个过程就像一个完整的美味的烘焙蛋糕时，你很难再去挑剔。

克里斯托弗：

你认为为什么大多数公司都无法实现规模扩张？

鲍勃：

这又要说到适应能力的问题。我们看到很多人都在页岩开发方面举步维艰，因为技术更为复杂。而我们的合伙人是因为技术风险较低，选择了积极参与。我之前提到过，我认为，拥有合伙人能让恩凯普从4种不同的视角去判断什么是最好和最安全的做法。我认为这是好事。而你会认识到的一件事就是，没有任何一种观点是完美的。所以，虽然存在缺陷，但我认为当你拥有多个视角时，你就能够避免犯下最大的错误。

克里斯托弗：

我们谈到了人的问题，很显然，人是复杂的动物，所以合作伙伴关系也是复杂的。你觉得哪些特质让那些优秀的从业者与其同行区别开来？

鲍勃：

品性是第一位的。虽然每个人可能都有不同的表现，但他们只要拥有好的品性，就能融入这个团队。我们都积极参与，努力工作，保持好奇，并能在确保客户获得安全稳健的投资回报的前提下，为自己的观点进行辩护。虽然我们有各自的想法，但我们都有一个共同的目标，那就是为我们的机构客户提供安全可靠的投资。

托尼：

鲍勃，有一次我在摩根大通的一场峰会上发言，当时大约有250人参加，而且都是亿万富翁。瑞·达利欧就在我前面发言，他说，投资的"圣杯"就是找到8~12种互不相关的、你认可的投资，这将使你的风险降低80%。对他来说，没有比这更重要的原则了。这也是本书主题的一部分。我们很想知道，在能源领域投资了几十年后，在你眼中投资的"圣杯"是什么？

鲍勃：

你知道，托尼，我们看待投资的方式很像我们看待生活的方式。你必须坚持一些价值观，才能获得长期的幸福。对我们来说，这意味着降低与我们试图实现的目标相关的风险。如果你考虑房地产，你会想到你的公寓里住满了租客，他们每个月都会给你付租金。那是相当安全的。如果你考虑石油和天然气，与之对应的就是已经钻探完毕、正在生产并且有现金流的油井。而且，你还有其他方法来保护你的租金收入，比如对冲交易，这可以降低你的风险。

另一个极端是勘探。你要去一个以前从未钻过井的地方，而且就算你运气好，运用了现有的最好的科学技术，你也只有10%的成功机会。我们总是避开这类事情。我们不喜欢为这类风险而烦恼。所以，如果你愿意这么称呼，那这就是我们的"圣杯"：围绕风险和我们试图做的事情建立一些价值观。它们可能与运营、价格或生产相关。随着实际情况逐渐明朗，你就能确定自己所处的位置以及自己不会涉足的业务领域。

托尼：

所以，你做到这一点的方法之一就是与成熟的公司合作，然后商定增长计划。显然，不对称的风险回报（即低风险，高回报）是每个人的梦想。但要做到这一点，你就要尽可能地降低风险。我理解勘探工作。我向能从事勘探工作的人致敬。如果一件事只有10%的成功机会，我会相当不安。

鲍勃：

我们实际上是与精干、成熟且经验丰富的管理团队合作，他们很可能是在成熟的公司中接受过培训。我们一直都在尽量只与像我们一样看待风险的经验丰富的团队合作。只有在成功概率较高的情况下，我们的资金才会大量投入。这让我们主要专注于开发已证实的概念领域。

克里斯托弗：

鲍勃所描述的内容很有趣，托尼，它与我们所讨论的许多其他概念是多么契合。虽然恩凯普并没有涉足房地产、信贷等领域，但在它自己的领域里，同样的规则仍然适用——8~12条非相关的资产流，就其具体情况而言，可能是国内不同地区的不同盆地，可能是不同深度的钻探区域，也可能是基础设施与上游产业的区分。所有这些并不一定相互关联。

鲍勃：

支持恩凯普成立的基本前提是，石油和天然气的投资很复杂。例如页岩生产，大概念是，有大片蕴含着大量的石油的地理区域，只需压裂岩石，你就可以得到更多的石油或天然气。如果你了解油藏的动态和岩石的历史，你就可以开始了解哪些区域会产出具有经济效益的资源，哪些区域不会。有很多方法可以将风险降到最低，同时运用经过合理验证的技术来获得经济回报。如果你将这样的故事带到华尔街，并且你是需要资金的人，而不是保护资金的人，那么就会出现利益错配的情况。能言善辩的人可能会赢，而投资者可能会输。当这种情况发生足够多次时，人们就会开始远离这个行业，这个行业就会获得高风险的名声，而事实上，如果你深入了解这个行业，你就能明白不同资产和不同机会的风险状况之间的差异，并通过保持投资的低风险来帮助你所代表的机构。

托尼：

你经历过这个行业几十年的起起落落，而且你显然必须非常好地管理你的风险，才能在400亿美元的投资中取得如此好的成绩。我很好奇，你对最有前景的绿色能源有什么看法？如此多的绿色能源虽然得到了推广，但似乎还没有被大规模应用。如果我没理解错，你们已经在这个领域进行了投资。你们的想法是什么？

第20章 鲍勃·佐里奇：石油、天然气和可再生能源的未来

鲍勃：

我们在该领域的投资目标是那些安全、经过验证，但在经济上具有颠覆性的领域。我们开展业务并不是为了从一项已签约的基础设施项目中获得3%~4%的回报率。因此，我们聘请了在该领域工作多年的电力业务专家作为我们的投资团队成员。他们认为电池是最具颠覆性的领域。简单地说，如果你能将电池放置在现有基础设施已经存在的区域，你就拥有了以非常经济高效的方式将这些电池中的能量分散到电网中所需的一切条件。你可以在成本较低时为电池充电，在电价上涨时像调用天然气储备那样调度电力。这就是我们认为如何在绿色能源领域进行稳健而安全的投资的一个例子。而我们的第一只能源转型基金看起来在4年内将获得非常高的回报率。它选择了那些具有良好业绩和发展前景的团队和项目进行投资。我们的第二只基金也将采取类似的投资策略，但会包含不同的投资机会。

你知道，《通胀削减法案》在减少通货膨胀方面毫无作用。但它将改变经济格局。你不能否认补贴将影响投资活动这一事实。当大量补贴进入市场时，大笔资金投向众多方向，其中一些可能不会产生很好的结果。我们的重点将放在那些有着成熟可靠的管理团队和技术，且应用后可以带来可靠的经济效益的领域。

第 21 章

戴维·戈卢布：
把握私募信贷的未来

戈卢布资本创始人

荣誉：戈卢布资本被《私募信贷投资者》杂志评为"美洲十年最佳贷款机构"。

管理总资产（截至 2023 年 8 月）：600 亿美元。

关注领域：私募信贷。

第 21 章　戴维·戈卢布：把握私募信贷的未来

成就：

- 被《私募信贷投资者》评为推动私募信贷资产类别进化和增长的三十大变革者之一。
- 戈卢布资本获得了多项荣誉，包括极具声望的 2023 年《私募信贷投资者》"美洲十年最佳贷款机构"奖，还分别在 2015 年、2016 年、2018 年、2021 年和 2022 年被评为"美洲年度最佳贷款机构"。
- 投资超过 1 000 家公司，并为《华尔街日报》《纽约时报》《彭博商业周刊》撰稿。
- 创建了"戈卢布资本阿特曼指数"，该指数已成为衡量中端市场私营公司业绩的一项关键且广受关注的指标。

克里斯托弗：

你是如何走到今天，领导着世界上最大的私募信贷公司之一的？

戴维：

我喜欢讲述戈卢布资本的成长故事。让我们回到几十年前，想象一下戈卢布家的餐桌。我哥哥劳伦斯 11 岁，我 9 岁。爸爸妈妈又在谈论心理治疗的话题了。顺便介绍一下背景，我父母都是心理治疗师。想象一下，我和哥哥是多么迫切地想要换个话题。所以我们做了孩子们通常会做的事——提出了一个商业计划，要创建一家中端市场贷款公司。

好吧，那是个夸张的故事。唯一真实的是，我的父母都是心理治疗师。关于戈卢布资本是如何成立的，这实际上是一个关于机缘巧合和路径依赖的故事。

我的职业生涯是从作为私募股权投资者开始的。我哥哥起初是一名投资银行家，后来也成了一名私募股权投资者。20世纪90年代末，我们都有同样的见解，那就是私募股权行业将继续蓬勃发展。随着这种发展，我们看到了一个巨大的机会，那就是创建一家贷款公司，为私募股权发起人提供服务。之后发生的事情包含了很多运气。金融危机让许多在承销和融资方面不如我们谨慎的贷款机构受到了冲击。而且，尽管我们在20世纪90年代对私募股权行业的发展抱有很大希望，但它的增长幅度还是超出了所有人的预期。因此，戈卢布资本的成长故事就像很多创业故事一样。它始于一个好主意——为私募股权支持的公司创建一家以合作为导向的专业贷款机构。但是，我们如何发展到今天这么大的规模，其中既有精心规划的因素，又充满了意外巧合和运气的成分。

托尼：

在这一路上，谁是你生命中最重要的人，他们如何塑造了你的成功，又是如何影响你的？

戴维：

我有很多对我非常重要的导师。我的导师们在我成长为领导者和我的公司取得成功的过程中都发挥了关键作用。我的其中一位导师是杰伊·菲什曼。当我从商学院毕业，在当时的希尔森-雷曼公司（Shearson Lehman）开启我的职业生涯时，杰伊是我的第一

第 21 章 戴维·戈卢布：把握私募信贷的未来

任老板。杰伊后来成了旅行者集团（Travelers）的董事长兼首席执行官。杰伊教会了我很多东西，但最重要的是如何成为一名好的领导者，同时保持善良。记住每个人的名字，甚至是大楼中的工作人员。要不遗余力地帮助遇到困难的员工。要谨慎对待你要求员工做的事情。杰伊对此有一句格言。他说："要谨慎对待你要求员工做的事情，因为他们会照做。"

人生中的一个诀窍就是除了从自己的错误中学习，还要从别人的错误中学习。我认为导师之所以如此有价值，其中一个原因就是，他们可以经常与你分享一些智慧，告诉你对于哪些事，他们希望当初可以做出不同的决定。

克里斯托弗：

而且很多时候，他们也能观察到其他人犯的错误，对吗？在他们随着时间推移而建立的生态系统和社交网络中，有很多共享的集体智慧。让我们稍微把话题转向投资世界，来谈谈私募信贷，谈谈你每天都在参与的这个领域。对今天关注私募信贷的投资者来说，最大的机会在哪里？

戴维：

要回答你的问题，我得从一个理念性的阐述说起，谈谈我如何投资，以及我们作为一家公司如何投资。有些人认为投资与其他业务不同。他们认为好的投资者都是天才。想想沃伦·巴菲特或比尔·阿克曼。我认为这样的人极其罕见。我认为好的投资业务并不依赖幕后的天才。好的投资业务就像其他好的业务一样，它们有一些可识别且引人注目的竞争优势来源。因此，在我们的业务中，成功的关键是拥有一系列竞争优势，这些优势使我们有能力随着时间的推移创造持续的高额回报。

我所说的优势是指哪些呢？我来给你讲讲。首先，我们非常看重人际关系。我们总是与大约 200 家相同的核心私募股权公司合作。它们只是私募股权领域中很小的一部分，却占我们每年 90% 的业务。它们愿意和我们反复合作，因为它们认可我们的能力和方法。我们可以满足它们广泛的融资需求。无论是小额交易，还是大额交易，我们都可以做。我们在各种不同的行业都有深厚的专业知识。我们可以通过为收购或资本支出计划提供更多资金来帮助公司成长。我们可以为它们的尽职调查过程增加价值。我们以双赢为导向，所以，如果出现小插曲、小波折，我们将与它们一起找到解决方案，与它们共同应对，而不是试图拖延。再举个例子：我们可以给它们提供其他地方不容易找到的解决方案。我们是一站式或统合式贷款的先驱。这是一种融资方式，它比传统的多层次资本结构更容易进行收购，而传统的多层次资本结构很难管理。

这些就是我们以独特的方式参与合作的一些例子。而这种独特的方法反过来又使我们成为对客户有吸引力的合作伙伴。

克里斯托弗：

你知道，仅仅因为利率制度的变化，这个行业在去年发生了巨大的变化。当涉及信贷时，人们就会把利率的变化视为负面因素。你能谈谈为什么利率上升对戈卢布这样的私募信贷公司来说不是什么问题，甚至是一件好事吗？

第21章　戴维·戈卢布：把握私募信贷的未来

戴维：

当然可以。我们一直是利率上升的受益者。我们按浮动利率发放贷款，赚取的是在一个名为"担保隔夜融资利率"（SDFR）的基准利率之上的利差。因此，在今天的环境中，我们发放的典型贷款的利率将是担保隔夜融资利率加上6%。如今的担保隔夜融资利率大约是5%。克里斯托弗，你说得对，就在一年多前，它还只有大约1%。因此，一年半前我们持有的一笔典型贷款能为我们带来7%的收益，而如今同样的贷款、同样的借款人却能为我们带来11%的收益。这对我们的投资者来说是有利的。但另一方面，借款人必须支付更高的利息，这给他们带来了更大的压力，蚕食了他们的安全边际。在利率达到一定水平时，这种平衡就会从对投资者有利转变为对投资者不利，因为借款人无法承受更高的利率——但我们现在还没到那个地步。

克里斯托弗：

我认为，各层次的投资者都未能预见到利率上升的局面，以及它将如何改变不同资产类别的前景。这是使我们对私募信贷这一资产类别，尤其是对收购私募信贷领域公司股权持乐观态度的原因之一，这些公司正受益于更高的利率。正如你所说，信贷质量仍然非常重要，此外，避免违约等事件的能力也很重要。当我们展望未来3~10年时，你对私募信贷这一行业的前景有什么看法，特别是利率在这段时间内可能产生什么影响？

戴维：

我认为短期前景与中长期前景之间存在着重要的反差。先从短期前景说起。我们现在正处于一个有点儿奇怪的时期。我们经历了利率的迅速上升，现在正看到通胀迅速下降。经济的现状有点儿混乱。股票价值大幅下跌。由于这一系列因素及其带来的不确定性，我们看到交易活动有所放缓。私募股权公司在与卖方就价格达成一致方面遇到了麻烦。一些私募股权公司推迟了出售，因为它们认为未来情况会好转。因此，现在我们所处的环境对我们所做的这类贷款业务是有利的，但交易数量并没有我们想要的那么多——饭菜挺可口，但分量很小。

现在，让我们从长远的角度来看。虽然我不能确切地告诉你交易活动何时会加速，但我认为这显然是一个"何时"的问题，而不是"是否"的问题。展望未来3~7年，我们的业务有3个基本的顺风因素。第一个顺风因素是私募股权生态系统将大幅增长。我们之所以知道这一点，是因为目前私募股权生态系统中约有2万亿美元已承诺但未投入使用的资金。这种闲置资金是有时间限制的。私募股权公司必须在未来几年内把这些资金用掉，否则它们将无法再使用它们。我从事这项业务已经30年了。我知道，当这些因素组合在一起时，资本就会被使用。

第二个顺风因素是，从历史上看，私募股权生态系统一直在寻求来自像戈卢布资本这样的私募信贷机构和流动性信贷市场的债务资本。在过去几年里，私募信贷市场一直在从流动性信贷市场抢占份额，我认为这一趋势可能会继续。这有很多不同的原因。其中一个非常重要的原因是私募信贷行业的规模已经变得很大了。因此，与以往相比，它现在能够为规模更大的公司提供解决方案。在 2019 年，5 亿美元的私募信贷交易是不同寻常的。而到了 2023 年，我们已经有了 50 亿美元的私募信贷交易。所以，第二个顺风因素就是我们正在获得更多市场份额。

第三个顺风因素来自私募信贷行业内部。如果你看看在私募信贷行业中谁是赢家、谁是输家，你会发现赢家都是规模较大的参与者——它们有规模、有能力提供多种不同的解决方案，在多个行业拥有深厚专业知识，有长期可靠的业绩记录。这同样是可以预见的。如果你把自己想象成一家领先私募股权公司的首席执行官，你也会选择与规模最大、最成熟的私募信贷机构合作。因此，第三个顺风因素意味着我们和其他几家大型机构将在我们的行业中获得更多市场份额。

克里斯托弗：

在利率周期的变化以及整个行业内部的变化方面，最近发生了哪些你没想到会发生的事情，又有哪些事情的发生在你预料之中？

戴维：

我先从我没想到的事情说起，尽管也许我本该预料到。金融史上最常见的模式之一就是银行会犯大错误。当然，并不是每家银行每年都会这样。回想起来，对于自 2022 年初以来我们看到的利率急剧上升，有些银行没有做好准备，我本不该对此感到惊讶。

有一件事情并不让我意外，那就是私募股权持续表现优异。对于这一现象，我的看法与许多其他人的看法不同。我的看法是，私募股权在与另外两种主要的企业所有权形式的竞争中表现非常出色。第一种是公开股票市场。任何担任过上市公司高管、董事会成员或顾问的人都深知公开上市模式面临的诸多挑战。其成本和监管负担都很繁重，除非你是一家非常大的公司，否则你得不到很好的研究分析师的关注，你的股票流动性不佳，公司的估值也不高。除了非常大的公司，对其他所有公司来说，公开上市都是一个有很大缺陷的模式。

第二种所有权形式是家族所有。这可能对创业者有利，但之后就会出现难题。想象一下，一位企业家创建了一家公司。这位企业家可以做出所有决策——管理很简单！甚至可能在一代之后这种模式仍然有效，因为企业家只有几个孩子，而这些孩子在如何经营公司上达成了一致。但随着家族群体不断扩大，可能到了第三代，在所有者之间保持共识就变得非常困难了。当一些家族成员想参与公司业务，而其他家族成员不想的时候，你就需要处理好家族成员的薪酬问题。有些成员可能想要流动性，而有些成员不想要流动性。这真的非常具有挑战性。

因此，我认为私募股权的成功之处在于，对许多企业来说，它是一种比公开上市或家族所有更好的所有权模式。我认为我们很可能会看到私募股权继续扩张。

克里斯托弗：

在私募股权领域，围绕一些高调交易的媒体报道有很多，这些交易要么随着时间的推移成功了，要么没有成功。但在我看来，对成百上千家公司业绩得到显著改善的成功故事的报道却非常少，甚至远远不够。所以，你分享的这些与私募股权相关的见解，是一个很有趣的视角。

第 21 章 戴维·戈卢布：把握私募信贷的未来

当投资者试图决定在哪里配置资产时，你认为他们在考虑私募信贷时会犯什么样的错？

戴维：

我认为一些投资者对私募信贷的误解在于，他们低估了大品牌资产管理公司中滋生平庸表现的诱因。在许多不同的投资策略上要做到出类拔萃是很难的。我的建议是不要关注那些有着知名品牌的大公司，而是关注那些拥有清晰、可识别优势的管理人员。谁在那个领域有着良好的过往业绩记录？谁又拥有能够使他们长期保持这一记录的竞争优势？在许多情况下，搞清楚这些问题并不是很复杂，但我的经验是，投资者往往宁愿一窝蜂地追逐知名品牌，也不愿付出努力去做研究。

克里斯托弗：

让我们稍微转换一下话题，给你一个面向全世界发声的机会。如果你能有几分钟时间引起全世界的注意，你想告诉人们什么？

戴维：

我非常相信非营利组织的影响力。我们的国家可能在政治上两极分化，但我认为，我们几乎所有人都会同意，那些生机勃勃、富有成效的非营利组织对美国人的生活产生了巨大的积极影响。所以，克里斯托弗，我想传达的信息非常简单：加入当地的非营利组织。选择你热爱的领域，它可以是推广音乐和艺术，帮助无家可归的人，打击毒品，或者各种不同的事情。我鼓励每个人找到他们想要参与的非营利组织。我认为你会发现这将改变你的生活。

托尼：

你讲了很多关于拥有明确定义的称心生活和工作的内容，你用的词是"优势"（edge）。你还认为什么是戈卢布资本成功的重要因素？

戴维：

商业上的成功是复杂的，但我要告诉你，长期以来我所接触的每一家成功企业都拥有一些体现在它们所做每一件事情中的核心原则。我们有两个核心原则。第一个我们已经谈过了——投资是艰难的，但它与其他任何行业并没有什么不同。你不能依靠坐在角落里的天才，也不能依靠专有模式。你必须找出一套竞争优势，而且随着时间的推移培养这些优势，这样你才能战胜竞争对手。我们所秉持的第二个原则是，关系很重要。我们很老派，不认同现代华尔街的口头禅，即每个人都是交易对手。我们认为，好的企业会一次又一次地与相同的合作方合作。它们会与相同的供应商、相同的客户、相同的投资者合作。它们之所以这样做是因为能够为这些群体中的每一方制定一个令人信服的价值主张，这样每个群体都愿意一次又一次地与该企业合作。

这两个原则非常具有指导意义。它们引导我们坚持一个非常明确的使命：在赞助融资领域做到最好。我们并不试图在房地产领域做到最好，不试图在石油开采领域做到最好。我们试图在向由私募股权公司控制的企业提供贷款方面做到最好。我们还有一种非常明确的文化，这种文化也与这两个核心原则相一致。我们的文化可以说就是我们的黄金标准。我们所说的黄金标准是指，我们对待所有合作伙伴的方式，就是我们希望自己在谈判桌的另一边时希望被对待的方式。

克里斯托弗：

你在戈卢布资本有着漫长而精彩的职业生涯。但在这个过程中，我们总会碰到一些不那么愉快的情况。回首往事，有哪些事情是你希望别人在你开始创业之前就提前告诉你的？

戴维：

那真的是一个很长的清单。这些年来我们犯了很多错误。我学到的一件事是，流程和投资基础设施的价值。对一家企业来说，这些部分可能不像产品或服务那样显眼或令人兴奋，往往得不到足够的关注。在贷款业务中，这是一个错误。我们很早就知道，这是一个我们真正需要关注的领域，而且它已经成为我们的核心优势之一。但我真希望一开始就有人告诉我这一点。

克里斯托弗：

在商业背后不可避免地要进行一些基础且烦琐的工作，这样才能使业务繁荣和成功。现在回过头去看你的业务，你会做出哪些与当初不同的选择？

戴维：

你知道，我并不是想回避这个问题，但我觉得自己非常幸运。我没有太多遗憾。有些事情我们本可以做得更好，我相信我能说出10件这样的事情。但它们并不重要。我很幸运能把重要的事情做好，其中很多都与人有关。我们有一个非常出色的团队。

克里斯托弗：

你、你的兄弟和戈卢布资本的其他团队成员都非常忠于自己的专长和技能。这很有趣，因为有一种观点认为，在投资领域，你扩展业务的方式是提供许多不同的产品、涉足许多不同的垂直领域和细分市场。有些公司已经非常成功地做到了这一点。而你选择了聚焦在一个非常狭窄的领域。很少有公司能在如此狭窄的领域中实现规模化。你认为大多数投资公司无法实现规模化的主要原因是什么？

戴维：

我认为你提出了一个非常重要的观点。如果你考虑大多数投资业务，你会发现扩大规模的挑战在于你需要找到下一个最好的想法。例如，假设你是一位只做多头的股票基金经理，有人给了你1亿美元。你做得很好，然后下一年，你不再只有1亿美元可以投资，你有了更多的投资者，你有了10亿美元可以投资。所以，你必须从用你最好的20个想法构建一个投资组合，转变为用你最好的100个想法构建一个投资组合。而且你的第一百个最佳想法很可能不如你的第二十个最佳想法好。这说明大多数投资业务都是不可扩展的，因为从根本上来说，投资策略是不可扩展的。

与此形成对比的是我们的业务。事实上，我们的增长使我们有能力成为私募股权公司客户更有价值的合作伙伴。这与我提到的只做多头的股票基金经理正相反，增长不会降低回报。反而会通过让我们为私募股权公司客户做更多的事情，增强我们的竞争优势。我认为，我们的增长增强了我们长期维持高回报记录的能力。

第21章 戴维·戈卢布：把握私募信贷的未来

克里斯托弗：

你描述的方式真的很有趣，因为大多数公司的情况是，它们以增长的名义，最终不得不牺牲质量，或不得不减少在单个项目中投入的精力和时间。关于投资行业中的人才，你认为是什么关键特质将表现最出色的人与他们的同行区分开来？

戴维：

我认为关于投资领域的人才，有几种不同的模式。绝对有一批投资公司，明星员工在其中起着至关重要的作用——就像篮球运动中的迈克尔·乔丹。但我们不是这样的。对我们来说，成功是一项团队运动。没有人是万能的。每个人在协作环境中都会表现得更好。因此，无论在微观层面还是宏观层面，我们在管理公司时始终关注的是，确保我们拥有合适的人才组合并为所有人提供发展机会，这样他们就可以随着时间的推移不断成长。我们能够通过几种不同的方式来衡量我们在这方面的成功。我们可以通过收益来衡量我们在投资者那里取得的成功；可以通过回头业务来衡量我们在私募股权赞助商那里取得的成功；可以通过融资合作伙伴继续与我们合作的意愿来衡量我们在他们那里取得的成功；可以通过查看员工敬业度调查数据和留存率统计数据来衡量我们在团队方面取得的成功。在这个时代，我们都已经读过关于新冠疫情期间辞职人数异常增长的文章，或者很多最近的关于"躺平"（quiet quitting）的文章，我觉得你可以通过观察这些现象是否正在影响公司来判断公司的情况。如果你发现一家公司员工敬业度很高，人员流失率很低，那么你可能找到了一家成功的公司。我认为，尽管我们在讨论过程中谈到的所有战略问题都非常重要，但如果你没有合适的团队，那么其他一切都无关紧要。

克里斯托弗：

我们谈论了很多关于不同业务和领导力的动态情况。就你们而言，你和你的兄弟在整个创业过程中一直在一起工作。我不知道有多少兄弟能像戈卢布兄弟那样成功地创业。

托尼：

而且几十年来一直在一起。这本身就是一门艺术。

戴维：

嘿，我们之间也会有激烈的争论，并不总是一片和谐幸福的景象。但与我兄弟一起工作的一个好处是，我们虽然会有激烈的争论，但我们都知道，第二天早上醒来，我们仍然是兄弟，仍然是最好的朋友，仍然是商业伙伴。

托尼：

戴维，我们要写的这本书的英文书名意思是"投资的'圣杯'"，听起来有点儿夸张。但原因是，当我写第一本书时，我采访了世界上最好的 50 位金融投资者。当我与瑞·达利欧交谈时，他说，投资的"圣杯"就是找到 8~12 种他非常看好且不相关的投资。所以，整本书都是关于这些另类投资机会的。但我们真的很想知道，戴维，对你来说投资的"圣杯"是什么？

第 21 章 戴维·戈卢布：把握私募信贷的未来

戴维：

托尼，我的观点是，投资真的与其他业务没有什么不同。如果我们反过来问，是什么成就了一家伟大的企业，我想大家的答案会有很多一致的地方。我们会谈论竞争优势以及企业具备的让其难以被竞争对手超越的能力。对我来说，在我们的领域中，也就是向私募股权支持的公司提供贷款这个方面，关键就在于我们的竞争优势。通过培养这些竞争优势，我们能够持续产生稳定的高额回报。

瑞·达利欧是个天才，他能提出那些目前特别吸引人的投资想法。我不是天才。我的企业不依靠天才来年复一年持续不断地创造真正优质且稳定的回报。我们需要做的就是继续从这些核心竞争优势中受益，并培养这些优势。这就是我的"圣杯"：你会希望与那些不仅经营基金，而且经营企业的管理者一同投资——这些管理者能从某些可持续的竞争优势来源中获益。

托尼：

这与罗伯特·史密斯的维斯塔非常相似。你们都认为自己比行业中的任何人都更了解相关业务。拥有所有的专业知识，拥有不断回头的客户。你们在不同的行业都做得非常好。再问你一个简短的问题。我最近遇到了谢赫·塔努恩，当时有很多人给他提供财务上的建议。其中有一位来自软银的先生，他对塔努恩说，现在是做私募信贷的时候了。他甚至在推广私募信贷而非私募股权。他给出了自己的种种理由。我很好奇，从你的角度来看，为什么现在是做私募信贷的好时机，为什么它比以往任何时候都更重要？为什么投资者应该考虑它？

戴维：

　　如果你回顾一下 2022 年 7 月发生的变化，你就会发现利率上升了，而经济增长却放缓了。这两个因素对于许多不同的资产类别来说都是非常重大的逆风因素。以股票为例，由于成本增加，净利润会随之减少，同时市盈率也面临压力。在利率上升的环境下，传统固定收益产品的表现很糟糕。相比之下，我们的业务却顺风顺水。我们有一个不断增长的私募股权生态系统。利率上升能带来更高的利润（只要我们控制好信贷损失）。银行已经退出了我们的市场，而且不会回来了。规模是一个主要的竞争优势。我们有很多乐观的理由。

　　我认为这就是那位来自软银的先生论点的核心所在。我认为他是对的。现在如果有合适的管理者，私募信贷领域就存在不同寻常的机会。但我还是要提醒大家，要谨慎。在任何资产类别中人都可能犯错。也许我听起来像是个信贷业内人士，但我认为，如果有人告诉你"这种资产类别万无一失"，请捂紧你的钱包！

第22章

巴里·斯滕力施特：
全球房地产帝国

喜达屋资本集团联合创始人、董事长兼首席执行官

荣誉：喜达屋曾是世界上最大的上市酒店企业之一（后来酒店资产与万豪合并）。它也是最大的多户型业主之一，管理着最大的上市房地产投资信托基金之一。此外，它还是最大的独栋房屋租赁业主和运营商之一。

管理资产总额（截至2023年8月）：1 150亿美元。

重点领域： 全球房地产——涵盖 30 个国家的所有房地产资产类别。

成就：

- 喜达屋资本集团的联合创始人、董事长兼首席执行官。
- 喜达屋成立于 1991 年，目前管理的资产规模为 1 150 亿美元，并在过去 30 年中在所有主要的房地产资产类别中投资超过 2 400 亿美元。
- 喜达屋的投资对象包括住宅、酒店、写字楼、工业和零售等市场的领军企业。
- 喜达屋成立于储贷危机最严重时期，如今在全球 16 个办事处拥有 5 000 名员工。
- 雅诗兰黛公司、巴卡拉水晶、罗宾汉基金会、梦幻乐园社区剧院（Dreamland Communtiy Theater）、青少年糖尿病研究基金会、国家领导力倡导计划以及商业艺术委员会的董事会成员。

托尼：

巴里，给我们讲讲你的经历吧，你是怎样从借入 2 000 万美元发展到如今管理 1 150 亿美元资产的。这真是一段不平凡的旅程。给我们讲讲你的成长故事吧。

巴里：

谢谢，托尼。当然可以。我母亲是一名学校教师，父亲是一名

第22章 巴里·斯滕力施特：全球房地产帝国

工程师，他在二战后来到这个国家。在二战期间，他与捷克斯洛伐克游击队并肩作战。所以，我认为关于我的职业生涯和生活最具决定性的事情是，我成长中最糟糕的日子也比我父亲在战争中最美好的日子要好。我总是希望能保持这种看待问题的视角。我们真的很幸运。他非常热爱这个国家，以及它所提供的机遇，只要努力工作并全力以赴，你就可以有所成就。

我们家属于中产阶级。我们住在长岛的一个小房子里，在我5岁的时候搬到了康涅狄格州。我母亲在3个儿子上学期间教书。我上的是公立高中，那所学校一个年级有2 000名学生。然后我被告知可以上大学，但是大学必须在从家里开车就能到达的距离范围内。所以，我去了布朗大学。因为我不太擅长数学，我的选择标准就是找到一所不需要上数学课的最好的大学。人们都知道我是个金融奇才，但我根本不是。我只是非常擅长使用计算器，记忆力很好，而且我高中时喜欢艺术，所以习惯用左右脑同时思考。我主修的是法律与社会专业。我称之为一门"迷失在社会中"的专业，因为我虽然了解了很多事物，但对任何事都不甚了解。毕业后，我在两年内换了3份工作，最后一份工作是在华尔街做套利交易员。我父亲对我说："你想一辈子都盯着小绿屏吗？"所以，尽管我赚了不少钱，但我还是决定，如果可以，我要继续深造，去读商学院。我只申请了两所学校，然后进了哈佛，至今我都不知道是怎么进去的。

我原以为在他们发现我连加减法都不会后，我连5分钟都待不下去。但我挺了过来，而且表现得还不错。我一直很擅长表达，而且成绩有一半都取决于课堂参与度！我在芝加哥找了一份工作，为一家叫JMB的房地产公司工作，因为有一位在JMB工作的校友打电话给我。我当时在去JMB工作和去高盛工作之间做选择，高盛的工作是我除 JMB 的工作之外唯一能找到的工作。但我真的很喜欢设计。我喜欢艺术，喜欢建筑，也喜欢旅行，喜欢和人打交道。所以，进入房地产行业，似乎是一个不错的起点。JMB 雇用了我，我在公司里晋升得很快。我是个很有创意的人。

哈佛商学院有一位金融教授，他讲授创业金融课程。我没有选这门课程，但有人叫我去听他的最后一节课，于是我去了。教授说了几句话，其中一句是："小心你的愿望，因为你也许真的会得偿所愿。"这句话成了我整个职业生涯中一直在思考的一句有趣的座右铭。他还说："找到你生命中的货运火车，然后跳上去，而不是挡在它前面。"我实际上一直在思考这两句话。你知道，当准备遇上机会时，运气就来了。你要创造自己的运气。你要为好运做好准备。而且，我认为你要想成功，要想参与游戏，就必须敢于下赌注。

对所有事情都说"不"不需要什么技术。你必须得冒风险，你肯定也会遭遇失败。我想，我职业生涯初期最重要的里程碑就是我所做的那些最糟糕的交易，因为从中我学到了很多。我儿子上周刚从哈佛商学院毕业，我告诉他，投资和学习最激动人心的地方在于，我每次投资时都会抱着一种自己很无知的心态。我会去思考可能出现什么问题，担心不利的一面，而有利的一面自然会水到渠成。所以，在投资中，你要努力承担正确的风险，永远不要越过道德的底线。我认为，这也是喜达屋资本集团如此成功的原因所在。我们始终把投资者放在第一位，我们一直在做正确的事，即使他们不知道我们正在做正确的事。我们今天的基金费用结构与 1991 年时相同。投资者可以拿回他们的钱，得到投资回报，然后我们才会参与分成。正如我父亲所说："如果你做的是正确的事，那么你每

第22章　巴里·斯滕力施特：全球房地产帝国

天早上照镜子的时候都会感觉很好。"

所以，在我的职业生涯中，我想说，关键时刻是我31岁那年被解雇的时候。当时我还在JMB工作。我算是个早年就得志的人，当时住在芝加哥。然后储贷危机爆发，我就被解雇了。这令人震惊。我乘公共汽车去申请失业救济金。但是我和经营JMB的那个人关系很好，他上了《福布斯》美国400富豪榜，而我当时的身家大约只有8 000美元。我们是非常好的朋友，我经常去他家和他的妻子以及孩子们待在一起。我还和他一起滑雪。他给了我100万美元来创办自己的公司。我们联合了另外两个家庭，有了第一笔2 000万美元的资金。我们就这样起步了。当时我们什么都负担不起，没有信用额度，甚至买不到传真机。我们借用了芝加哥美国医学协会（AMA）的办公室。我们甚至借用了他们的员工，让他们坐在我们这边的楼里，好让我们看起来比实际更强大。这一路走来着实不容易。

我们先是买了一堆公寓。我把它们卖给了地产大亨山姆·泽尔，在18个月内让我们投资者的资金翻了3倍。然后我和我的合伙人，也就是我在商学院的朋友，分道扬镳了，我去了东部。我看中了一家看起来非常奇怪的上市公司，机缘巧合之下，我把我们拥有的大量资产与之进行了合并，并将其更名为喜达屋。当时它的市值是800万美元，还有2亿美元的债务。我们买下了大量债务，然后通过合并接管了这家公司。从那时起，喜达屋开始做很多交易。我们以50亿美元收购了威斯汀酒店（Westin Hotels）。然后我们以140亿美元收购了ITT喜来登（Sheraton）。我们当时是一家70亿美元的公司，却在与希尔顿酒店竞价的情况下，收购了一家140亿美元的公司。突然之间，在3年内，按现金流计算，我们成了世界上最大的酒店公司。

托尼：

哇，你是怎么利用这么少的资本打败其他公司的？

巴里：

我们总是把我们的公众股东当作我们的合作伙伴。当时，富达集团（Fidelity）拥有公司 10% 的股份。我认识那些人。我们需要他们的支持。我们向喜来登提出了股票收购要约。当时我们的股票交易市盈率相对较高。希尔顿提出了现金收购要约。它的股票市盈率没有我们的高，因为我们增长得更快。通常，收购方的股票在其发出收购要约后会下跌，但富达的房地产集团的投资组合经理说："喜达屋的股票比现金更值钱。"当我们宣布这笔交易时，我们的股价是每股 53 美元。在我们宣布之后，我们的股价涨到了每股 60 美元。这个报价比我们最初的报价更高，然后我们又投入了一些现金。希尔顿基本上每股出价 81 美元的现金。我们的出价是每股 84 美元，但其中包含股票和 30 美元的现金。股东们投票支持了我们。

托尼：

你当时才 38 岁？

巴里：

对，我 38 岁。有时候，年轻和天真可能意味着愚蠢，而且，你知道的，你必须在公众的注视下弄清楚这一点。

第22章 巴里·斯滕力施特：全球房地产帝国

克里斯托弗：

这又回到了你提到的那位教授的观点，也就是"小心你的愿望，因为你也许真的会得偿所愿"。你突然之间就有了12万名员工。

巴里：

然后，对于每个职位，我都安排了3个人。我有3名首席财务官，3名首席顾问，3名IT主管，我那时做选择很随意，就像在玩"点兵点将"的游戏。因此，我出去找人帮忙，对团队进行评估，那真是一段跌宕起伏的经历。就这样，我的日常工作变成了运营喜达屋酒店，而且一干就是10年。那是最好的时代，也是最坏的时代。在媒体眼中，我是个天才，也是个白痴。我不太喜欢那种宣传。我是个敏感的人。而媒体，你知道的，它们爱我也恨我。

托尼：

你在迈阿密的摩根大通会议上发表了一些非常有趣的评论，说酒店业正在疯狂发展。我们都看到了。价格正在疯狂上涨。每个人都因为新冠疫情被困在家里。跟我们讲讲你对今天房地产市场的看法吧。你的公司又是如何看待它的呢？

巴里：

从历史上看，正是房地产行业引发了经济崩溃。你知道的，2007年、2008年，房地产行业、"忍者贷款"、带有衍生品的贷款，所有这些东西都是有害的。我不是房屋建造商，但我们作为一个行业，在搞垮整个世界的银行体系这件事上起到了推波助澜的作用。你可以借到相当于资产购买价格110%的贷款，这简直激进得离谱。投资房地产时的另一个关键因素是，当债务成本高于房产收益时，购买房产并不是一个好主意。我们称之为负杠杆。如果你以9%的利率借款，而房产的收益率只有6%，那么你从一开始就处于亏损状态。这就是2007年至2008年的市场情况。当然，2020年和2021年的情况并非如此，在2007年、2008年之后，没有哪家银行真的那么激进地放贷了。它们吸取了教训，在一段时间内，在各个资产类别中都存在正杠杆。

因此，在2021年底，美联储表示，我们可以控制通货膨胀，利率会"在较长时间内维持在较低水平"。在新冠疫情期间，财政部印发了6万亿美元，但货架上却空空如也。供应链中断了。每个人不仅争相购买食品杂货，还抢购高尔夫球车、度假屋、沙发和办公桌等。由于供应短缺，价格飙升，二手车价格疯狂上涨，通货膨胀加剧。当通货膨胀冲击房地产市场时，在2021年到2022年间，我们市场上的租金和公寓价格上涨了约20%。40年来，我从未见过这样的情况。这太疯狂了。但后来政府终于意识到了这一点，并以史上最快的速度直线提高利率。因此，基本上，房地产市场遭到了意外打击。然而，基本面仍然不错。你如果看看各类房地产资产，就会发现住宅业务很强劲。全美各地的公寓入住率为95%。租金正在上涨，虽然涨幅没有到20%，但在全美范围内大约为4%，这是一个非常健康的市场。通常，在疫情之前，如果租金能上涨4%，我们就会感到很满意了。对于独栋住宅，新建的独栋住宅并不多，现在人们买不起新房子，因为抵押贷款太贵了。有大量新的公寓即将完工，但后面就没有新增供应了。综合独栋住宅和多户住宅的情况来看，鲍威尔的政策将导致住房单元的缺口变得更大。因此，无论我们何时摆脱现在所处的困境，房价和公寓租金都会面临压力。

而且，如你所知，在疫情开始得到控制后，酒店市场迅速升温了，尤其是度假市场。人们去度假，可以在除办公室以外的任何地方工作。那个市场一直很强劲，无论是入住率还是价格。一开始我想："因为机票很便宜啊。"但现在机票真的很贵，人们仍然在旅行。这实际上挺让人费解的。我都挠头了，真的想不明白，为什么全世界的酒店房间价格能一直保持这么高的水平。

托尼：

是不是那些被"塞到人们口袋里"的钱仍有一定数额留在经济体系中？如果我没理解错，这些钱本来预计会在2023年10月用完。现在情况还是这样吗？

巴里：

我想那些美国人——就是我们听说过的那些储蓄账户里连多余的400美元都没有，然后又从政府那里得到几千美元的人——现在已经没有多余的储蓄了，或者快花完了。他们都在刷信用卡。信用卡债务高得离谱。我一直在关注美国银行的逾期还款情况。他们说情况正常，但我不认为会一直保持正常。现在，之所以这一切都没问题，是因为人们仍然有工作。人们可能在花他们原本没有的钱，但他们有工作，他们觉得自己的工作很稳定。因此，如果美联储真的实现了它的目标，即推高失业率和减缓工资增长，那可能会引发很多问题。

我正在和我们的客户谈论的一件事就是美国的"虚拟"办公室。

托尼：

这就是我想知道的。我们现在居然抱怨每周要在办公室工作 3 天。人们愿意在世界各地工作，除了这里。这太疯狂了。

巴里：

哦，这太疯狂了。你知道，在中东地区大家都在办公室里上班呢。我昨天在迪拜的一栋大楼里，那里非常繁忙，就像疫情前曼哈顿的景象一样。然后是欧洲和亚洲，特别是东京，人们不仅在办公室工作，而且写字楼空置率也很低。在德国的大多数主要城市，写字楼空置率都低于 5%。相比之下，旧金山达到了 25%，纽约市则为 20% 以上。

所以，美国存在几个问题。其中一个问题是：我们很高兴在杰克逊霍尔远程工作，也愿意在海滩上工作，在任何地方工作都行。这种情况是由科技公司引领的，它们是美国规模最大的公司，也是标普 500 指数中占比最大的组成部分。它们的一举一动，都会受到人们的关注。但现在，亚马逊位于弗吉尼亚州的新总部要求每个人每周回办公室工作 4 天。上周，谷歌也表示，希望大家回到办公室上班。每个首席执行官都会首先解雇那些居家办公的人。他们对此甚至都不加掩饰。所有的首席执行官都在办公室里办公，但没有人陪着他们一起待在办公室。当我开始我的职业生涯时，如果老板周六在办公室，猜猜谁周六会去办公室？我可能会在电脑上玩游戏，但我想让他看到我在那里。这是不同的一代人，我想他们对"毅力"的定义可能和我们不同。

第22章 巴里·斯滕力施特：全球房地产帝国

托尼：

你认为这会持续多久？你认为在人们开始改变生活方式之前，这会持续10年，还是2年？

巴里：

你如果看看疫情以来写字楼方面的情况，就会发现自2015年以来建造的写字楼中大约有1亿平方英尺的办公空间已被租出，而旧写字楼中则有1亿平方英尺的办公空间空置。因此，需求发生了变化。人们希望建造非常漂亮的写字楼，吸引员工回来上班。我在迈阿密建了一栋楼，我们在疫情期间把整栋楼都租出去了，出租率达到了百分之百，都没找租赁经纪人。我的团队就把这件事办妥了。我们开始时的租金是每平方英尺52美元，最后租金涨到了每平方英尺95美元。因此，在美国的某些地方，写字楼的情况还不错，比如田纳西州的纳什维尔、得克萨斯州的奥斯汀，甚至亚特兰大和罗利的情况都还可以。

然后是写字楼的衍生品。生命科学行业蓬勃发展，数据中心也在蓬勃发展。这样的中心实际上并不像传统意义上的办公室，但人们正在把写字楼改造成数据中心。这也是它们的另一种用途。就像零售业一样，好的购物中心会继续保持人气和繁荣，而经营不善的购物中心则会倒闭。因此，你会发现写字楼市场出现了分化。真正好的写字楼将被优质的租户占满。但写字楼市场正面临新的冲击，那就是AI。AI正在冲击像律师、会计师和广告公司职员等专业人士的工作。这非常有趣，因为这些人是办公空间的主要使用者，对吧？谁会来填补这些空出来的空间？需求将从何而来？未来几年，对写字楼这一资产类别来说将是一段压力很大的时期。顺便说一句，美联储可以解决所有这些问题。降低利率将给人们时间进行再融资并维持运营。现在没人知道写字楼的合理价格是多少，你根本拿不到融资。就算你能得到融资，他们也要收取你 10% 的利率。你可能买了那栋非常漂亮的写字楼，但收益率只有 6%。所以严格来讲，你已经资不抵债了。

克里斯托弗：

巴里，你谈到了很多投资者都知道即将出现的几个主题。他们不知道其影响会有多大，不知道如何解决相关的问题，也不知道情况会持续多久。从你的角度来看，当投资者现在看待房地产时，他们最容易犯的错误是什么？

巴里：

首先，我考虑的是长期影响。比如，哪些行业不会受到 AI 的影响。我说的"不会受到影响"，意思是需求将保持不变。你如何选择酒店，或者如何选择房子可能会改变，但对住宅的需求将是稳定的。我认为投资者往往会因噎废食。我们要寻找的就是那些被投资者错抛的优质资产。我们会寻找有真正优质的租户名单的真正优质的写字楼，而且我们可以用远低于重置成本的价格购买它。我们会用全部股本或大部分股本购买它，只在上面贷一小笔款，然后等利率下降时，我们会对其进行再融资。投资者们知道，在美国历史上，收益率曲线从来不会保持倒挂。这种情况从未发生过，也永远不会发生。短期利率将会下降。

第22章　巴里·斯滕力施特：全球房地产帝国

托尼：

投资者们必须将房产和利率结合起来。

巴里：

没错。你要找的是那些拥有优质资产但资产负债表有问题的公司。然后你可以以修复资产负债表。或者找一个真正陷入困境的卖家，现在有很多这样的人。有很多令人困扰的情况存在，在贷款到期之前你都看不到这些问题。所以，每个月都有贷款到期，未来几年这将会是一个充满风险的雷区，如果利率下降，一切情况都会有所改善。现在，市场上有很多恐惧和焦虑情绪，但也有很多可用资金。所以，情况会慢慢好起来的。

尽管有些人会勇敢地在房地产市场进行投资，并可能会因此被他人认为是"疯了"，但这些投资者自己知道他们的选择在未来可能会带来极大的回报。我认为，如果你选择了正确的市场，并且专注于此，那么投资房地产就是最需要运用常识的领域。这不需要什么高深的智慧，但你必须完全客观。不要对任何事物感情用事。人们会犯错误，会变得情绪化，不关注细节。实体房地产才是关键所在。

不过我要说的是：房地产有点儿像股票市场。我不知道这是谁说的，但市场不理性的时间可能会比你我能够维持偿债能力的时间还要长。这一点也适用于房地产。所以，有时资金流动会压倒基本面。比如，如果欧洲人决定不在乎位于南卡罗来纳州格林斯伯勒、查尔斯顿、默夫里斯伯勒或奥兰多的那栋楼的收益，他们想要纽约或华盛顿的房产，那么他们永远不会因为在纽约公园大道上买了一栋漂亮的写字楼而被解雇。所以，不管基本面情况怎样，你可能就是找不到买家。我已经学会了既要关注基本面，也要留意资金流向。不管你投资什么，你都要遵循这一点，对吧？

托尼：

我们写这本书的原因之一是，瑞·达利欧在过去几年里成了我的朋友，当我第一次见到他时，我问他的问题之一是：投资中最重要的原则是什么？他显然是个宏观交易者，但我想知道指导他所有决策的最重要的原则是什么。他转向我说："你是说投资的'圣杯'吗？"然后他说，投资的"圣杯"是找到8~12种你真正相信的不相关的收益流或投资项目，因为这能将你的风险降低80%。所以，我们写这本书的原因之一就是向人们展示各种替代方案及其影响，这样他们就可以找到那8~12个投资选择。所以，我很好奇，在你的业务中，投资的"圣杯"是什么？

巴里：

好问题，我想到了几件事。我曾问过一个在对冲基金界非常成功的朋友，我说，你最糟糕的一笔投资是什么？他说，过早卖出我赚钱的投资项目。当有了真正能给你带来收益的项目时，就好好利用它。但是，你要意识到，你持有它的每一天，都相当于你重新购买了它。人类的天性会认为，如果你没有卖掉它，你就没有赚到任何钱。于是你卖出了你盈利的项目，而抱着你亏损的项目不放，希望它们能变得更好。这在股市和房地产市场都是一个糟糕的策略。

我们拥有一家名为"城中套房"（Intown Suites）的企业。这是

第22章 巴里·斯滕力施特：全球房地产帝国

一家经济型酒店公司，每周收费350美元，不是每天。我们的现金流每年能达到几亿美元。在偿还债务后，还有上亿美元的自由现金流。所以，我就在想，我为什么要卖掉它？这里没有新增供应，也没有竞争。没有人可以在建造任何新项目后，以每周350美元的收费标准来运营，还能从中获取利润。所以，我们又多持有了几年，多赚了5亿美元。我们去年刚把它卖掉。

我想说的另一点是，在房地产领域，考虑未来可能出现的情况，而非当前存在的状况，真的非常重要。然后，要非常客观地看待你的竞争环境。例如，你的竞争对手是谁，你该如何让这处地产变得更好？我将以波斯特房产公司（Post Properties）为例来进行说明。这是一家位于亚特兰大的非常好的公寓公司。我们在其附近拥有一栋公寓楼，和它所在的楼是同年建造的。它们从外观上看简直一模一样。如果你看它的房产，你会发现它的公寓楼非常漂亮。它的景观设计也很棒，入住率比我们高出4个百分点，租金也高出150美元，就因为它看起来更好。这就是我所说的常识。在我在喜达屋酒店工作的10年里，我唯一一次对总经理发火是因为当我走进芝加哥的W酒店时，前门处的植物都枯萎了。第一印象很重要。你不能把枯萎的花放进电子表格里衡量它带来的影响。

在我上商学院时的暑假期间，我曾为一家名为Arvida Davis的公司工作。它们在佛罗里达州建造了一些最好的度假社区，包括博卡、西博卡、朗博特岛、锯齿草，还有一大堆非常成功的总体规划社区。它在每栋房子的景观美化方面都会花费15 000美元，而其他公司只会花5 000美元。道路并不复杂。它的房子卖得更快，价格也更高，投资回报率也高得令人难以置信。但这只是应用常识的结果。在房地产领域，最被滥用的一个词就是"低于重置成本"。

如果一处房产有二三十年历史，那它就是一个与现在无关的产品，你为它付出多少都无所谓！人们会被这个笼统的说法困住。我觉得这应该是"相关的重置成本"。几天前，我在沙特阿拉伯，当时我说，如果我们继续涉足写字楼市场，我们的目标将是"像沙特阿拉伯人那样行事"。我们要买下那座漂亮的位于纽约公园大道的写字楼，你知道，有人以每平方英尺 1 200 美元的价格购入它，而我们将以每平方英尺 200 美元的价格买下它，并以每平方英尺 20 美元的净价出租。我的楼会满是租户，因为我现在的供应成本最低。如果你能以非常便宜的价格买下它，你就可以扰乱市场。你可以利用这一竞争优势出租，实现高出租率，而其他公司无法与你匹敌，因为它们没有以每平方英尺 200 美元的价格买下这座大楼。

托尼：

25 年前，我开始与保罗·都铎·琼斯合作，他曾给我上过一课。他说："给你看看这只股票。"他给我看的这只股票正在不断上涨。他问我："你会怎么做？"我说："嗯，我不是专业投资者，但我会继续持有。"他说："这正是我想教的内容。几乎每个人都会卖出。"然后，他说，沃伦·巴菲特之所以如此富有，原因之一就是他讨厌交税。所以，他永远会持有资产。不过，你怎么知道你什么时候会盈利、什么时候该抛售呢？我很好奇你的原则。如果你有一只表现优异的股票，你会什么时候卖出？

巴里：

如果我们看到大量新增供应进入市场或某类资产领域，我们会尝试卖出。如果我们认为资本流向将发生转变，比如人们对一件事失去兴趣，而转向另一件事，我们就会考虑卖出。我认为，当你管理一只基金时，你必须着眼于整只基金，然后你要考虑：哪些是我可以长期持有的优质资产，哪些是只做短期交易的资产？优质资产永远不缺买家。

我现在在迪拜，我们在这里开了一家巴卡拉公寓（Baccarat Residence）。所有的顶层公寓全部被率先卖掉了，7套顶层公寓瞬间售罄。我的一个朋友在纽约市第59街的一栋新楼里有一套公寓，那是一座美丽而令人惊叹的住宅楼。他花9 500万美元买下了这套公寓。我们确信他会损失5 000万美元。但他还没装修完就把它挂出来卖了，他只是希望能收回成本。后来一位中国买家出价2亿美元买下了这套公寓。优质资产永远不缺买家。

结语

真正的富足

> 因为你的财宝在哪里,你的心也在哪里。
>
> ——《圣经·马太福音》6∶21

就像马拉松运动员最终冲过终点线一样,我希望你在阅读了本书的内容后,能有一种满足感和成就感。我们已经探讨了诸多内容,我个人最深切的愿望是,本书中的智慧、策略和见解能成为你追求财务自由的基础(它们已经成为我和我的家人追求财务自由的基础)。更重要的是,我想提醒你一个核心真理:知识不是力量,而是潜在的力量。在任何时候,执行力都胜过知识。我最初的导师吉姆·罗恩曾经说过:"不要让你的学习仅仅停留在获取知识层面,那样你会变成一个傻瓜。让你的学习转化为行动!"

那么,你将如何构建你的"圣杯"投资组合呢?正如达利欧早些时候教我们的那样,你可能会考虑选择哪8~12种不相关的投资,以使收益最大化,并将风险降低80%呢?在你的财务自由之旅中,你能立即采取哪些措施?这就引出了一个问题:对你来说,财务自由意味着什么?

当我采访约翰·邓普顿爵士时,他是第一批成为亿万富翁的伟大国际投资人之一,现在已经故去,我问他:"财富的秘诀是什么?"他说:"托尼,就是你所传授的那些东西呀。"我笑着说:"我传授的东西可不少呢。具体是哪一样?"

他脸上带着灿烂的笑容回答道:"感恩!你知道的,托尼,我们都遇到过拥有10亿美元的人,他们却生活在沮丧和愤怒之中。他们很痛苦。所以他们其实很贫穷。我们都知道有些人看似一无所有,但他们却对生活、对一切都心存感激。所以他们无比富有。"

我们心里都清楚,让我们变得富有的并不是金钱。我相信你也已经发现,最宝贵的财富从来都不是金钱,而是我们领略到一切事物的完美与美丽的优雅时刻,是我们感受到了内心永恒而不可战胜的东西——我们的精神内核的时刻,是我们与家人和朋友相处时充满爱意的温暖时刻,是欢声笑语,是找到有意义的工作,是学习、成长、分享和奉献的能力。这才是真正的"圣杯"。

对我(托尼)来说,"圣杯"也是帮助人们突破自身局限,看到他们记得自己到底是谁,自己能成就什么时眼中绽放光彩的快乐,看到他们的生活变成庆祝而不是战斗时的快乐。这是一种神奇的感觉,我在唤醒一个杰出而独特的人的过程中发挥了作用。我很感激我所经历的一切,它们不仅对我自己,而且对其他人都很有帮助——即使是我所经历的最深重的痛苦也带来了美好的结果。事实上,没有比让你的生命拥有超越自我的意义更大的礼物了。这是最根本的改变因素。找到一些可以为之奉献的事情,一份能让你充满热情且比你自身更重要的事业,这会让你变得富有。没有什么比帮助别人更能让我们富足的了。

我从约翰·邓普顿爵士那里学到的第二件事是,奉献的重要性，即拿出你所拥有的一部分，无论它有多么微不足道，将其给予有需要的人。邓普顿分享说，他从未遇到过任何一个，能够坚持10年以上捐出收入的10%，而最终没有变得非常富有的人。奉献的对象不一定是教堂，它可以是慈善机构、你的社区，或者是任何能对世界产生积极影响的事物。

这种从匮乏到富足的心理转变，会让你真正变得富有，并带给你一种美妙的自由感。在做出这种转变的过程中，你就是在训练你的大脑去认识，你有更多的东西可以给予、欣赏和热爱。记住：你可以捐赠的不仅仅是金钱，你还可以奉献你的时间、你的才华、你的爱、你的同情，以及你的心。

我经常听到人们说，等他们有钱了就会去奉献。这其实很荒唐。我儿时的一个好友最近在一次飞行中，看到他旁边的男士正在阅读我的新书《生命力》，这是一本关于再生医学和精准健康未来的书。他们开始交谈，这位男士对这本书赞不绝口，并了解到这本书的所有收益都将被捐赠。尽管他很喜欢这本书，但他对捐赠却不以为意，还说："但他很富有，所以他捐得起。"我的朋友微笑着，决定告诉他我们之间超过45年的友谊。他告诉那位男士，从我还是一个穷困的青少年开始，我就一直在捐赠，并回忆起即使我身上的钱不到100美元，我也会翻遍口袋找出5美元或10美元给一个无家可归的人的场景。

我所知道的是：等到你富有后再去捐赠是一个巨大的错误，因为你会无法获得自己本应得到的成就感，而且很可能永远不会变得慷慨。如果一个人连在1美元中拿出10美分都不愿意，那他永远也不会在100万美元中拿出10万美元，也不会在1亿美元中拿出1 000万美元。

顺便说一句，我要感谢你购买本书，因为本书的全部收益都将捐给"供养美国"（Feeding America）组织。我11岁的时候还接受过救济，我的家人也常常艰难维生，为吃饭而发愁。这样的经历改变了我的生活轨迹，让我开始为那些需要帮助的人提供食物。我们已经达到了提供10亿份餐食的目标，现在我正在为完成为全球"提供1 000亿份餐食"的挑战而努力！

说了这么多，我想让你知道，我每天都在祈祷，希望自己能为遇到的所有人带去福祉。你如果把本书中的工具和原则作为你核心观念的一部分，将能够获得并给予超乎你想象的东西。当这种非凡的富足在你身上流动时，你会感到真正的幸福，并为他人的生活带去更大的福祉。这就是拥有真正的财富的感觉。

我很感谢你让我们有幸与你共度这段时光。我知道我们采访过的那些巨人也很感激能成为你故事中的一部分。我真诚地希望本书的内容能对你的旅程有所帮助。也许有一天我们的道路会交叉，我将有幸听到本书如何帮助你加速构建你渴望和应得的生活的故事。

每当你需要提醒自己究竟是谁，以及你能创造什么时，请随时翻阅本书。记住，你不仅仅活在当下这一刻。你的经济状况并不能代表完整的你。你拥有无限潜力，能够战胜你面临的任何挑战，超越当下的艰难处境。

愿你好运常伴，满怀热情地生活吧！

继续和我们一同踏上这段旅程吧！

本书是这个阶段的思想快照，我们仍将通过播客、电子邮件等持续提供更多资源……

致谢

托尼·罗宾斯

当我回顾45年来肩负的使命时,我发现一路上有许多了不起的人一直陪伴着我。我想简要地向那些参与这个特别项目的人表示深深的感谢。

首先,当然是我的家人。我的妻子邦妮·珀尔,我的智者,所有的一切都与她息息相关。我爱你,邦妮。感谢上天赐予我们爱和生命。感谢我最亲爱的女儿维奥莱特·珀尔,上天以一种意想不到的美丽方式把她带到了我们的生活中,这是上天赐予我们的不可思议的礼物。感谢我的得力助手、我最好的朋友、我们小维奥莱特的另一位母亲玛丽·B。感谢我的儿子乔什,没有他,本书就不可能完成。他为本书付出了巨大的努力,能和我的儿子一起完成这样一个有影响力的项目,乐趣无穷,我对此永远心怀感激。

感谢我的好朋友和合作伙伴克里斯托弗·祖克,以及CAZ投资公司的全体成员。我非常感谢我们的合作关系,也感谢你们日复一日产生的智慧和洞见,本书将作为你们智慧的见证和成果留存下来。感谢我情同手足的好兄弟、我们联合家族办公室罗宾斯·古普塔控股公司的合伙人阿贾伊·古普塔。感谢你的友谊、忠诚和深夜的战略会议！

我非常感谢、尊敬和钦佩那些在我们采访中分享了他们宝贵时间和毕生工作经历的人。特别要感谢 13 位杰出人士，他们慷慨地贡献了他们几十年的智慧结晶，以造福我们的读者。他们分别是罗伯特·F. 史密斯、维诺德·科斯拉、迈克尔·里斯、巴里·斯滕力施特、金秉奏、比尔·福特、鲍勃·佐里奇、伊恩·查尔斯、戴维·戈卢布、威尔·范洛、戴维·萨克斯、托尼·弗洛伦斯和拉姆齐·穆萨拉姆。

特别感谢我的好朋友瑞·达利欧，他的投资"圣杯"为我们创作本书带来了灵感。

再次感谢我在西蒙与舒斯特公司的所有合作伙伴，特别是首席执行官乔纳森·卡普。还要感谢我相处了 40 年的了不起的经纪人，我亲爱的朋友简·米勒。

感谢我在罗宾斯研究国际公司（Robbins Research International）的核心团队，我们所有忠诚且富有使命感的执行人员，我每天都为能有你们的帮助和支持而深感幸运。

感谢 Ting Wins 团队出色的视觉设计工作。

我的生活深受与 4 位杰出人士的深厚友谊的影响。感谢我的榜样彼得·古贝尔、马克·贝尼奥夫、保罗·都铎·琼斯和史蒂夫·永利。

当然，本书的使命不仅仅是服务于那些阅读它的人。因此，我要向安东尼·罗宾斯基金会的所有人以及我们的战略合作伙伴，即克莱尔·巴宾诺–丰泰诺特，以及美国赈灾组织的丹·内斯比特表示最深切的感谢，感谢他们帮助我们协调开展下一个10亿份餐食挑战！

感谢那指引着整个过程的恩泽，以及在我人生道路上遇到的所有朋友和老师——人数太多，无法一一提及，有些人声名远扬，有些人默默无闻，他们的见解、策略、榜样力量、爱和关怀，是我有幸站立的肩膀。今天，我向你们所有人表示感谢，我将继续我永无止境的追求，每一天都努力为我有幸遇到、关爱和服务的人带去福祉。

克里斯托弗·祖克

从始至终，创作本书的整个过程都让我感觉很不真实，像做梦一般。30年前，当唯一的交流方式是听录音带时，我就开始听托尼·罗宾斯的指导。如果有人当时告诉我，30年后，托尼和我将合著一本书，我不确定我会说什么。但我也知道，老天总会在最合适的时候让人们相聚在一起。托尼，言语无法表达你对我人生的影响，从当初那个听你教诲的年轻人，到现在经营一家业务遍布全球的公司的老练投资者，一路走来，我将永远感激这些年里发展起来的与你的伙伴关系和友谊，并期待未来会发生什么。

乔什·罗宾斯，如果没有你从头到尾的辛苦付出，本书是不可能完成的。你非常有才华，和你一起工作很愉快。我很荣幸能称你为朋友。

阿贾伊·古普塔，我感谢我们的友谊，以及你对我们团队，尤其是对我的支持。你积极乐观的精神总能让我每天都面带笑容。

对于CAZ投资团队的每一位成员，我每天都感谢你们与我同在，没有你们中的任何一个人，我们这家公司，就不会有今天的成就。我们团队的每个人都发挥了作用，我要特别感谢马特、克拉克、马克、史蒂夫、露西娅、以赛亚和希瑟，感谢他们为让我们声名远扬所做的一切。没有你们的巨大付出，我们就不会走到今天这一步。还要感谢贝利和柯克，他们不遗余力地阻挡了外界的纷扰，让我能够全身心地投入这个项目。

我向 CAZ 的股东们表示无尽的感谢。是你们冒险支持了一个怀揣梦想的年轻人。我将永远感激不尽。

感谢我的母亲迪伊、岳母威诺纳、姐姐金伯利以及大家庭的每一个成员，你们都以不同的方式给予了我生命的活力。因为你们出现在我的生命里，我才成了今天的我。

我向我的儿子克里斯托弗和儿媳塞西莉亚表达我的爱意，他们总是在我身边与我一同分享喜悦，给予我鼓励。还有我的第一个孙子克里斯托弗三世（特里普），你给我每天的生活都带来了光明。每当我想起我为什么要经历每天的磨难和压力时，我常常想到的是你们 3 个人。你们是我的动力。

最重要的是，感谢我的妻子丽莎，我要向她表达我深沉而持久的爱意。你是我最好的朋友，我高中时的恋人，我的啦啦队队长。在我需要的时候，你会纠正我的错误；在我对自己太苛刻的时候，你会逗我发笑。我之所以能够飞翔，唯一的原因是你一直相信我。我无法想象没有你的生活会是什么样子。你是我最珍贵的礼物。

注释

第1章 持续获得超额收益

1. Moriah Costa, "Private or Public: Invest-ing in Private Credit vs Bonds," *MoneyMade*, October 18, 2022.

2. Bridgewater Associated, LP, Berkshire Hathaway Inc., June 30, 2023.

3. Carolina Mandl, "Bridge-water's flagship fund posts gains of 32% through June," Reuters, July 5, 2022.

4. Ye Xie, "Bonds Are Useless Hedge for Stock Losses as Correlation Jumps," *Bloomberg*, August 2, 2023.

5. Roger Wohlner, "REITs: Still a Viable *Investment*?," *Investopedia*, September 22, 2021.

6. Hannah Zhang, "Crypto Is Becoming More Correlated to Stocks—And It's Your Fault," *Institutional Investor*, February 9, 2023.

7. Anne Terge-sen, "America's Retirees Are Investing More Like 30-Year-Olds," *Wall Street Journal*, July 4, 2023.

8. Henry H. McVey, *KKR Blog*, May 10, 2017.

9. Caryn Slotsky, "Global ex US PE/VC Benchmark Commentary: Calendar Year 2021," Cambridge Associates LLC, August 2022.

10. Caryn Slotsky, "US PE/VC Benchmark Commentary: First Half 2021," Cambridge Associates, January 2022.

11. "Current benchmark statistics," Cambridge Associates, Q1, 2023.

12. "McKinsey Global Private Markets Review:Private markets turn down the volume," McKinsey & Company, March 21, 2023.

13. "A year of disruption in the private markets:McKinsey Global Private Markets Review 2021," McKinsey & Company, April 5, 2021.

14. Hugh MacArthur et al., "The Private Equity Market in 2021:The Allure of Growth," Global Private Equity Report, Bain & Company, March 7, 2022.

15. Robin Wigglesworth, "US has fewer listed public companies than China," *Financial Times*, October 6, 2019.

16. "Share of companies that were profitable after their IPO in the United States from 2008 to 2021," Statista, June 30, 2022.

17. "2021 Preqin Global Private Equity & Venture Capital Report," Preqin Ltd., February 4, 2021.

18. Anthony Tutrone, "Private Equity and Your Portfolio," Neuberger Berman Global Insights, January 2019.

19. Austin Ramsey, "Private Equity Firms Are Winning the Fight for Your 401(k)," *Bloomberg Law*, January 31, 2022.

20. Miriam Gottfried, "Buying Stakes in Private-Equity Firms, Not Just Their Funds, Pays Big," *Wall Street Journal*, November 18, 2018.

21. "April 2022 Global Markets Snapshot," PitchBook News &

Analysis, May 3, 2022.

第 2 章　GP 股权：行动的一部分

1. Rachel Sandler, "Nearly Half of America's Richest Billionaires Have Fortunes in These Two Industries," *Forbes*, October 26, 2021.

2. Erik Fogelstrom and Jonatan Gustafsson, "GP Stakes in Private Equity:An Empirical Analysis of Minority Stakes in Private Equity Firms," MSc Thesis in Finance, Stockholm School of Economics, Spring 2020.

3. Benjamin Summers, "GP Stakes:What You Should Know About Designer Financial Structures," *Forbes*, November 18, 2022.

第 3 章　职业体育所有权：放手一搏

1. Dayn Perry, "Report:Dodgers, Time Warner agree to more than $7 billion TV deal," CBSSports.com, January 22, 2013.

2. Michael Haupert, "The Economic History of Major League Baseball," EH.net (Economic History Association), 2007.

3. Joseph Zucker, "LAFC Tops Forbes List of MLS Team Values; 1st Billion Dollar Franchise," Bleacher Report, February 2, 2023.

4. Austin Karp and John Ourand, "Politics aside, sports still dominated the list of the 100 most-viewed programs of 2020," *Sports Business Journal*, January 11, 2021.

5. News release, "2021 Commercial Gaming Revenue Shatters Industry Record, Reaches $53B," American Gaming Association, February 15, 2022.

6. Alex Wittenberg et al., "Private Equity Funds Are Pushing Deeper Into Pro Sports," *Bloomberg*, March 24, 2022.

7. Marie Kemplay, "US private capital scores big in European soccer," PitchBook, August 3, 2023.

第 4 章 私募信贷：借贷领域的佼佼者

1. Stacy Francis, "Op-ed:Demystifying private credit amid a frozen IPO market," CNBC, June 21, 2023.

2. Kelsey Butler, "How Private Credit Soared to Fuel Private Equity Boom," *Bloomberg*, September 22, 2019.

3. Akane Otani, "The 60/40 Portfolio Is Delivering Its Worst Returns in a Century," *Wall Street Journal*, October 14, 2022.

4. Ye Xie, "Bonds Are Useless Hedge for Stock Losses as Correlation Jumps," *Bloomberg*, August 2, 2023.

5. Jeffrey Bartel, "Private Credit Investing:Current Opportunities and Risks," *Forbes*, March 30, 2023.

6. Paula Seligson, "U.S. Junk Bonds Set$432 Billion Record in Rush to Beat Rates," *Bloomberg*, November 9, 2021.

7. Giulia Morpurgo et al., "Global Junk-Bond Sales Drop Most Ever With No Signs of Recovery," *Bloomberg*, October 24, 2022.

8. Jessica Hamlin, "Blackstone sees a 'golden moment' in private credit after bank failures," PitchBook, April 20, 2023.

第 5 章 能源：我们生活的力量 (1)

1. "China increased electricity generation annually from 2000 to

2020," U.S. Energy Information Administration (EIA), September 22, 2022.

2. Alex Lawler, "OPEC sees 2.2% oil de-mand growth in 2024 despite headwinds," Reuters, July 13, 2023.

3. "2021–2025:Rebound and beyond," International Energy Agency (AEA), 2020.

4. Neil Ruiz et al., "Coming of Age," International Monetary Fund, March 2020.

5. Vivienne Walt, "Saudi Arabia has the most profitable company in the history of the world, and $3.2 trillion to invest by 2030. Who will say no to that tidal wave of cash?" *Fortune*, August 1, 2023.

6. Thomas Zambito, "NY's fossil fuel use soared after Indian Point plant closure; officials sound the alarm," *Journal News* and lohud.com, July 22, 2022.

7. Philip Oltermann, "Stop dismantling German windfarm to expand coalmine, say authorities," *Guardian*, October 26, 2022.

8. "Democratic Republic of the Congo—Country Commercial Guide," International Trade Administration, December 14, 2022.

9. "California moves to accelerate to 100% new zero-emission vehicle sales by 2035," California Air Resources Board, CA.gov, August 25, 2022.

10. "2021 Total System Electric Generation," California Energy Commission, accessed on August 27, 2023.

11. "Critical minerals market sees unprecedented growth as clean energy demand drives strong increase in investment," International

Energy Agency, July 11, 2023.

第 6 章 能源：我们生活的力量 (2)

1. Shannon Osaka, "The U.S. is the world's largest oil producer. You'll still pay more for gas," *Washington Post*, October 8, 2022.

2. "2022 Global Gas Flaring Tracker Report," The World Bank, 2022.

3. Carl Surran, "No new refineries ever built again in the U.S., Chevron CEO warns," Seeking Alpha, June 3, 2022.

4. Scott Disavino, "U.S. poised to regain crown as world's top LNG exporter," Reuters, January 4, 2023.

5. Atalay Atasu et al., "The Dark Side of Solar Power," *Harvard Business Review*, June 18, 2021.

6. "Patents by Inventor Simon K. Hodson," JUSTIA Patents, Filed from 1990–1995; Patent dates from 1992–1997, accessed August 27, 2023.

7. "Operating with Ethics and Integrity; a proud history of responsibility," Consol Energy, accessed August 27, 2023.

8. Mirza Shehnaz, "Tesla supplier warns of graphite supply risk in 'opaque' market," *Financial Times*, November 20, 2022.

9. Jennifer Chu, "Physicists discover a 'family' of robust, superconducting grapheme structures," press release, MIT News, July 8, 2022.

第 7 章 风险资本和颠覆性技术

1. Alice Park, "Scientists Have Reached a Key Milestone in

Learning How to Reverse Aging," *Time*, January 12, 2023.

第8章 房地产：世界上规模最大的资产

1. Paul Tostevin, "The total value of global real estate," Savills, September 2021.

2. "Obsolescence Equals Opportunity," Report, Cushman & Wakefield, accessed on August 27, 2023.

3. Alena Botros, "Housing market shortage is so acute and the office glut is so big that Boston will offer 75% tax breaks on office-to-residential conversions," *Fortune*, July 13, 2023.

4. "Profile, Midjourney Company Stats," *Forbes*, accessed August 27, 2023.

5. Elizabeth Pritchett, "New York City has lost nearly half a million residents since start of COVID pandemic," FoxBusiness, May 19, 2023.

6. Arthur Laffer and Stephen Moore, "'The 'Hotel California' Wealth Tax," *Wall Street Journal Opinion*, March 5, 2023.

7. "19 Corporations & Businesses Fleeing California for Texas," blog entry, Concordia University Texas, June 16, 2021.

8. Sarah Chaney Cambon and Danny Dougherty, "Sunbelt Cities Nashville and Austin Are Nation's Hottest Job Markets," *Wall Street Journal*, April 1, 2023.

9. Natalie Wong et al., "The World's Empty Office Buildings Have Become a Debt Time Bomb," *Bloomberg*, June 23, 2023.

10. Neil Callanan, "A $1.5 Trillion Wall of Debt Is Looming for US

Commercial Properties," *Bloomberg*, April 8, 2023.

11. "Housing Inventory:Active Listing Count in the United States," FRED Economic Resource, updated August 8, 2023.

12. "United States Total Housing Inventory," Trading Economics, July, 2023.

13. Hannah Jones, "Data, Economic Coverage, Housing Supply," Realtor.com, November 21, 2022.

14. Will Parker et al., "A Housing Bust Comes for Thousands of Small-Time Investors," *Wall Street Journal*, May 23, 2023.

15. Konrad Putzier and Will Parker, "A Real-Estate Haven Turns Perilous With Roughly $1 Trillion Coming Due," *Wall Street Journal*, August 7, 2023.